시나리오 플래닝

미래예측과 전략수립의 기법

시나리오 플래닝

미 래 예 측 과 전 략 수 립 의 기 법

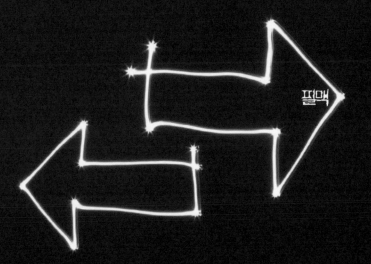

마츠 린드그렌 · 한스 반드홀드 지음 | 이주명 옮김

Scenario Planning

시나리오 플래닝
– 미래예측과 전략수립의 기법

지은이 | 마츠 린드그렌, 한스 반드홀드
옮긴이 | 이주명

1판 1쇄 펴낸날 | 2006년 1월 20일
개정판 1쇄 펴낸날 | 2012년 3월 1일
개정판 3쇄 펴낸날 | 2021년 1월 25일

펴낸이 | 문나영

펴낸곳 | 필맥
출판신고 | 제2003-000078호
주소 | 서울시 서대문구 경기대로 58, 경기빌딩 606호
홈페이지 | www.philmac.co.kr
전화 | 02-392-4491   팩스 | 02-392-4492

ISBN 978-89-91071-94-0 (03320)

새 천년인 2000년대에 들어서서 처음 몇 년간의 상황은 그동안 대비할 수 없다고 생각했던 것들에 대해서도 대비해야 할 필요가 있음을 분명히 보여 주었다. 2000년을 전후해 전 세계 주식시장에서 일어난 투자광풍의 후유증은 바로 이런 대비를 하지 못한 결과로 초래될 수 있는 위험이 어떤 것인지를 깨우쳐주었다. 2000년 초까지만 해도 정보기술주와 통신주의 주가가 매주 최고치를 경신했지만, 그로부터 1년 정도 지난 뒤에는 그 가운데 많은 주식들의 가격이 역사상 최저치로 곤두박질했다.

2001~2002년의 주가하락을 사전에 예측하고 대비함으로써 오히려 기회로 삼을 수는 없었을까? 2007~2008년의 국제유가 상승, 천연자원 투기, 지구온난화 충격을 예견할 수는 없었을까? 이 책을 쓴 우리는 얼마든지 가능했다고 믿는다. 닷컴 붐이 한창이었던 시기에나 최근의 몇 년간에 일어난 사건 가운데 많은 것이 전혀 예상할 수 없었던 것이 아니다. 그런 것은 미리 예상할 수 있었다. 3세대 이동통신의 출범에 내재돼 있던 문제짐들은 그 새로운 통신기술을 둘러싸고 민간에서 치열하게 벌어진 경쟁으로부터 유럽의 각국 정부들이 떼돈을 뽑아내던 2000년에 이미 분명하게 감지되고

있었다. 그렇게 감지된 문제점들은 3세대 이동통신 기술에 이해관계를 갖고 있는 모든 사람에게 위험을 미리 알리는 경보가 될 수 있었다.[1] 1999년과 2000년에 비이성적인 수준까지 치솟은 닷컴 기업들의 주가도 일종의 위험신호였다. 일부 용감한 투자자들은 이 위험신호를 올바르게 간파하고 대응했다. 식량과 에너지 부문의 쇼크는 동양의 활발한 경제성장과 서양의 기존 농업정책이 결합되면서 자연스럽게 초래된 결과였고, 석유는 그 가격이 급등하기 시작한 시점보다 여러 해 전에 이미 지정학적 원인으로 종전보다 훨씬 더 중요한 자원이 됐다. 2008년의 금융위기와 그 뒤에 이어진 각국 정부의 금융시장 개입은 그 전인 2006년 봄에 우리와 같이 일하는 동료 연구자 가운데 한 사람이 관련 전문가들에게 발표한 보고서에서 정확하게 예측한 바 있다. 뿐만 아니라 1980년대에 전개된 세계 주식시장의 질주와 그에 이어 발생한 여러 경제위기들도 장기파동을 설명하는 단순한 경제이론만으로도 얼마든지 예상할 수 있는 것이었다.

이 책에서 다루는 시나리오 플래닝(Scenario Planning, '시나리오식 기획' 또는 '시나리오식 계획' 등으로도 옮길 수 있으나 이미 일반화된 대로 '시나리오 플래닝'으로 표기한다—옮긴이)은 각 산업이나 경제환경에서 일어나는 변화를 예상하고 그에 대처하는 데 강력한 도구로 이용될 수 있고, 시나리오 싱킹(Scenario Thinking, 이 용어는 문맥에 따라 '시나리오 싱킹' 외에 '시나리오식 사고'나 '시나리오로 생각하기' 등으로도 옮긴다—옮긴이)은 전략적 관점에서 생각하는 것으로, 오늘날 급변하는 사업환경 속에서 요구되는 사고방법이다. 시나리오 플래닝은 시나리오 싱킹을 구체화한 것이며, 오늘날 기업들이 부닥치게 되는 거의 모든 전략적 문제를 다루는 데 유용하다. 시나리오 플래닝은 미래에 대한 생각과 전략적 행동을 서로 이어준다. 바꿔 말하면,

시나리오 플래닝은 창조적, 혁신적이고 상상력에 의해 뒷받침된 미래예측을 보다 실질적인 도움이 되는 전략적 기획으로 연결시켜준다. 시나리오 싱킹 없이 이루어지는 전략기획 또는 전략수립은 초점을 맞추기가 어렵다.

우리가 이 책을 쓰는 목적은 시나리오 싱킹과 시나리오 플래닝에 대해 소개하고 이와 관련된 개념, 모델, 도구를 제공하는 데 있다. 독자들은 이 책에서 제공되는 개념, 모델, 도구를 각자 자신이 일하는 회사로 갖고 가서 실제로 적용해보기를 바란다. 컨설턴트인 우리는 거의 20년 동안 시나리오 플래닝 기법을 사용해 다국적기업과 중간규모 기업은 물론이고 각국의 정부조직과 비정부기구에도 자문서비스를 제공해왔다. 이 책은 이처럼 시나리오 플래닝을 전략 컨설팅의 도구로 활용해온 우리의 경험에 근거를 두고 있다.

우리는 그동안 수많은 대화에서 우리를 자극해준 고객들과 카이로스 퓨처(Kairos Future)에서 같이 일하는 동료들에게 이 기회를 이용해 감사의 말을 전하고 싶다. 아울러 이 책을 쓰는 동안 우리를 이해해주고 지원을 아끼지 않은 가족들에게도 고맙다는 말을 전한다.

우리는 독자들에게 이 책이 실제로 도움이 되기를 바란다. 이 책의 내용과 관련해 우리에게 좋은 의견을 전해주고 싶은 독자는 언제든 가벼운 마음으로 연락을 해주기 바란다.

마츠 린드그렌과 한스 반드홀드.

:: **차례**

3장 :: 시나리오 플래닝의 실제 적용사례 · 93

표와 그림의 차례

'시나리오 플래닝'은 우리 모두가 인간으로서 언제나 하고 있는 것이다. 건강한 두뇌는 끊임없이 시나리오를 그린다. 인간의 두뇌는 주변환경에서 나타나는 신호들을 해석하고, 그것들을 의미 있는 미래의 모습이나 미래로 가는 경로로 재구성한다. 기업을 비롯한 조직 역시 마찬가지다.

저자인 우리 둘은 여름이면 스웨덴의 다도해 수역에서 보트를 탄다. 7월 이면 그 좁은 해협이 스웨덴, 덴마크, 독일, 네덜란드, 영국 등에서 몰려온 배들로 붐비게 된다. 문제는 그 다도해에서는 바람이 어떻게 불 것인지를 예상하기 어렵다는 것이다. 수많은 섬들이 바람이 부는 방향과 속도를 끊임없이 바꿔놓기 때문이다. 그곳에서 보트를 잘 타려면 바람의 변화를 놓치지 않기 위해 정신을 바짝 차리고 있어야 한다.

그런데 놀랍게도 그곳에서는 사고가 거의 일어나지 않는다. 우리는 20년 넘게 그 다도해 수역에서 보트 타기를 즐겼지만, 그동안 충돌사고를 목격한 적이 없다. 그 이유는 아마도 인간의 두뇌가 엄청난 양의 정보를 직관적으로 해석해내는 능력을 갖고 있다는 데서 찾아야 할 것이다. 그곳에서 보트를 타는 사람들의 두뇌는 다른 보트들의 속도와 방향을 계산하고, 자기가 탄 보트의 방향과 주변의 강둑이나 바위, 부유물 등의 위치를 계속 확인한다. 뿐만 아니라 다른 보트가 가까이 다가오고 있으면 그 보트가 예상보다 일찍 방향을 바꿀 경우에 자신은 어떤 행동을 취해야 할 것인지도 미리 판단해 놓는다. 보트를 타는 사람들의 머릿속에서는 이 모든 일이 거의 본능적으로 이루어진다. 그래서 보트를 몰면서도 수십 개의 다른 보트들을 동시에 관찰할 수 있는 것이다.

보트를 타는 사람들은 경험을 통해 외부의 신호를 해석하는 두뇌의 능력을 강화시켜 나간다. 경험이 쌓일수록 그들의 두뇌는 '보트 타기 시나리오'를 점점 더 훌륭하게 잘 그려낼 줄 알게 된다. 이는 축구선수가 경기출전 경험이 쌓여감에 따라 '축구경기 시나리오'를 점점 더 잘 그려낼 수 있게 되는 것과 마찬가지다.

시나리오를 그려내고 그 시나리오에 따라 대안의 전략을 세우는 능력이 없다면 우리는 아마 오래 살지도 못할 것이다. 그런 능력이 없다면 날아오는 공을 잡아내지도 못하고, 배를 타고 좁은 해협을 통과하지도 못하고, 자전거여행도 하지 못할 것이다. 이 모든 활동을 하려면 외부의 신호를 관찰하고, 그 의미를 해석하고, 그에 대응하는 전략을 마련할 수 있는 능력이 필요하다.

이 책은 다섯 개의 장으로 구성돼 있다. 전체적으로 훑어보기만 하는 데는 10분 내지 20분이면 충분하다. 조금 더 자세히, 그러나 역시 빠른 속도로 대충 읽어보는 데는 두 시간 정도 걸릴 것이다. 우리는 독자들이 속독을 할 수 있도록 이 책을 구성했으니, 우선 이런 방식으로 속독을 하기를 권한다.

1장 시나리오 플래닝은 왜 필요한가

1장에서는 시나리오 플래닝이 대부분의 기업이나 조직에서 실적을 개선하는 데 효과적인 방법이라는 점을 몇 가지 측면에서 살펴볼 것이다. 1장의 내용은 많은 변화가 일어나는 사업환경 속에서는 전략과 실적이 어떤 관계를 갖게 되는지를 알아보기 위해 유럽 전체를 대상으로 시행된 연구 프로젝트의 결과에 근거를 두고 있다.

간단히 요약하면, 변화가 많은 사업환경 속에서 조직의 실적을 높이려면 '튼실한 비즈니스 컨셉이나 전략(튼실성)' 을 '외부의 변화에 대한 민감한 대응력(대응성)' 과 잘 결합시켜야 한다. 그리고 튼실성과 대응성은 생각하고 행동할 줄 아는 조직의 능력과, 생각하고 행동하는 문화를 촉진할 수 있는 조직의 능력에 의해 강화될 수 있다. 주위환경의 맥락을 감안하면서 대안을 모색하는 것은 생각하고 행동하기를 촉진하는 중요한 실천이지만, 실제로는 이런 실천이 대단히 미흡한 수준에 그치는 경우가 많다. 따라서 대부분의 기업에서 시나리오 싱킹과 시나리오 플래닝을 통해 실적을 개선할 수 있는 여지가 대단히 크다.

만약 1장에서 다루는 이런 주제에 대해 특별히 관심을 갖고 있지 않은 독자라면 1장을 건너뛰고 이 책의 핵심인 2장과 3장을 바로 읽어도 좋다.

2장 시나리오 플래닝이란 무엇인가

2장에서는 시나리오 싱킹과 시나리오 플래닝에 대한 간략한 소개를 하고, 그 역사와 뿌리를 살펴봄으로써 이후의 장들, 특히 3장을 읽기 위한 토대를 놓는다.

3장 시나리오 플래닝의 실제 적용사례

3장에서는 시나리오 플래닝을 실행하는 한 가지 틀인 타이다(TAIDA) 모델을 소개하고, 서로 다른 여러 프로젝트들에서 그것을 실제로 적용해본 사례를 소개한다. 3장이 이 책의 핵심이다. 만약 시나리오 플래닝이 무엇인지를 대충은 알고 있는 독자가 실제로는 이것이 어떻게 활용되는지에 대한 설명만을 듣고 싶다면 3장을 먼저 읽고 나서 2장, 4장, 5장의 순서로 읽어나가면 된다.

4장 시나리오 싱킹의 원칙

4장에서는 시나리오 싱킹의 기본적인 태도를 설명한다. 가장 근본적인 것은 '드라마의 관점에서 생각하기'다. 이는 다양한 배우(행위자)들이 상호 작용하는 연극처럼 미래가 전개된다는 관점에서 생각하는 것을 말한다. 이 밖에 미래의 시점에서 생각하기, 시스템 차원에서 생각하기, 불확실성과 관련지어 생각하기, 전략적 행동에 주목하기 등도 설명된다. 이와 같은 생각하기의 기술을 개선하는 데 사용할 수 있는 방법들도 예를 들어가며 설명할 것이다. 이 방법들은 부록에서 좀더 포괄적으로 다뤄진다.

5장 전략적 사고의 원칙

시나리오 플래닝을 실행하려면 시나리오식으로 생각하기, 미래를 내다보며 생각하기, 전략적으로 계획하기가 가능해야 한다. 5장에서 우리는 시나리오 플래닝에 필요한 전략적 사고의 기초원칙들에 대해 설명할 것이다. 아울러 우리는 전략적으로 생각하는 데 이용할 수 있는 방법과 도구에 어떤 것들이 있는지도 소개하고자 한다.

부록

마지막으로 부록에는 독자들에게 유용할 것으로 생각되는 자료들을 모아 놓았다. 자료들을 따로 묶은 이유는 본문의 해당 부분에 일일이 끼워 넣으면 독자들이 이 책의 본문을 읽는 데 방해가 될 수 있다고 생각해서다. 부록에서 20여 개의 유용한 방법 또는 도구들에 대한 간략한 설명을 볼 수 있을 것이다. 이 책에서 사용되는 용어들에 대한 설명을 포함한 포괄적인 용어설명도 부록에 넣어두었다.

1장 :: 시나리오 플래닝은 왜 필요한가

우리는 지난 20년 동안 기업들과 함께 전략이나 전략적인 변화와 관련된 작업을 해왔다. 그 과정에서 많은 고객 기업들과 관련 세미나나 워크숍에 참석한 사람들이 집중적으로 이런 질문을 던졌다. "이처럼 끊임없이 변화하는 세계에서는 어떻게 해야 경쟁에서 이길 수 있는가?"

경영학 서적들은 물론이고 〈하버드 비즈니스 리뷰〉나 〈슬론 매니지먼트 리뷰〉와 같은 전문적인 저널, 그 밖의 대중적인 비즈니스 잡지 등에서 주된 주제 가운데 하나로 위와 같은 질문에 대해 답변을 하려고 노력해온 것도 어찌 보면 당연한 일이다. 1990년대에는 《미래를 위한 경쟁(Competing for the Future)》《초경쟁(Hypercompetition)》《경계선상의 경쟁(Competing on the Edge)》과 같은 제목의 책들이 베스트셀러 목록에 올랐다. 그런가 하면 이른바 신경제의 비즈니스 논리를 탐구하는 데 초점을 맞춘 〈패스트 컴퍼니(Fast Company)〉〈와이어드(Wired)〉와 같은 새로운 잡지들이 생겨나 비즈니스 잡지 시장에서 오랜 세월 자리를 굳혀온 기존 잡지들에 도전하기 시작했다.

"변화하는 세계에서는 어떻게 해야 경쟁에서 이길 수 있는가?"라는 질문에 대해 답변으로 제시된 개념은 '전략적 신축성', '전략적 대응력', '동태적 능력', '동태적 핵심역량', '전략적 기동성', '경계선상의 경쟁', '튼실한 적응력', '펑키 비즈니스' 등이었다(〈표 1―1〉 참조).

보다 학문적인 전략연구 분야에서도 지난 10여 년간 위 질문을 다양한

〈표 1-1〉 전략적 유연성과 관련된 개념들

개념	출처
전략적 기동성(Strategic manoeuvring)	다베니(D'Aveni, 1994)
전략적 대응능력(Strategic response capability)	베티스와 히트(Bettis and Hitt, 1995)
동태적 핵심역량(Dynamic core competences)	레이와 히트 외(Rei, Hitt et al., 1996)
동태적 능력(Dynamic capabilities)	티스와 피사노 외(Teece, Pisano et al., 1997)
반복적 혁신(Repeated Innovation)	차크라바시(Chakravarthy, 1997)
전략적 유연성(Strategic flexibility)	히트와 키츠 외(Hitt, Keats et al., 1998), 하멜(Hamel, 2000)
오오디에이 순환(OODA cycle)	헤켈과 놀란(Haeckel and Nolan, 1998), 블락실과 후트(Blaxil and Hout, 1998)
전략적 혁신(Strategic innovation)	하멜(Hamel, 1998)
경계선상의 경쟁(Competing on the edge)	브라운과 에이젠하트 (Brown and Eisenhardt, 1998)
튼실한 적응력(Robust adaptiveness)	베인호켄(Beinhocken, 1999)
펑키 비즈니스(Funky Business)	노르드스트룀과 리더스트롤레 (Nordström and Riddderstråle, 1999)
전략적 탄력성(Strategic resilience)	하멜과 발리칸가스 (Hamel and Valikangas., 2003)
가라오케 자본주의(Karaoke capitalism)	노르드스트룀과 리더스트롤레 (Nordström and Ridderstråle., 1999)
블루오션 전략(Blue Ocean Strategy)	김과 모보르뉴(Kim and Mauborgne, 2005)
전략동학(Management innovation)	러멜트 (Rumelt, in Lovallo and Mendonca, 2007)
경영혁신(Strategic dynamics)	하멜(Hamel, 2007)

관점에서 다룬 논문과 저서가 대단히 많이 발표됐다. 그 대부분이 전략과 실적의 관계, 의사결정 과정과 실적의 관계, 최고 경영진의 특성과 실적의 관계, 전략과 구조의 관계에 관한 것이었다.[2] 그러나 이런 학문적인 연구들은 너무 이론적이었거나, 정보기술 또는 바이오테크 등 빠르게 변하는 특정 산업분야만 다루었거나, 새로운 비즈니스 환경에만 초점을 맞추었다. 최근 기술이 점점 더 빠른 속도로 발전에 발전을 거듭하면서 전통적으로 산업을 구분하던 경계선이 모호해졌다. 이로 인해 기업들은 계속 급변하는 비즈니스 환경에 성공적으로 적응하기 위해 끝없이 노력하지 않으면 안 되게 됐다. 이렇게 급변이 거듭되는 상황 속에서는 비즈니스 환경을 다루는 연구는 제한된 범위로 한정될 수밖에 없다.

이런 한계를 극복하기 위해 우리는 오늘날의 비즈니스 세계에서 성공적인 전략은 어떤 요소들을 갖고 있어야 하는지를 파악하기 위한 연구 프로젝트를 1998년에 수행했다.[3]

전략적 유연성 추구

빠르게 변하면서 복잡하기도 한 비즈니스 환경에서 성공하는 데 가장 중요한 요소는 '적응'과 '속도'다. 루이스 캐럴의 동화 《거울나라의 앨리스 (Through the Looking Glass)》에 나오는 앨리스와 여왕의 이야기는 빠르게 움직이는 세계의 성격을 잘 보여준다. 앨리스는 나름대로 힘껏 달리지만 앞으로 나아가지 못한다. 이를 본 여왕은 앨리스에게 "아마도 너는 아주 느린 세계에서 왔나 보구나"라고 말한다. 빠르게 움직이는 세계에서는 원래 있던

자리에 머물러 있기 위해서도 필사적으로 달려야 하고, 어디든 가고자 하는 곳으로 갈 수 있으려면 필사적인 속도보다 두 배는 더 빨리 달려야 한다.

속도는 적응의 한 측면이다. 속도는 격동하는, 다시 말해 복잡하면서도 빨리 변하는 환경에서 성공하는 데 긴요한 요소로 흔히 강조돼왔다. 적응의 다른 한 측면은 복잡성을 다루는 능력이다. 복잡성을 다루는 능력은 애시비(Ashby, 1956)가 말한 '요구되는 다양성의 법칙(Law of requisite variety)'으로 설명될 수 있다. 이 법칙은 다양성(복잡성)을 이겨낼 수 있는 유일한 방법은 다양성(유연성, 적응성, 탄력성)을 통하는 길뿐이라는 것이다.

격동하는 비즈니스 환경에서 성공하려면 어떻게 해야 하는가에 초점을 맞춘 연구에서는 속도와 더불어 다양성도 중요한 주제로 다뤄진다. 몇몇 학자들, 특히 렝닉홀(Lengnick-Hall)과 울프(Wolf)가 '게릴라논리 학파'라고 부른 학자들은 전략적인 유연성, 즉 속도와 적응의 결합이 대단히 중요하다는 점에 주목했다. 그런가 하면 티스와 피사노는 '혁신에 기반을 둔 경쟁이 펼쳐지는 슘페터적 세계, 가격 대 성능 비율의 경쟁, 수확체증, 기존 역량의 창조적 파괴'라는 특징을 갖는 환경에 대한 해법의 하나로 '동태적 능력'이라는 개념을 제시했다. 베인호켄은 기업의 '재창조 능력(reinvention capability)'이라는 것도 동태적 능력의 개념 안에 포함된다며, 변화하는 경쟁환경에서 마이크로소프트가 보여준 놀라운 적응능력이 바로 동태적 능력이 발휘된 하나의 예라고 했다. 이와 비슷하게 차크라바시는 마켓 리더는 "거듭해서 혁신하고, 고객 네트워크를 구축하고, 새로운 제품의 흐름을 파악하고, 기업 전체에 걸쳐 새로운 전략에 대한 책임을 공유해야 한다"고 말했다. 하멜도 '전략적 혁신'에 대해 말하면서 이와 비슷한 관점을 보여주었다. "자기 자신과 관련 산업을 심도 있게 재창조할 수 있는 기업만이

10년 뒤에도 살아남을 수 있다."

이들이 파악한 것은 속도의 여러 가지 측면이었다. 그리고 이들이 주목한 속도는 기능적 효율성을 가리킨다기보다는 상황에 대한 인식, 조직의 혁신, 의사결정, 결정된 것의 실행 등에서의 속도를 가리킨다. 〈표 1—1〉은 속도와 결합되는 전략적 유연성의 개념들을 요약한 것이다.

전투기 공중전과 속도학습

속도가 가져다주는 편익은 1990년대에 경영학 분야에서 자주 인용되던 '전투기 조종사의 비유'로 설명될 수 있다.[4]

미국 공군은 조종사의 학습능력을 '오오디에이 순환고리(OODA Loop)'로 평가한다. 이것은 전투기 조종사의 정신기능이 작동하는 과정을 설명하는 하나의 모형이다. OODA 순환은 외부환경에 존재하는 신호를 감지해내는 관찰(Observation), 관찰된 신호를 해석하는 상황판단(Orientation), 판단된 상황에 대한 여러 가지 대응방법들 가운데 적절한 것을 선택하는 결정(Decision), 결정된 대응방법을 실행하는 행동(Action)의 순환을 가리킨다. OODA 순환이 빠른 전투기 조종사는 공중전에서 승리할 가능성이 높고, 이 순환이 느린 전투기 조종사는 공중전에서 승리할 가능성이 상대적으로 낮으므로 낙하산 훈련을 더 많이 받아야 한다. 기업을 비롯한 조직에 이 비유를 적용하면, 상대적으로 실적이 더 나은 조직은 경쟁적인 환경 속에서 변화를 더 빨리 관찰하고, 새로운 상황에서 상황판단을 더 빨리 하고, 무엇을 할 것인지에 대한 결정과 실행을 더 빨리 한다.

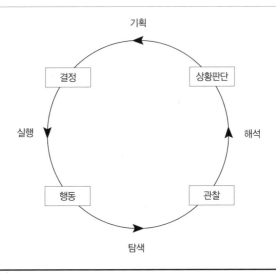

OODA 순환고리는 비즈니스의 기획과 실행의 순환주기와도 연결된다. 비즈니스에서도 '관찰'은 주위환경을 감시해서 위험을 파악하고 기회를 찾아내는 것이고, 상황판단은 그렇게 해서 입수한 정보를 해석하거나 분석하는 것이고, 결정은 말 그대로 의사결정을 하는 것이고, 행동은 결정된 것을 실행하는 것이다. 〈그림 1—1〉은 OODA 순환고리를 비즈니스에 적용해본 것이다.

전략적 대응능력도 중요하다

비즈니스 환경상의 도전과 기회에 빠르고 비용효율적으로 대응하려면 유연성만으로는 충분하지 않다. 이제는 안정성과 유연성의 균형을 맞추고 그 균형을 잘 관리하는 것이 전략적 경영자에게 중요한 과제가 됐다. 이와 관련해 히트 등은 "이제 경영자들은 전략적 계획을 수립하고 의사결정 과정을 밟는 데 필요한 '안정성'과 다이내믹한 환경에서 끊임없이 변화하고 적응하는 데 필요한 '불안정성' 사이에서 균형을 잡아야 하는 과제에 직면해 있다"고 지적했다. 이런 새로운 상황은 새천년의 벽두에 세계 주식시장이 붕괴하고 그동안 가장 존경받던 기업들 가운데 일부가 도산한 데서도 확인된다.

베티스와 히트는 1995년에 발표한 논문에서 '전략적 대응능력'이라는 개념을 제시했다. 이 개념은 대응성(responsiveness)과 전략적인 튼실성(robustness)을 동시에 포함한다. 이 개념은 격렬하고 예측하기 어려운 경쟁의 전개, 전통적인 산업 간 경계의 해체, 조직과 조직의 학습에 대한 재정의(再定義) 요구 등 급변하는 경쟁환경을 분석한 결과를 근거로 제시된 것이다. "새로운 경쟁환경에 내재한 역동성으로 인해 성숙산업에서 사업을 영위하는 기업들조차 움직임 없이 가만히 머물러 있을 수가 없다. … 새로운 경쟁환경 속에서는 소속된 산업의 라이프사이클이 어떤지와 상관없이 나름대로 동태적 효율성을 달성해야 한다. 따라서 산업의 분야를 막론하고 기업 경영자는 진정으로 기업가적 사고방식을 갖고 혁신을 강조해야 한다."

베티스와 히트에 따르면 전략적 대응능력은 생물학에서 이야기하는 '자극과 반응' 패러다임에 비유될 수 있다. 생물학의 자극과 반응 패러다임에서는 유기체가 환경의 자극에 대해 반응할 줄 아는 능력이 그 유기체의 생존 여부를 결정하는 주된 요인으로 간주된다. 이렇게 볼 때 전략적 대응능력은 두 가지 요소로 구성된다. 하나는 위협에 대응하는 능력이고, 다른 하나는 환경 속에서 더 나은 위치를 적극적으로 찾고 새로운 기회를 이용하는 능력이다.

〈그림 1―2〉는 대응능력이 서로 다른 세 개의 기업을 보여준다. 환경상의 도전은 '시점 0'에서 일어난다. 이때 기업이 그 도전에 대응하기 위해 굳이 변화해야 할 필요가 없을 가능성이 그 기업 또는 그 기업이 현재 실행 중인 전략의 튼실성이다. 그림에서 기업 A와 B는 동등한 수준의 튼실성을 갖고 있으나, 기업 C는 A나 B에 비해 더 높은 튼실성을 갖고 있다. 기업이 환경상의 도전에 대응할 수 있을 확률은 처음에는 시간이 흐를수록 높아지지만, 어느 시점에 이르면 급속히 떨어진다. 금융력의 제약, 역량의 누출, 시간상의 불리함 등이 작용하기 때문이다. 경영자의 과제는 한편으로는 기업의 튼실성, 다른 한편으로는 대응의 속도와 정확성을 말하는 대응성이라

〈그림 1-2〉 전략적 대응능력

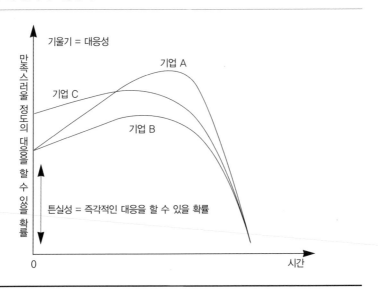

는 두 가지 측면 모두에서 기업의 전략적 대응능력을 증대시키는 것이다. 그림을 보면 기업 A가 가장 대응성이 높은 기업, 달리 말하면 신속히 학습하는 기업이고, 기업 C는 튼실성이 가장 높지만 대응성은 가장 낮은 기업이다. 어느 기업에서든 전략을 세우는 과정에서 조직의 튼실성을 점검하고 대응성을 강화하기 위해 시나리오 기법을 사용할 수 있다.

베티스와 히트는 한 걸음 더 나아가 전략적 대응능력에는 "신속하게 ① 환경의 변화를 감지하고 ② 그 변화에 대한 대응을 구체적으로 결정하고 ③ 그 대응을 실행하기 위한 자원 재배치를 할 줄 아는 능력"이 포함되는 것으로 봐야 한다고 주장했다. 이런 주장은 OODA 순환고리의 각 단계와 분명히 대응된다. 베티스와 히트가 말한 '환경의 변화 감지'는 OODA 순환고리의 '관찰'에 대응하고, '대응에 관한 구체적인 결정'은 OODA 순환고리의 '상황판단' 및 '결정'의 단계에 해당되며, '자원 재배치'는 OODA 순환고리의 '행동'과 같은 것이다.

베티스와 히트는 "전략적 대응능력 곡선의 최고점을 위로 끌어올리기 위한 구체적인 메커니즘을 개발하기 위한 연구가 추가로 필요하다"는 결론을 내렸다. 이런 결론과 관련해, 전략적 대응능력 곡선의 최고점을 위로 끌어올리는 과정에서 튼실성을 동시에 증대시키는 메커니즘도 개발할 필요가 있지 않느냐는 질문을 던질 수도 있을 것이다.

튼실성과 유연성

베티스와 히트는 튼실성이라는 개념을 도입함으로써 생명체의 본질을 잡아내 조직에 적용한 셈이다. 생물학적 관점이나 생태적 관점에서 보면 조직은 하나의 생명체와 같으며, 생명체가 안고 있는 보편적인 문제는 죽느냐 사느냐는 생존의 싸움이거나, 새로운 가능성을 탐색해야 하느냐 기존의 자원을 이용해야 하느냐의 판단이다. 조직 내에서는 이 두 가지 방향 중 어느 하나에만 전념하는 하위문화들이 끊임없이 서로 마찰을 빚는다. 이런 갈등과 끝없는 변화의 흐름 속에서 조직은 늘 균형을 잡아야 한다.

따라서 튼실성이 없는 전략적 유연성은 조직이 초점을 갖지 못하거나 역량을 구축할 능력을 갖지 못하게 할 위험이 있다. 반대로 유연성과 적응성이 없는 튼실성은 정체와 죽음으로 이어질 수 있다.

복잡성이론(complexity theory, 많은 요소들이 서로 영향을 주고받으면서 시스템 차원의 패턴을 형성하고 그 패턴이 다시 각 요소에 피드백되면서 또다시 영향을 미치는 '복잡한 시스템' 또는 '복잡계(複雜界)'를 요소환원론이 아닌 통합적인 관점에서 파악하고자 하는 이론—옮긴이)에 뿌리를 둔 학자나 실무자들은 "복잡하고 격동하는 비즈니스 환경 속에서는 유연성과 적응성도 갖춘 튼실한 전략이 요구된다"고 주장해왔다. 마치 생물이 돌연변이와 디엔에이 실험(DNA experimenting)을 통해 미래에 선택할 수 있는 여러 가지 자기 모습의 포트폴리오를 구축하는 것처럼 기업도 환경에 적응하기 위해 선택할 수 있는 여러 가지 자기 모습을 적극적으로 탐색해야 한다는 것이다.

이와 비슷하게 제임스 브라이언 퀸(James Brian Quinn)은 다음과 같이 튼실성을 추구해야 할 필요성을 지적했다. "군사, 외교, 비즈니스, 스포츠, 정치 등 어떤 영역에서도 전략의 본질은 '외부의 힘들이 상호작용할 시기가 됐을 때 실제로 상호작용하는 방식을 예상할 수는 없다고 하더라도 조직이 자기 목적을 달성할 수 있도록 선별된 방식으로 강력하고도 잠재적으로 유연성 있는 태세를 갖추는 것'에 있다."

전략적 유연성은 얼마나 중요한가

전략적 유연성이 조직의 실적에 얼마나 영향을 끼치는가를 알아보기 위해 우리는 베티스와 히트의 1995년도 연구에 따라 튼실성과 대응성이라는 두 개의 개념을 채택하고 그 의미를 우선 정의했다. 그리고 나서 스웨덴, 영국, 독일, 네덜란드의 기업 가운데 무작위로 선정한 기업들에 설문지를 돌렸다. 대상 기업들은 금융 및 보험, 미디어, 정보통신기술 등 3개 부문에서 선정됐다. 설문에 대한 응답을 보내온 곳은 105개사였고, 응답자들은 대개 최고경영자였다.[5]

베티스와 히트는 튼실성 또는 전략적 튼실성을 "미래의 상황이나 시나리오가 가변적인데도 기존의 조직이 성공할 잠재적 가능성"으로 정의했고, 대응성 또는 전략적 대응성은 "신속하게 ① 환경의 변화를 감지하고 ② 그 변화에 대한 대응을 구체적으로 결정하고 ③ 그 대응을 실행하기 위한 자원 재배치를 할 줄 아는 능력"으로 정의했다.

조직의 실적은 경영에 관한 연구에서 다양한 방식으로 정의되고 측정된다. 베티스와 히트는 실적을 모호하게, 다시 말해 폭넓게 정의했다. 이들의 연구에서 실적은 전반적인 생산 실적이나 재무적 실적, 비즈니스와 조직의 효율성, 미래의 생산능력을 갖추기 위해 성공적으로 투자할 수 있는 능력의 조합으로 정의됐다.[6]

환경은 경영에 관한 연구에서 주요한 변수로 작용한다.[7] 베티스와 히트는 '격동적 환경'이라고 흔히 지칭되는 '복잡하면서도 급속히 변화하는 환경'을 논의했다. 격동적 환경을 '역동적 환경'이라고 부르는 연구자들도 있다. 이런 혼란을 피하기 위해 이 책에서 우리는 빠르게 변화하는 동시에 복잡한 환경을 가리키는 용어로 '신속복잡한(raplex＝rapid and complex)'이라는 말을 사용하고자 한다. 따라서 이제부터 '신속복잡한 환경'이란 '빠르게 변화하고 복잡하며 예측하기 어려운 환경'을 가리킨다.

그렇다면 전략적 유연성은 얼마나 중요한 것일까? 대답부터 한다면, 전략적 유연성은 우리가 일반적으로 생각하는 것보다 훨씬 더 중요하다. 우리의 분석에서 튼실성과 대응성의 결합으로서의 전략적 유연성은 기업들 간 전반적인 실적차이의 60～70퍼센트와 재무적 실적차이의 20～40퍼센트를 좌우하는 것으로 나타났다.

대응성은 재무적 실적보다는 전반적인 실적에 상대적으로 더 큰 영향을 미치는 것으로 조사됐다. 이는 아마도 대응성이 품질, 성장, 동기부여를 비롯한 비재무적 실적지표를 개선시켜주고, 그렇게 함으로써 전반적인 실적도 개선시켜주는 '혁신적이고 확장적인 행동'과 밀접한 관련성을 갖고 있기 때문일 것이다. 그러나 확장적인 행동이 단기적으로는 재무적 실적에 부정적인 영향을 끼치는 경우도 종종 있다.[8]

우리의 조사결과는 전략적 유연성을 좁게 정의하는 개념인 대응성이 언제나 튼실성보다 더 중요하지는 않음을 보여준다.[9] 좀더 신속복잡한 환경으로 가면 조직의 전반적인 실적에 대한 튼실성의 영향력이 상대적으로 더 커져서 대응성만큼이나 중요해진다.

재무적 실적에는 튼실성이 대응성보다 더 중요한 영향을 끼친다. 다시 말하면 신속복잡한 환경에서는 튼실성이 더 중요하다는 것인데, 이 말은 처음 들으면 직관적인 생각과는 반대되는 것으로 들릴 수 있다. 하지만 사실이 그러함을 납득할 수 있게 해주는 설명이 있다. 그것은 정교하게 잘 다듬어진 비즈니스 컨셉, 즉 명료하고 튼실한 목표와 원칙은 조직이 목표로 하는 과제에 집중할 수 있도록 해주고, 더 나아가 신속복잡한 환경 속에서 조직이 혁신은 물론 임기응변의 행동을 할 수 있는 능력을 강화시켜주기도 한다는 것이다.

이는 브라운과 에이젠하트가 컴퓨터산업에서 발견해 1997년에 발표한 사실들에 의해 뒷받침된다. 두 사람은 여러 가지 사례들을 조사해본 결과, 실적이 좋은 기업들과 그렇지 않은 기업들 사이에는 상당한 차이가 있다는 사실을 발견했다. 즉 실적이 좋은 기업들은 조직의 구성, 의사소통 패턴, 목적 등이 명료하고 튼실하다는 것이다. 이런 차이로 인해 실적이 좋은 기업들은 실험적인 사업이나 기획적인 사업에 집중할 수 있었던 반면에 실적이 저조한 기업들은 규칙파괴적인 문화와 구조가 결여된 탓으로 초래된 혼란에 빠져 있었다.

피터 도일(Peter Doyle)도 2000년에 발표한 논문에서 장기적인 목적에 초점을 맞추고, 기업으로서의 효율성을 갖추고, 목적의식이 분명하고, 권한 분산이 잘 이루어진 가운데 튼실한 전략을 갖는 것이 신속복잡한 환경 속에서 장기적인 실적을 올리는 데 중요하다는 가설을 지지했다.

신속복잡한 환경에서 튼실성의 중요성이 커지는 또 하나의 이유는 비즈니스 환경이 신속복잡해질수록 차별화가 더 중요해진다는 데 있다.[10] 그러나 비즈니스 환경이 실제로 신속복잡해지면서 조직 내부의 역량을 외부의 요구에 맞추거나 기회를 포착하는 게 점점 더 힘들어지고 있다. 게다가 신속복잡한 비즈니스 환경에서는 장기적인 경쟁우위를 확보할 수 있게 해주는 비즈니스 컨셉을 찾아내기 어렵기 때문에 차별화를 하기가 더욱더 힘들어지고 있기도 하다. 많은 기업들이 차별화 전략을 추진했다가 실패한 이유도 바로 여기에 있을 것이다.

따라서 튼실하고 다른 기업이 모방하기 어려우며 핵심역량에 토대를 둔 차별화 전략을 세우고, 상황에 따라 그 차별화 전략을 재정의할 수 있는 능력을 지닌 기업은 장기간에 걸쳐 지속적인 경쟁우위를 누릴 수 있다.[11] 2000년의 닷컴 붕괴는 튼실성의 결여가 어떤 결과를 초래하는지를 보여준 실례였다. 많은 닷컴들이 튼실한 비즈니스 컨셉을 찾지 못한 채 그저 남들보다 앞서 간다는 생각에만 몰두했고, 이런 태도는 대개의 경우 타당성이 없었던 것으로 드러났다.

이상과 같은 우리의 조사결과는 신속복잡한 환경 속에서 기업을 이끄는 경영자들에게 어떤 의미를 갖는 것일까?

신속복잡한 환경 속에서 경영자가 취해야 할 자세

우리 조사연구의 출발점은 '끊임없이 변화하는 세계에서 어떻게 하면 경쟁에서 이길 수 있는가?' 라는 현실세계의 문제였다. 이 조사연구에서 우리는 '기업 경영자는 외부의 환경변화에 대한 대응력을 굳건히 함과 동시에 튼실하고 남들이 모방하기 어려운 비즈니스 컨셉과 전략을 개발해야 한다' 는 사실을 발견해냈다. 비즈니스 컨셉을 개선하고 조직의 튼실성을 강화하기 위해서는 비즈니스 환경에 대한 철저한 분석과 대담한 의사결정이 필요하다. 아울러 가능한 한 깊이 있는 전략을 수립하고 생각하는 태도가 요구된다.

신속복잡한 환경에서 가장 이상적이라고 할 수 있는 조직의 상태는 '철저하게 다듬어진 비즈니스 컨셉과 조직의 원칙이 그 조직이 의지할 수 있는 지속성 있는 틀을 제공하는 가운데 튼실성과 대응성이 결합된 상태'다. 이런 상태에서는 비즈니스 컨셉이 자연스럽게 규칙을 설정해주고, 조직은 이렇게 설정된 기본적인 규칙에 따르되 자유롭게 행동하면서 미래를 위한 실험을 하게 된다. 이런 상태를 히트는 이렇게 묘사했다. "이제 경영자들은 전략적인 기획과 의사결정을 하는 데 필요한 안정성과 지속적으로 변화하면서 동태적인 환경에 적응하는 데 필요한 불안정성 사이에 균형을 창출해야 하는 과제에 직면해 있다." 윌리엄슨(Williamson)은 1999년도 저서에서 복잡성이론에 근거해 이런 결론을 내렸다. "불확실성과 급속한 변화에 직면한 기업들은 전략과 관련된 업무과정을 재조정해 선택가능한 미래전략의 포트폴리오를 구축하고 계획과 기회활용을 통합해야 한다." 그런가 하면 콜린스(Collins)와 포라스(Porras)는 같은 해에 펴낸 저서에서 이렇게 지적했다. "지속적으로 성공을 거두는 기업들은 자신의 사업전략과 실천을 변화하는 세계에 끊임없이 적응해가는 와중에도 고정적으로 유지되는 핵심적인 가치와 목표를 갖고 있다." 실제하는 기업 가운데 이런한 전략을 가장 탁월하게 보여주는 예는 애플이다. 스티브 잡스는 '핵심'에 해당하는 것을 잃지 않으면서 애플의 전략을 새로운 기회에 거듭 적응시켜왔다. 그래서 애플은 아이튠스(iTunes), 아이팟(iPod), 아이폰(iPhone)과 같은 개념을 잇달아 새로 개발해 내세우면서 새로운 기회를 성공적으로 활용할 수 있었다.

　　튼실성과 대응성의 균형이 점진적으로 진화하는 과정을 통해 달성되기도 한다. 고도의 대응성을 갖춘 기업은 튼실한 비즈니스 컨셉이나 핵심역량을 갖추는 데 도움이 되는 경쟁우위라는 전제조건을 실현할 수 있다. 그 과정은 단순한 혁신에 의해 전개되는 것이 아니라 기존의 역량을 단계적으로 변화시키고 발전시키는 쪽으로 조직의 초점이 모아지는 방식으로 전개되곤 한다. 〈그림 1―3〉에서 보면 이런 조직은 컨셉이 매우 튼실하나 대응성은 낮은 위치인 왼쪽 윗부분으로 움직인다. 그러나 이 위치는 안정적이지 않다. 새로운 기술이 등장하고 경쟁기업이 새로이 진입함에 따라 이 위치로 옮겨진 조직의 튼실했던 위상이 잠식되고, 그 결과 이 조직은 그림의 오른쪽 아랫부분으로 미끄러진다. 이런 악순환이 한 번씩 이루어질 때마다 조직의 튼실성과 대응성은 동시에 낮아진다. 그러나 조직 내부에서 문화적 혁신이 연속해서 일어난다면 튼실성과 대응성이 점점 더 높아지면서 선순

〈그림 1-3〉 튼실성과 대응성의 균형과 변화

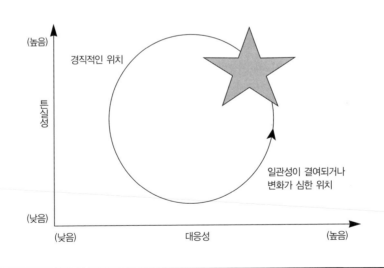

환이 이루어질 수 있다. 선순환 조직은 전략적 선택의 폭과 미래를 내다보는 시간의 길이가 확장되고, 패배하거나 실패하는 위치에서 벗어나 창조하고 선도하는 위치로 옮겨가게 된다(〈그림 1—4〉 참조).

튼실성과 대응성의 균형은 즉흥 재즈연주에서 요구되는 바와 아주 비슷하다.[12] 재즈그룹은 즉흥연주를 할 때 일련의 화음과 저음의 비트를 반복하는 등 몇 가지 기본적인 규칙을 바탕으로 하면서 이따금 기본적인 규칙을 뛰어넘는 화음과 표현으로 새로운 가능성을 추구하는 방식으로 연주한다. 연주의 속도가 빨라질수록 저음의 비트를 넣어주는 기본 규칙을 담당한 연주자의 역할이 더욱 중요해진다.

세계적으로 유명한 트롬본 연주자인 베르틸 스트란드베리(Bertil

〈그림 1-4〉 선순환 조직의 단계적 발전

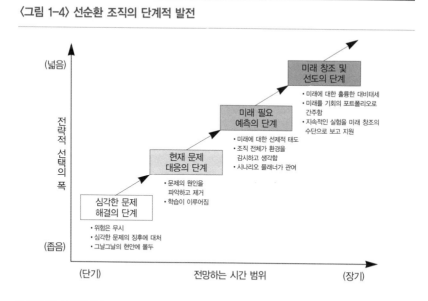

〈그림 1-5〉 성공적인 기업과 즉흥 재즈연주의 유사성

- 튼실한 짜임새 – 즉흥 연주의 전제조건
  - 음률, 화음, 규칙
  - 비트=골간
- 개인적 숙련도와 실험적 탐색 – 새로운 길 개척의 전제조건
  - 새로운 경로
  - 새로운 높이
  - 새로운 조화

"즉흥연주가 마음에 들지 않으면
베이시스트를 바꿔라!"
–베르틸 스트란드베리(세계적인 트롬본 연주자)

Strandberg)가 1997년에 사적인 대화에서 한 말이 생각난다. "즉흥연주가 마음에 들지 않으면 베이시스트(bassist, 베이스기타, 콘트라베이스 등 저음악기 연주자—옮긴이)를 바꿔라!" 그런가 하면 존 카오(John Kao)는 이렇게 말했다. "비즈니스에서와 마찬가지로 재즈연주에서도 균형 잡기가 계속된다. 재즈연주자들은 규율이 잡혀있어야 한다. 하지만 어떤 특정한 공식이나 지침, 악보에 얽매여서는 안 된다. 재즈는 언제나 밖으로, 앞으로, 위로 움직여나가야 한다. 따라서 그것은 필연적으로 자기만족에 저항한다."

기업이 전략적 유연성을 갖출 수 있으려면

이쯤에서 "왜 어떤 기업은 다른 기업들보다 전략적으로 더 유연한가? 그런 기업은 무엇이 다른가?"라는 질문이 자연스럽게 나올 것이다. 이 질문에 대답하기 위해 우리는 신속복잡한 비즈니스 환경에서의 전략과 실적에 대

해 그동안 학자들이 내놓은 연구결과를 포괄적으로 재검토한 후 대답이 될 만한 10여 가지 설명을 선정했다. 그것은 최고경영진, 조직구조, 전략과 관련된 업무과정, 전략적 과정을 통해 선택된 전략 등에 관련된 것들이었다. 우리는 이 10여 가지 설명을 각각 여러 개의 답변항목을 가진 질문들로 재구성해서 설문지에 포함시켰다.

설문에 대한 응답을 분석한 결과 우리가 세운 가설의 대부분이 사실로 입증됨을 확인했다. 전략적인 계획을 강조하는 기업은 그렇지 않은 기업에 비해 상대적으로 실적이 더 나았고 전략적 유연성도 더 컸다. 아울러 선제적이고 실험적이며 기업가적인 전략을 갖춘 기업들, 최고경영진을 비롯한 조직 내부 사람들이 서로 이익을 돌봐주거나 사내정치(office politics)를 하

〈그림 1-6〉 조직의 세 가지 측면과 실적에 끼치는 영향

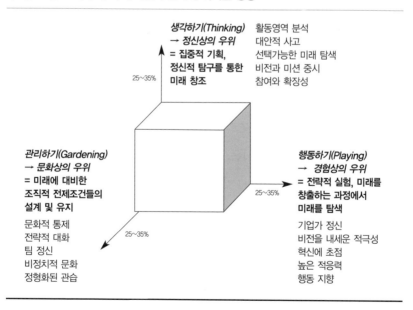

생각하기(Thinking)
→ 정신상의 우위
= 집중적 기획,
정신적 탐구를 통한
미래 창조

활동영역 분석
대안적 사고
선택가능한 미래 탐색
비전과 미션 중시
참여와 확장성

25~35%

관리하기(Gardening)
→ 문화상의 우위
= 미래에 대비한
조직적 전제조건들의
설계 및 유지

문화적 통제
전략적 대화
팀 정신
비정치적 문화
정형화된 관습

행동하기(Playing)
→ 경험상의 우위
= 전략적 실험, 미래를
창출하는 과정에서
미래를 탐색

25~35%

기업가 정신
비전을 내세운 적극성
혁신에 초점
높은 적응력
행동 지향

25~35%

는 것을 금지하는 기업들도 그렇지 않은 기업들에 비해 상대적으로 실적과 전략적 유연성이 더 나았다.

우리가 던진 세부적인 질문에 대한 답변들을 분석한 결과 더욱 흥미로운 사실도 발견됐다. 그것은 조직의 세 가지 측면이 조직의 전체적인 실적에 대한 설명요인이나 전략적 유연성에 대한 설명요인과 거의 동등하게 중요하다는 점이다. 이 세 가지 측면을 각각 '생각하기(Thinking)', '행동하기(Playing)', '관리하기(Gardening)'라고 부르겠다(〈그림 1—6〉 참조). 이 세 가지 측면은 신속복잡한 환경에서 기업이 달성한 전체 실적의 25~35퍼센트를 각각 설명해준다.

생각하기에 강한 조직은 정신적으로 앞서 나가면서 경쟁자들보다 우위에 오른다. 이런 조직은 그렇지 않은 조직에 비해 활동영역에 대한 분석, 시나리오 분석을 비롯한 대안적인 사고, 환경상의 기회에 대한 관찰과 포착 등을 통해 먼저 변화를 예견한다. 이런 의미에서 생각하기에 강한 조직은 전략적인 조직이라 할 수 있다.

행동하기에 능숙한 조직은 기업가정신을 갖고 있다. 이런 조직은 미래지향적이고, 선제적이고, 혁신을 강조하고, 적응을 잘하고, 형식에 구애되지 않는다. 생각하기에 강한 조직은 미래를 이론적으로 탐구하기를 좋아하지만, 행동하기에 능숙한 조직은 지속적인 혁신과 실험적인 행동을 비롯한 실천을 통해 미래를 탐색한다. 이런 조직은 미래를 창출하는 행동을 통해 미래를 예측한다.

관리하기란 무엇보다도 조직의 기능을 뒷받침하는 측면을 말한다. 능숙한 관리자들은 문화적 통제, 다시 말해 선택된 전략을 뒷받침하는 보상체계 등 피드백 시스템을 완벽하게 설계함으로써 조직을 통제하고 발전시키는 역할을 한다. 관리하기를 잘하는 조직은 조직 내부의 전략적 대화를 강조하고 지지하며, 사내정치를 기피한다.

생각하기, 행동하기, 관리하기의 세 가지 측면을 여러 모로 조합하며 생각하다 보면, 기업이 건강하게 발전하기 위해서는 세 가지 측면이 모두 중요하다는 점을 금세 알아차릴 것이다. 기업은 세 가지 측면 모두를 어느 정도씩은 다 갖춰야 한다.

〈그림 1—7〉에서 볼 수 있듯이 생각하기에는 고도로 숙련돼 있지만 행동하기의 능력이 부족한 조직은 계획을 세우는 일은 잘 할지 몰라도 구체적으로는 아무것도 성취하지 못한다. 이런 조직은 '분석의 덫(analysis trap)'에 걸려 꼼짝달싹 못하게 된다. 이런 기업은 어떤 일에도 결코 놀라는

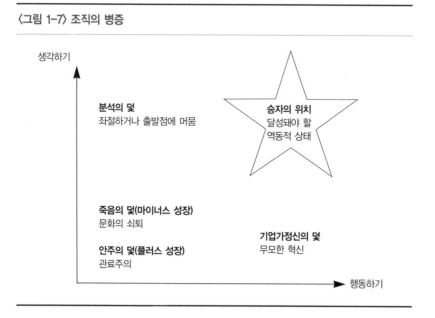

〈그림 1-7〉 조직의 병증

생각하기

분석의 덫
좌절하거나 출발점에 머뭄

승자의 위치
달성돼야 할
역동적 상태

죽음의 덫(마이너스 성장)
문화의 쇠퇴

안주의 덫(플러스 성장)
관료주의

기업가정신의 덫
무모한 혁신

행동하기

일이 없지만, 자신의 통찰력을 활용하는 데는 계속 실패만 한다. 반면 '기업가정신의 덫(entrepreneurial trap)'에 걸린 기업은 어떤 대가를 치르더라도 변화하는 게 중요하다고 강조한다. 1990년대 말에 수많은 닷컴들과 인터넷 컨설팅회사들이 바로 이 덫에 걸렸다. 그들은 변화와 새로운 비즈니스 컨셉에 너무 사로잡힌 나머지 기본적이고 튼실한 비즈니스 전략은 전혀 개발하지 못했다.

민간조직이든 공적조직이든 규제되는 시장에서 활동하고 살아가는 조직들은 흔히 '안주의 덫(coziness trap)'에 걸리곤 한다. 이런 조직은 생각하기나 행동하기의 필요성을 못 느낀다. 겉으로는 지적 또는 정신적으로 조직 구성원을 자극하고 고무하는 문화를 크게 강조하는 기업이 사실은 '안주의 덫'에 걸려 있는 경우도 많다. 조직이 걸릴 수 있는 불합리한 병증 가운데 가장 위험한 것은 '죽음의 덫(death trap)'이다. 죽음의 덫에 걸린 기업은 짧은 기간 동안만 생존할 수 있다.

어린아이와 같이

성공적인 조직은 어린아이와 같다고 말할 수 있다. 격동하는 변화에 부닥치는 기업과 마찬가지로 어린아이도 새로운 것들에 끊임없이 부닥친다. 어린아이에게는 자신이 경험하는 모든 것을 이해해야 한다는 과제가 주어진다. 그래서 어린아이들은 계속 질문을 던지고, 생각하고, 가설을 만들고, 그것을 검증해본다. 어린아이에게 가장 중요하고도 핵심적인 질문은 바로 "왜?"다.

의지

호기심

탐구심

도전정신

용기

실행의욕

  그런데 어린아이가 세계를 충분히 이해하기 위해서는 이론적 학습만으로는 충분하지 않다. 어린아이는 보다 구체적인 실제 경험도 해야 한다. "엄마가 안 된다고 말하는데 진짜로 안 된다는 뜻일까? 그래도 나는 한번 해볼 거야!" "이게 뭐야? 무슨 맛이 날까?" "이것들을 한데 섞으면 어떤 일이 벌어질까?" 학습과정에 있는 어린아이가 세계를 진정한 자기 것으로 만들기 위해서는 주어진 법칙들에 의문을 품고, 직접 현실을 파악하러 나서야 한다.

  성공하려는 기업에도 똑같은 말을 할 수 있다. 기존의 질서 속에서 남들보다 앞서 나가고자 하는 기업이든, 새로 개편된 질서 속에서도 무사히 살아남을 수 있기를 원하는 기업이든 모두 마찬가지다. 어린아이와 같은 의지, 호기심, 탐구심, 도전정신, 용기, 실행의욕이 기업에도 필요하다.

  성공하는 기업은 좋은 부모의 특성도 갖추고 있다. 좋은 부모는 아이가 믿고 의지할 만한 튼실한 틀을 제공하고, 스스로 역할모델이 되어줌으로써 아이를 인도하고, 아이에게 질문을 던지고 학습하도록 할 뿐 아니라 아이로 하여금 질문을 던지게 하고 더 나아가 질문의 방향까지 유도한다.

기업들은 필수적인 것을 강조하고 있는가

신속복잡한 세계에서는 생각하기, 행동하기, 관리하기가 세 가지 중요한 실천요소라는 말을 들은 독자들이 자연스럽게 "기업이 그런 것들을 어느 정도나 해야 하느냐?"고 물을 것 같다. 이 질문에 대한 답변을 조금 비틀어서 "대부분의 기업들은 아직 실현되지 않은 실적의 잠재적 가능성을 엄청나게 많이 갖고 있다"고 말하고 싶다. 아니, 좀더 초점을 맞추어서 "일반적으로 보면 가장 중요한 실천사항들 가운데 일부가 실제로는 심각하다 할 정도로 실천되지 않고 있다"고 말하고 싶다.

〈그림 1—8〉에서도 볼 수 있듯이 활동영역에 대한 분석, 기회 관찰, 대안적 사고, 확장성과 참여의 결합 등 생각하기와 관련된 실천사항들이 실제로는 잘 실천되고 있지 않다. 그런가 하면 행동하기의 실천사항 중에서 가장 중요한 '미래를 지향하는 선제적인 태도'를 보이는 기업도 별로 없고, 관리하기의 실천사항 중에서 가장 중요한 '내부 문화에 대한 통제' 도 거의 실천되고 있지 않다.[13]

이 책은 시나리오 플래닝과 관련된 실천에 초점을 맞추고 있다. 이런 관점을 그림에서 이야기하자면, 시나리오 플래닝과 가장 밀접한 관련성이 있는 5개 내지 6개의 실천사항들이 왼쪽 윗부분의 구석에 속한다는 점에 주목할 필요가 있다. 다시 말해 이들 실천사항은 조직 운영의 기법상으로도 중요한 것인데도 실제로는 널리 실천되고 있지 않다.

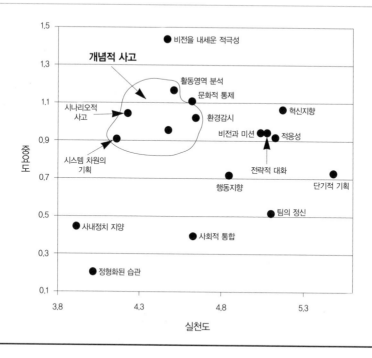

〈그림 1-8〉 개념적 사고의 낮은 실천도

황금의 기회는 얼마든지 널려 있다

이상과 같이 이 책 전체를 요약해본 것은 시나리오 싱킹과 시나리오 플래
닝의 필요성과 잠재력에 대해 실제 조사연구에서 확인된 증거들을 제시하
려는 목적에서다. 오늘날 거의 모든 기업이 직면한 격동적이고 신속복잡한
비즈니스 환경 속에서 변함없이 좋은 실적을 올릴 수 있느냐 그렇게 하지
못하느냐는 튼실한 비즈니스 컨셉과 조직적 대응성의 결합을 달성하느냐
그렇게 하지 못하느냐에 달려있다. 그리고 튼실성과 대응성은 생각하기,

행동하기, 관리하기로 파악한 조직의 세 가지 역량요소에 크게 좌우된다.

이런 판단을 뒷받침해줄 강력한 증거들이 많이 있다. 여기서는 그 가운데 단지 일부만을 소개했을 뿐이다. 조직의 세 가지 역량요소 가운데 특히 생각하기의 실천이 튼실성과 대응성에 가장 큰 영향을 끼친다. 따라서 생각하기의 실천은 조직의 실적에도 크게 영향을 준다. 여기서 생각하기의 실천이란 활동영역에 대한 분석, 기회 관찰, 비전과 미션 설정, 대안적 사고, 확장성과 참여의 결합을 비롯해 전략과 관련된 실천, 즉 '시나리오 플래닝의 실천'이다. 그런데 바로 이런 잠재력 있는 방법이 일반적으로 기업들에서 가장 덜 실천되는 경향이 있음을 앞에서 보았다. 거꾸로 이야기하면 기업들의 눈앞에는 '황금의 기회'가 널려 있다는 것이고, 따라서 그런 황금의 기회를 포착해 활용하는 기업이 경쟁에서 앞서나가고 결국은 미래의 승리자가 될 것이라고 믿어도 된다.

2장 :: 시나리오 플래닝이란 무엇인가

시나리오와 시나리오 플래닝

시나리오란 무엇인가? 미래를 그려본 것은 다 시나리오인가? 시나리오는 어디에 이용될 수 있는가? 시나리오와 시나리오 플래닝에 대한 정의는 통일돼 있지 않다. 시나리오와 시나리오 플래닝에 대해 학자들은 저마다 다른 정의를 내렸다.

- 미래가 어떤 모습일지에 대한 정합성 있는 견해—마이클 포터, 1985.
- 자신의 결정이 의도대로 수행될 수 있는 미래 환경의 여러 가지 모습들에 대해 자신의 판단에 따라 순서를 매기는 데 사용되는 도구—피터 슈워츠, 1991.
- 전략기획, 즉 전략적인 계획을 수립하는 작업 중 미래의 불확실성을 관리하는 도구나 기술과 관련된 부분—질 링랜드, 1998.
- 조직의 결정이 실행되는 미래의 가능한 모습들을 그려보는 규율 잡힌 방법—폴 슈메이커, 1995.

이처럼 다양한 정의가 있지만 그 내용을 살펴보면 시나리오라는 것은 현재의 추세를 미래로 연장시켜 그다지 놀라울 게 없는 미래의 모습을 그려본 것이라는 의미의 '예측'이 아님은 분명하다. 아울러 시나리오는 바람직한 미래의 모습을 의미하는 '비전'도 아니다. 시나리오는 "어떤 일이 일어날 수 있다고 생각하는가?" 또는 "만약 ~라면 어떤 일이 일어날까?"라는 질문에 대해 깊이 생각해본 뒤 내리는 답변이다. 따라서 예측이나 비전과 다르다. 예측이나 비전은 '위험'을 안 보이게 숨기는 경향이 있다. 그러나 시나리오는 오히려 위험관리를 가능하게 해준다.

아울러 시나리오 플래닝은 시나리오를 작성하는 것만이 아니다. 이보다 더 나아가 전략적인 계획을 세우는 일과 밀접하게 관련된다. 이 점에 대해서는 뒤에서 다시 논의하겠다.

인간은 누구나 시나리오 작성을 일상적으로 한다. 머릿속에서 늘 가까운 미래에 대한 시나리오를 여러 가지로 그려본다. 앞날을 미리 생각해보고, 앞으로 일어날 일들에 관한 정보를 분석하고 처리하는 것이다.

인간을 비롯해 생명이 있는 유기체와 조직은 적절하게 기능하는 '피드백 시스템(feedback system)'을 필요로 한다. 피드백 시스템이란 이미 일어난 일을 알려주는 시스템이다. 우리는 자기 자신이 한 일로부터 뭔가를 배우는 학습을 해야 한다. 그런데 앞으로 나아가야 할 방향을 선택하려면 이미 일어난 일뿐 아니라 미래에 관한 정보도 필요하다. 다시 말해 미래에 관해 알려주는 '피드포워드 시스템(feedforward system)'도 필요한 것이다(〈그림 2—1〉 참조).

인간의 두뇌는 끊임없이 시나리오를 그려내지만, 개인적으로나 기업의 일원으로서나 체계적으로 시나리오를 그리는 일을 하는 경우는 흔치 않다.

〈그림 2-1〉 피드백 시스템과 피드포워드 시스템

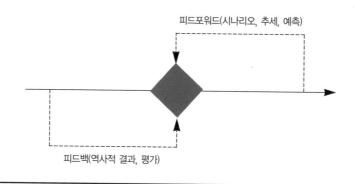

기업이나 조직에서 이루어지는 시나리오 플래닝의 대부분은 여러 가지 대안들이 각각 낳을 결과를 상상해보고 계산해보는 시도다. 예를 들어 특정한 거래나 경쟁자의 특정한 행동이 어떤 결과를 낳을 수 있는지를 스스로에게 물어보는 것이다. 하지만 외부세계 전체에 대해 체계적인 시나리오 작업을 하는 경우는 대단히 드물다. 그 한 가지 이유는 그런 작업을 하는 데 많은 시간과 지식이 필요하다고 생각하는 데 있을 것이다. 그러나 시나리오 플래닝이 단지 두뇌연습일 뿐이라고 생각하는 게 아니라면, 조직에서 누군가는 시나리오 플래닝을 지속적으로 맡아 해야 할 것이다. 그리고 그 작업에서 결론을 이끌어내고 그 결론에 따라 전략을 수립하는 일을 책임질 사람도 있어야 한다.

시나리오와 미래의 여러 가지 모습들

시나리오가 예측, 전망, 비전과 다르다는 것은 이미 말했다. 시나리오는 실현될 가능성이 있는 미래에 대한 생생한 묘사다. 〈그림 2—2〉는 세 가지 종류의 미래가 서로 어떻게 다른지를 보여준다. 일반적으로 미래를 멀리 내다볼수록 그 미래가 실현될 가능성이 높아진다. 예를 들어 개인의 관점에서 볼 때 1주일 안에 선택할 수 있는 대안의 미래는 그리 많지 않다. 1주일 뒤의 미래는 실현가능성의 측면에서 보면 그 수가 제한적이다. 그러나 5년 뒤나 10년 뒤, 또는 그 이상의 미래를 내다본다면 실현이 가능해 보이는 미래의 수가 많아진다. 가능한 미래의 모습 가운데 어떤 것은 다른 것들에 비해 오늘 시점에서 볼 때 실현될 가능성이 더 높아 보인다. 그러나 다른 미래의 모습이 더 좋아 보이거나 바람직해 보일 수도 있다. 가장 바람직

〈그림 2-2〉 세 가지 종류의 미래

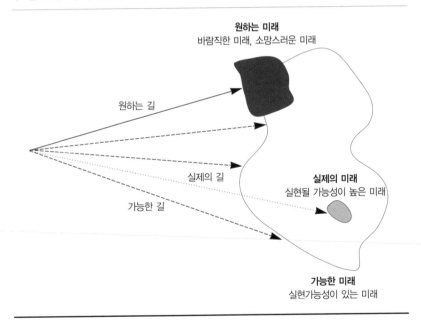

원하는 미래
바람직한 미래, 소망스러운 미래

원하는 길

실제의 미래
실현될 가능성이 높은 미래

실제의 길

가능한 길

가능한 미래
실현가능성이 있는 미래

해 보이는 미래와 실현가능성이 가장 높은 미래가 일치하지 않는 경우가 많기 때문이다. 가장 바람직해 보이는 미래, 다시 말해 앞으로 내가 실제로 살아가길 바라는 미래의 모습이 실현이 가능한 미래의 모습들 속에 들어있지 않을 수도 있다.

미래를 지향하는 기획, 다시 말해 미래계획을 세우는 플래닝(planning)의 관점에서 말한다면, 우리는 개인 또는 조직의 일원으로서 예측을 해보기도 하고 시나리오와 비전을 포함하는 미래계획을 부단히 만들어내기도 한다. 조직도 다양한 유형의 예측이나 전망을 토대로 개인보다 엄격하게 미래계획을 세운다. 주변의 상황이나 조건이 안정적인 동시에 주어진 시간의 틀이 짧은 경우에는 단순한 예측이 필요하기도 하고 그런 예측이 강력한 효과를 발휘하기도 한다. 어떤 결정을 내리기 위해서는 위험성을 낮추고 확실성을 높여야 할 필요가 있다. 예측은 바로 위험성을 낮추고 확실성을 높여주는 역할을 한다.

그러나 미래를 좀더 길게 내다봐야 하고 예측하고자 하는 시스템이 좀더 복잡하다면 단순한 예측에 기반을 두는 유형의 미래계획은 타당성을 잃게 된다. 불확실성이 높은 상황에서 잠재적인 위험과 기회를 식별해낼 수 있으려면 미래의 비즈니스 환경을 미리 알아내거나 탐색하기 위한, 그리고 단 하나의 미래가 아닌 가능한 미래의 여러 가지 모습들에 대비하면서 소망스러운 미래를 준비하기 위한 뭔가 다른 기획의 도구가 필요하다.

물론 실현될 가능성이 있는 미래의 모습들을 모두 다 탐색할 수는 없다. 미래와 관련된 복잡성을 다룰 수 있을 만한 수준까지 낮춰야 한다. 바로 이 지점에서 시나리오 작성이 시작된다. 잘 그려진 몇 개의 시나리오를 통해 불확실성의 규모와 양을 줄임으로써 현실화할 가능성이 있는 소수의 변화

〈표 2-1〉 시나리오, 예측, 비전의 비교

시나리오	예측	비전
실현가능한 미래	실현가능성이 높은 미래	원하는 미래
불확실성에 기반	확실한 관계들에 기반	가치에 기반
위험을 드러냄	위험을 숨김	위험을 숨김
질적이거나 양적	양적	대개는 질적
결정해야 할 것이 무엇인지를 알아야 할 때 필요	과감하게 의사결정을 해야 할 때 필요	자극하고 고무하는 데 필요
실제로는 잘 이용되지 않음	일상적으로 이용됨	비교적 자주 이용됨
장기적이고 불확실성이 높은 미래를 내다보는 데 장점	단기적이고 불확실성이 낮은 미래를 내다보는 데 장점	자발적인 변화를 촉진하기 위한 방법으로 이용되곤 함

방향들을 추려내야 한다. 이렇게 추려진 소수의 변화방향들 각각에는 불확실성이 적절한 정도로만 포함돼 있어야 한다.

　예측은 보통 예상되는 수치로 표현되지만, 때때로 시나리오 형태로 표현되기도 한다. 시나리오 형태로 표현되는 예측은 앞으로 무슨 일이 닥칠 것인가, 무엇을 받아들이고 무엇에 대처해야 하는가에 관한 좀더 생생한 묘사를 담게 된다. 비전의 경우도 마찬가지다. 비전은 앞으로 도달하게 될 미래의 모습을 구체적으로 제시하는 형태를 취하는 경우가 많지만, 그 의미는 시나리오나 예측과 다르다. 비전은 그것을 실현하기 위해 노력할 가치가 있는 미래의 모습이다. 하지만 예측과 마찬가지로 비전도 위험을 숨긴다. 비전은 그 특성상 복잡하지 않다. 간단하고 쉽게 파악되는 비전이어야 강력한 비전이 된다. 그러나 비전은 모호한 채로 사람들을 끌어당긴다. 예측은 시나리오를 작성하는 데 일종의 투입요소로 이용될 수 있다. 반대로 전략적 비전은 시나리오 플래닝의 결과로 얻어지는 경우가 많다.

기획과 학습의 도구로서의 시나리오 플래닝

앞에서 살펴보았듯이 시나리오 플래닝은 불확실한 상황에서 중장기 계획을 세우는 데 효과적인 전략적 기획의 도구다. 시나리오 플래닝은 미래전략을 치밀하게 다듬고, 예기치 못한 상황에 대비하고, 올바른 방향으로 가고 있는지를 살피고, 주목해야 할 문제에 주목하도록 도와준다. 시나리오는 단지 기획의 도구이기만 한 것이 아니다. 시나리오를 통해 생각하는 것은 조직과 환경의 변화가 전개되는 논리를 이해할 수 있게 해주고, 그러한 변화의 전개과정에 작용하는 추동력과 주요 요소 및 행위자들을 파악할 수 있게 해주며, 그러한 것들에 우리가 어느 정도의 영향력을 발휘할 수 있는가를 명확하게 해준다. 기존의 전통적인 전략적 계획의 방법들이 쓸모없게 된 오늘날

〈그림 2-3〉 시나리오 플래닝의 목표와 초점

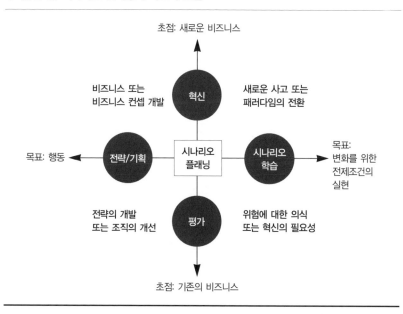

에는 시나리오 플래닝이 새로운 미래계획의 방법으로 이용될 수 있다.

시나리오 기법은 여러 목적으로 활용될 수 있다. 〈그림 2—3〉은 다양한 프로젝트에서 시나리오 기법을 사용했던 지난 몇 년간의 경험을 토대로 시나리오 프로젝트 수행모델을 요약해본 것이다. 경우에 따라 시나리오는 이러저러한 결과를 얻겠다는 목표를 명시한 기획의 도구로 사용된다. 산업, 기술, 소비자 등에 대한 시나리오 작업은 연구개발(R&D), 비즈니스, 제품개발을 인도해준다. 시나리오는 또한 아이디어를 떠올리는 데 필요한 자극을 주기도 하고, 새로운 아이디어나 프로젝트 계획들 가운데 쓸 만한 것을 선별해주는 필터 기능을 하기도 한다. 이런 경우에는 시나리오가 신규사업을 기획하고 추진하는 과정에 기여한다. 뿐만 아니라 시나리오는 기존의 비즈니스 컨셉, 전략, 제품을 검증하는 평가 과정에서 이용되기도 한다.

시나리오는 조직의 학습이나 변화를 촉진하는 데도 이용된다. 시나리오는 기존의 패러다임과 가정(假定)에 도전하는 강력한 방법이다. 특히 시나리오를 작성하는 일을 직접 맡은 사람이 이런 도전에 앞장설 수 있다. 이런 측면에서 조직 구성원들이 모여 시나리오를 논의하는 '시나리오 워크숍'은 기존의 패러다임에 도전하고 미래에 대해 공유할 수 있는 관점을 창출해내는 데 매우 효과적인 방법이다. 이에 대해서는 시나리오 플래닝의 실제 사례를 다루는 3장에서 보다 깊이 있게 설명하겠다.

미래연구와 전략의 연결고리로서의 시나리오 플래닝

지금껏 살펴봤듯이 시나리오 플래닝은 미래 비즈니스 환경의 불확실성에 대처하는 데 사용되는 기획의 방법이다. 기존의 전통적인 전략적 기획의 방법과 시나리오 플래닝의 차이는 〈표 2—2〉에 요약해 놓았다.

시나리오 플래닝은 조직이 중장기적 미래에 관한 논의와 중단기적 전략 기획을 통합시킬 수 있게 해주는 방법이다. 이런 측면에서는 시나리오 플래닝이 두 개의 단계로 구성되며, 그 가운데 첫 번째 단계에서 작성된 시나리오들이 첫 번째 단계와 두 번째 단계를 연결시켜준다(〈그림 2—4 참조〉). 그리고 각각의 단계는 다시 몇 개씩의 하위단계들로 구성된다. 그 가운데 어떤 하위단계는 창조적이거나 직관적이지만, 다른 어떤 하위단계는 분석적이다.

전략적 기획의 도구로 시나리오가 사용되는 시점은 언제일까? 간단히 답하자면, 그렇게 해야 할 이유가 생겼을 때다. 전략적 기획의 과정에서 의사결정을 해야 할 때가 됐는데도 상당한 양의 불확실성이 아직 남아있다면 그 즉시 시나리오를 사용할 필요가 있다. 시나리오는 특히 패러다임의 변화나 비선형적 변화를 다룰 때 쓸모가 있는 도구다. 예를 들어 어떤 제품범

〈표 2-2〉 전통적 기획과 시나리오 플래닝의 차이

	전통적 기획	시나리오 플래닝
관점	부분적('그 밖의 모든 것은 동일하다'고 가정)	전체적 ('동일한 것은 없다'고 가정)
변수	양적, 객관적, 드러난 것	질적, 반드시 양적이지는 않음, 주관적, 드러난 것일 수도 있고 숨겨진 것일 수도 있음
변수들의 관계	통계적, 안정된 구조	동태적, 새로 떠오르는 구조
설명의 방향	과거가 현재를 설명	미래는 현재의 존재이유
미래묘사	단순하고 확정적	복합적이고 불확정적
방법	결정론적이고 양적인 모델 (경제이론적, 수학적)	의도와 관련된 분석, 질적인 확률모델 (교차영향 분석 및 시스템 분석)
미래에 대한 태도	수동적 또는 적응적 (미래는 어떻게 될 것이다)	능동적이고 창조적 (어떤 미래가 창조된다)

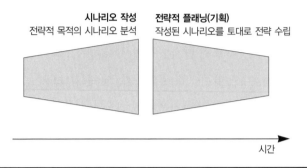

〈그림 2-4〉 시나리오 플래닝의 두 단계

시나리오 작성
전략적 목적의 시나리오 분석

전략적 플래닝(기획)
작성된 시나리오를 토대로 전략 수립

시간

주, 즉 일련의 동종 제품들이 과잉성숙 단계에 이르러 뭔가 새로운 것들로 대체돼야 할 때, 또는 기업들이 새로운 비즈니스 논리를 창출해내야 하는 '규칙파괴적 경쟁'의 국면에 들어섰을 때 시나리오가 유용한 도구가 된다 (〈그림 2—5 참조〉). 패러다임의 변화나 비선형적 변화는 기존의 전통적인 단선적 또는 선형적 기획의 방법으로 다루기에 적절하지 않다. 패러다임의 변화나 비선형적 변화는 바로 시나리오 플래닝의 홈그라운드다.

결국 이런 결론을 내릴 수 있다. 불확실성이 만연한 시기에 비즈니스 환경에서 부닥치는 도전에 대처하거나 극복하기 위해서는, 아울러 그런 환경에서 새로이 창출되는 기회를 활용하기 위해서는 '불확실성에 기반을 두고 미래를 생각하기', 즉 시나리오와 전통적인 전략적 기획의 방법을 통합한 고도의 전략적 사고가 필요하다(〈그림 2—6 참조〉). 실제로는 시나리오 작업이 전략기획 작업과 분리된 상태에서 자기만의 논리로 전개되는 수가 많다. 이 경우에는 미래에 대한 사고가 순전히 지적 연습의 성격을 갖는 데 그치고, 전략기획도 기껏해야 기존 패러다임 안에서의 기획에 그친다. 물

〈그림 2-5〉 시나리오 플래닝의 홈그라운드

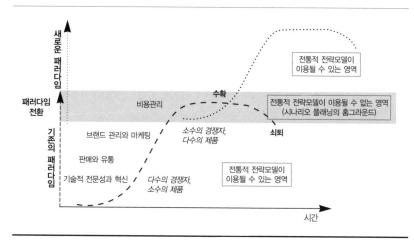

〈그림 2-6〉 전략적 사고와 미래지향적 사고

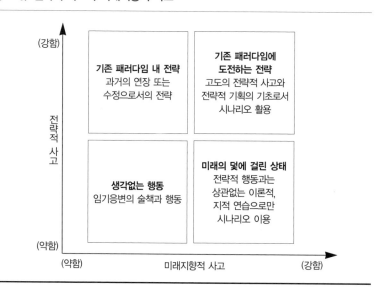

론 이런 정도로 충분할 때도 있겠지만 그렇지 않을 때도 많다.

끊임없이 변화하는 오늘날의 세계에서는 조직통합의 전략도 운영상의 통합이나 절차상의 통합만으로는 충분하지 않다. 오늘날에는 '전략적 통합'도 필요하다. 다시 말하면 이제 기업은 서로 다른 제품들, 서로 다른 기술들, 서로 다른 시장들 사이의 통합에서 얻을 수 있는 시너지 효과를 고려해야 하고, 때로는 비즈니스 컨셉도 재정의해야 한다(〈그림 2—7 참조〉). 전략적 통합은 '재결합(recombination)' 또는 '재창조(reinvention)'로 불리는 것과 관련성이 있다. 그러나 오늘날 기업들은 단순히 현재 시점에서 재결합 또는 재창조하는 수준을 넘어 '미래적 통합'이라고 부를 수 있는 것, 즉 '미래로의 궤적'을 매일매일의 비즈니스 계획에 반영할 필요가 있다. 이렇게 하는 것은 미래에 경쟁상 우월한 지위를 차지하기 위해 필요한 전제조

〈그림 2-7〉 기업 통합전략의 세 단계

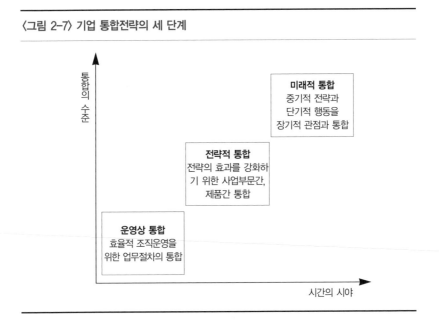

건이다. 미래적 통합을 위해서는 비즈니스에 대한 새로운 관점도 필요하지만, 그 새로운 관점을 실현하기 위한 새로운 실천방법이나 새로운 도구도 필요하다. 새로운 실천방법 또는 도구 중 하나가 바로 시나리오 플래닝이다.

시나리오가 강력한 이유와 널리 활용되지 않는 이유

이상의 논의는 시나리오가 몇 가지 이유에서 실로 강력한 수단임을 말해준다. 그 몇 가지 이유를 요약하면 다음과 같다.

- **시나리오는 그 형식이 두뇌의 기능과 유사하다**: 시나리오 싱킹은 인간의 두뇌가 기능하는 것과 비슷한 방식으로 이루어진다. 이미지와 스토리로 구성되는 시나리오의 서술형식은 시나리오가 잘 기억되도록 한다. 누구나 자기 머릿속에 생생하게 그려지는 것을 그렇지 않은 것보다 쉽게 받아들인다.

- **시나리오는 가지각색의 다양한 사고를 촉진한다**: 여러 개의 서로 다른 시나리오들을 통해 서로 다른 미래의 모습들을 표현할 수 있다. 서로 다른 여러 방향으로 머릿속에서 그림을 그리다 보면 미처 생각할 수 없었던 것을 생각하는 능력이 단련되고, 그 과정에서 이례적인 사건이나 상황을 예견하는 능력이 길러진다. 시나리오는 옳고 그름을 따지지 않는 개방적인 형식을 취하며, 이런 점에서 조직 내부에서 미래에 대한 공동의 탐색이 이뤄지도록 돕는다.

- **시나리오는 복잡성을 줄이는 방법이다**: 시나리오를 이용하면 비즈니스 환경의 복잡성이나 일반적인 주변 환경의 불확실성을 줄일 수 있다. 시나

리오는 지나친 단순화에 빠지지 않으면서 복잡성을 줄이는 작업을 원활하게 할 수 있게 해준다.

- **시나리오는 의사소통에 적합한 형식이다**: 시나리오는 미래에 관한 의사소통과 논의를 쉽게 할 수 있게 해준다. 한 조직 안에서 구성원들 사이에 공유된 시나리오들은 조직의 의사결정 과정을 간편하게 만드는 공통의 언어와 세계관을 제공해준다.

그런데 시나리오가 그렇게 강력한 것인데도 시나리오를 이용하는 기획의 방법인 시나리오 플래닝이 보다 널리 이용되지 않는 이유는 무엇일까? 적어도 다음과 같은 네 가지 이유가 있다.

- **시나리오 플래닝의 결과에는 여전히 불확실성이 내재돼 있다**: 시나리오 플래닝은 미래에 대한 단 하나의 해답만 제시하는 게 아니다. 따라서 시나리오 플래닝은 의사결정 단계에서 흔히 요구되는 확실성을 보장해주지 않는다. 시나리오 플래닝은 전통적인 계획수립 내지 기획의 절차보다 훨씬 더 많은 생각을 할 것을 요구한다.
- **시나리오 플래닝의 결과는 단순한 경영논리에 입각한 직관에는 들어맞지 않는다**: 어느 질문에나 단 하나의 정답만 있다고 보거나 어느 문제든 몇 개의 부분문제들로 나눌 수 있고 각각의 부분문제에 대해 별도의 정답을 찾을 수 있다고 보는 단순한 경영논리에는 시나리오 형태의 답변이 적합하지 않다. 시나리오 플래닝은 기존의 기획방법보다 더 전체적이고 체계적인 기획방법이다.
- **시나리오 플래닝은 수행방법이나 그 결과로 도출되는 답변이 수량적이지 않다**:

시나리오 기법을 적용하는 과정에서 철저한 분석이 이루어지기도 한다. 하지만 원래 시나리오 기법은 추리와 직관적 패턴 인식을 토대로 하는 질적인 기법이다. 따라서 그 결과가 숫자 지향적인 기존의 전통적 문화에는 잘 들어맞지 않는 질적인 표현으로 흔히 제시된다.

- **시나리오 플래닝을 하는 데는 시간이 많이 든다**: 최고경영자들이 시나리오 프로젝트에 직접 참여하는 경우는 드물다. 그 이유 중 하나는 시나리오 플래닝처럼 워크숍을 활용하는 방법이라는 것이 원래 참여자들이 공동으로 어떤 결과를 도출할 때까지 필요로 하는 시간이나 일수라는 측면에서 시간소모적이라는 데 있다. 이런 문제가 있기에 우리는 적절한 경력과 배경, 태도를 갖고 있고 시간여유도 어느 정도 있는 사람들로 시나리오 프로젝트 팀을 꾸리고 조직 내부의 주요 이해당사자들은 중요한 순간에만 참여하도록 권하곤 한다.

좋은 시나리오의 구성요소는?

시나리오 플래닝에 관한 이 책은 전략적 기획의 관점에서 시나리오를 이야기하고 있다. 그런데 전략적 기획의 관점에서 좋은 시나리오란 어떤 것이며, 그것을 어떻게 식별해낼 수 있을까?

전략적인 목적에 부합하는 좋은 시나리오 세트(scenario set, 하나의 주제에 대해 시나리오 1, 시나리오 2, 시나리오 3 등 여러 개의 시나리오가 작성됐을 경우 그 전체를 시나리오 세트라고 함―옮긴이)를 판별해내는 기준으로는 다음 일곱 가지를 들 수 있다.

- **의사결정력**: 시나리오 세트와 그 세트에 속하는 각각의 시나리오는 고려

중인 주제를 깊이 통찰할 수 있게 함으로써 의사결정을 촉진하는 것이어
야 한다. 산업별 시나리오든 보다 일반적인 시나리오든 이런 의사결정력
이 결여된 경우가 많다. 이런 경우에는 의사결정력을 높일 수 있게끔 그
시나리오 또는 시나리오 세트가 보완돼야 한다.

- **실현가능성**: 완성된 시나리오는 실제로 실현될 수 있는 미래의 사건 또는
  상황이어야 한다.

- **선택가능성**: 각각의 시나리오는 그 실현가능성이 확률과 같은 분명한 숫
  자로 표시돼야 할 필요는 없지만 어느 정도는 실현의 가능성이 있어야
  한다. 가장 이상적으로는, 시나리오간 불확실성의 편차가 시나리오 세트
  를 구성하는 단계에서 대부분 해소되어 시나리오 세트 안에 들어간 시나
  리오들이 서로 엇비슷한 실현가능성을 갖게 해야 한다. 예를 들어 하나
  의 시나리오 세트 안에 3개 내지 4개의 시나리오가 있다 하더라도 그 가
  운데 어느 하나의 시나리오만 실현가능성이 있다면 그 시나리오 세트는
  사실상 단 하나의 시나리오만 갖고 있게 되는 문제가 생긴다.

- **정합성**: 각각의 시나리오는 논리적인 모순이 없는 것이어야 한다. 정합
  성이 없는 시나리오는 신뢰할 수 없다. 따라서 시나리오에서 논리는 매
  우 중요하다.

- **차별성**: 시나리오 세트를 구성하는 시나리오들은 구조적, 질적으로 서로
  달라야 한다. 시나리오들이 양적으로만 서로 달라 사실상 하나의 기본
  시나리오에서 파생된 변종들이어서는 안 된다.

- **기억가능성**: 각각의 시나리오는 서로 구별해 기억하기가 쉬워야 한다. 시
  나리오 작업팀에서 결과를 프레젠테이션한 뒤에 사람들이 각각의 시나
  리오를 쉽게 기억할 수 있어야 한다. 이론적으로는 우리가 7~8개의 시

나리오를 서로 구별해 기억할 수 있다고 하더라도 시나리오 세트 하나당 시나리오 수는 3∼5개로 압축돼야 한다. 각 시나리오의 이름을 사람들이 생생하게 기억할 수 있는 표현으로 지어 붙이는 것도 괜찮은 방법이다.

- **도전성**: 좋은 시나리오를 판별하는 마지막이자 궁극적인 기준은 완성된 시나리오들이 그동안 조직이 수용해온 미래에 대한 상식에 진정으로 도전이 되는 것이어야 한다는 점이다.

시나리오 작성

시나리오는 다양한 방법으로 작성될 수 있고, 다양한 목적으로 이용될 수 있다.

　시나리오에는 기본적으로 세 가지 형태가 있다. 그것은 추세기반 시나리오(trend-based scenario), 대조적 시나리오(contrasted scenario), 규범적 시나리오(normative scenario)다. 순서대로 실현가능성이 높은 미래, 실현가능성이 어느 정도 있는 미래, 바람직하거나 바람직하지 못한 미래와 관련된 시나리오다. 비즈니스상의 의사결정이 미래의 비즈니스나 의사결정의 맥락에서 가장 실현가능성이 높은 시나리오인 추세기반 시나리오의 틀 속에서, 또는 비전이나 도전할 만한 미래를 담은 규범적 시나리오의 틀 속에서 이루어지고 정당화되는 수가 많다. 이에 비해 대조적 시나리오는 의사결정의 맥락을 검토하고, 기존의 비즈니스 컨셉이나 그 밖의 다른 비즈니스 요소들을 평가하고, 더 나은 의사결정을 하는 데 이용된다. 우리가 시나리오 플래닝을 논의하면서 말하는 시나리오는 보통 대조적 시나리오 세트를 가리키며, 이 책에서 검토하는 시나리오도 바로 이 형태의 시나리오다.

시나리오 작업 수행방법

시나리오 작업을 수행하는 방법은 다양하다. 가장 단순한 방법은 한 개인 또는 소그룹이 시나리오 작업을 수행하는 전문가모델이다(〈표 2—3〉 참조).

참여모델에서는 전문가가 프로젝트 리더가 되어 조직 내부의 한 그룹과 함께 프로젝트를 진행한다. 작업 결과는 그 그룹 구성원들이 공유한다. 전문가는 조직 내부에서 나올 수도 있고 외부에서 데려올 수도 있다. 다만 시나리오 작업과정에 외부의 관점을 도입하기 위해서는 시나리오 작업과정에서 작업촉진자의 역할을 할 사람을 외부에서 초청해 워크숍에 참여시키는 것이 바람직할 때도 있다.

조직모델에서는 전문가가 조직 내부의 한 그룹을 훈련시키고, 그 그룹이 시나리오 작업을 수행한다. 작업결과는 그 작업을 수행한 조직 또는 그룹

〈표 2-3〉 시나리오 프로젝트를 수행하는 세 가지 모델

	전문가모델	참여모델	조직모델
작업수행자	개인	조직 내부의 한 그룹과 함께	조직을 교육하거나 훈련하는 과정에서
통제	작업수행자가 과정을 통제	작업수행자가 과정에 참여해서 인도	작업수행자는 과정의 외부에 존재
결과	작업수행자가 프레젠테이션	조직 내부의 그룹이 수용하고 프레젠테이션	조직이 수용
관계	작업수행자가 과제를 완수	작업수행자가 조직 내부의 그룹과 관계를 유지	작업수행자는 책임을 조직에 넘김

의 구성원들에 의해 완전히 수용된다. 조직에 따라서는 주요 인물과의 세미나나 대화를 곁들인 참여모델을 선호하기도 한다.

시나리오 플래닝의 역사

다비드 잉바르(David Ingvar, 스웨덴의 신경생물학자—옮긴이)가 지적했듯이 인간은 본질적으로 "시나리오를 작성하는 동물"이다. 그러나 시나리오가 현대적인 모습으로 작성되기 시작한 것은 최근의 일이다.

시나리오 플래닝의 뿌리

비즈니스 세계에서 자라난 시나리오 플래닝이라는 나무는 두 개의 큰 뿌리를 갖고 있다. 그중 하나는 미래연구다. 미래연구에서는 시나리오 분석이 일찍부터 중요한 방법으로 이용돼왔다. 미래연구 분야에서는 연구결과의 프레젠테이션에도 시나리오를 효과적으로 활용해왔다. 또 하나의 뿌리는 전략이론이다. 전략이론 분야에서는 1970년대 이래로 전략가들과 기업 경영자들이 복잡한 문제를 다루기 위한 적절한 새 도구를 찾았다. 미래연구자들은 미래와 관련된 빅 이슈를 분석하고 토론하는 과정에서 의사소통 수단으로 시나리오를 이용한 데 비해, 전략가들은 강력한 기획도구로서의 시나리오에 관심을 가졌다. 전략가들에게는 '앞으로 어떤 일이 일어날 수 있는가?' 보다는 '앞으로 무엇을 해야 하는가?' 가 더 중요한 문제였다.

시나리오 플래닝이라는 나무의 세 번째 뿌리는 '조직개발(organizational development, 조직의 목적을 달성하기 위한 '조직의 유효성' 과 조직 구성원들의 삶의 질을 높이기 위한 '조직의 건전성'을 동시에 제고하기 위한 방법을 행동과학적으로 탐구하는 학문분야—옮긴이)'과 '학습'을 강조하는 학자들로부터 1990년대에 생겨났다. 《제5경영(The Fifth Discipline)》이라는 책을 낸 피터 셍게(Peter Senge)와 같은 학자들의 정신에 따라 조직학습, 비전과 세계관의 공유, 전략의 집단적 개발 등이 주된 이슈로 떠올랐다. 그리고 이런 이슈들을 다루는 작업에서는 시나리오 워크숍 기법이 탁월한 효과가 있음이 확인됐다.

　미래연구와 전략이론은 둘 다 생겨난 지 얼마 되지 않아 아직 성숙되지 못한 학문이며, 그 성격상 여러 학문분야에 걸친다. 미래연구와 전략이론의 발전은 최근 40여 년간 복잡한 세계적 이슈와 조직들이 생겨나고 확산된 데 대한 대응이었다. 그리고 전략적 기획은 1960년대에 챈들러(Chandler), 앤소프(Ansoff), 로런스(Lawrence), 로시(Lorsch)와 같은 학자들의 연구작업을 통해 발달했고, 그동안 다수의 학파로 나뉘어졌다. 전략적 기획은 그 초기부터 불확실성에 대처하는 것을 '경영과정의 본질'로 간주했다.

미래연구

미래연구는 고대의 예언자로까지 거슬러 올라가며 《유토피아》(1516)를 쓴 토머스 모어, 《뉴 아틀란티스》(1626)를 쓴 프랜시스 베이컨, 《과거를 돌아보다(Looking Backward)》(1888)를 쓴 에드워드 벨러미와 같은 몽상가 또는 작가들과도 관련이 있다. 미래연구의 현대적인 형태는 1940~1950년대에 나타났다. 당시 베르트랑 드 주브넬(Bertrand de Jouvenel), 로버트 융크(Robert Jungk), 허만 칸(Herman Kahn)과 같은 사람들이 미래를 다루는 방법론과 관점을 개발했다. 처음에는 주브넬과 융크, 나중에는 코펜하겐 미래연구소(Copenhagen Institute for Future Studies)와 스웨덴 미래연구국(Swedish Secretariat for Future Studies)과 같은 연구기관들로 대표되는 유럽학파가 미국의 대표적인 미래학자나 연구기관들에 비해 보다 질적이고 정책 지향적이었다. 유럽학파의 연구초점은 틀림없이 실현될 것으로 예상되는 미래보다는 어쨌든 실현의 가능성이 조금이라도 있는 미래와 바람직하거나 소망스러운 미래 쪽에 가 있었다.

미래연구의 황금기라고 할 수 있는 1970년대에는 미래연구를 촉진할 기관과 조직이 다수 탄생했다. 미래연구는 이제 학위가 수여되는 정식 학문 분야가 됐고, 세계미래협회(World Future Society)와 세계미래연구연맹(World Future Studies Federation)과 같은 단체들도 출범했다. 미래학은 세계의 자연자원, 인구증가, 선진국과 개도국 간 갈등, '향후 200년간(The Next 200 Years, 허만 칸이 1978년에 펴낸 책의 제목)'과 같은 빅 이슈를 다루는 등 포괄적이면서도 광범위한 성격을 띠기에 이르렀다. 이 시기에 나온 미래연구의 결과물 가운데 가장 유명한 것은 아마도 로마클럽이 펴낸《성장의 한계(Limits to Growth)》(1972)일 것이다. 이 밖에 《미래충격(Future Shock)》(1973)을 쓴 앨빈 토플러, 《후기산업사회(The Post−Industrial Society)》(1976)를 쓴 대니얼 벨과 같이 독립적인 다수의 사상가가 베스트셀러를 내기도 했다.

'기획이 위기를 맞은 연대'로 불리는 1980년대에는 미래학 분야가 포괄적인 연구에서 벗어나 대중적인 미래예언으로 옮겨갔다. 이 시기에는《메가트렌드(Megatrends)》를 쓴 존 나이스빗과 더불어 페이스 팝콘이 미래학 분야의 스타로 떠올랐다. 미래학은 1990년경부터 일종의 르네상스를 맞았다. 정부조직들이 미래예측 프로젝트를 정책수립의 도구로 채택했고, 이에 따라 시나리오 전문가들이 각국 정부에서 일상적으로 활동하기 시작했다. 이와 동시에 미래학 분야에서 수많은 책이 시장에 쏟아져 나왔다. 그 초점은 기본적으로 신기술, 새로운 패러다임, 신경제에 맞춰졌다. 그 가운데 가장 야심적인 책은 마누엘 카스텔(Manuel Castell)의 독창적인 저서인 《네트워크 사회(The Network Society)》다. 이 책은 산업시대에 칼 마르크스가 쓴 책에 비교되기도 했다.

전략이론

전략은 여러 가지 방식으로 정의돼왔다. 그 뿌리는 '장군(將軍)'이라는 뜻의 그리스어 단어인 '스트라테고스(strategos)'다. 그리스 단어 '스트라테고(stratego)'는 '자원의 효과적인 사용을 통해 적을 파멸시킬 계획을 세운다' 또는 '장군의 기술'이라는 뜻이다.

제임스 브라이언 퀸은 전략을 좀더 정밀하게 다음과 같이 정의했다.

"전략은 조직의 주된 목표, 정책, 행동을 응집성 있는 하나의 전체로 통합하는 모형 또는 계획이다. 잘 짜여진 전략은 조직의 여러 자원들이 지닌 상대적인 내적 역량과 단점, 환경의 변화와 적의 지능적인 대응행동에 대한 예상에 근거해 조직의 자원을 독창적이고도 활력 있는 형태로 정렬하고 배치하는 데 도움이 된다."

그런데 이 정의가 실제로 의미하는 바는 무엇인가? 좋은 전략은 진정 기획되는 것인가, 아니면 저절로 생겨나는 것인가? 좋은 전략을 식별하는 것이 사전적으로 가능한가, 아니면 사후에 되돌아보면서 전략의 좋고 나쁨을 판단할 수 있을 뿐인가? 학문적으로 전략을 다룬 지 거의 40년이 지난 오늘날에도 전략적 경영 분야는 그 어느 때보다 서로 대립되고 경쟁하는 패러다임들로 가득하다. 전략의 분야에서는 "전략적 경영 이론이란 무엇에 관한 것인가?" 또는 "전략적 경영 이론이란 무엇에 관한 것이어야 하나?"와 같은 기본적인 질문에 대한 답변에서도 아직 콘센서스가 형성되지 못한 상태다.

경영에 관한 전략을 연구하는 분야는 챈들러, 앤소프, 로런스, 로치, 톰슨, 앤드루스와 같은 초기 학자들의 연구로 거슬러 올라간다.[14] 전략이라는 개념을 채택한 목적은 원래 적절한 전략을 설계하거나 전략적 계획을 짜는 것이었다. 1970년대에는 전략 분야의 전문지나 학술지가 생겨나고 학자와 실무자들이 경험을 교환하는 협회나 단체도 생겨나면서 전략이 하나의 학문분야로 떠올랐다. 전략 분야의 학회로는 1982년에 정식으로 출범한 전략경영협회(Strategic Management Society)를 대표적인 예로 들 수 있다.

1980년대에는 전략적 경영 연구에 새로운 파도가 일어났다. 마일스와 스노의 저작과 포터의 저작이 촉발제가 되어 전략의 내용에 대한 연구가 붐을 이뤘다. 이런 연구들은 전략이 어떻게 수립되느냐는 문제보다는 성공적인 전략은 어떤 특징을 보여주는지를 강조했다. 1990년대에 또 하나의 혁명이 일어나 연구의 초점이 전략의 내용으로부터 전략적인 의사결정 과정, 초(超)경쟁, 고속의 경영환경, 조직의 능력, 전략의 진화적인 측면 등으로 옮겨갔다.[15]

1990년대에 점점 더 많은 기업과 산업이 급속하고 지속적인 변화에 직면하게 됐다. 이에 따라 고도로 불안정하고 불확실하며 적대적인 환경 속에서 사업활동을 하는 기업에 초점을 맞춘 연구가 늘어났고, 그런 환경 속에서는 유기적이고 전문화되고 통합적인 조직과 혁신적인 차별화 전략이 결합돼야 할 필요가 있다는 주장이 나왔다.[16]

고도로 격동하는 환경 속에서는 전략이 적을 파괴하는 계획으로서보다는 자신의 경쟁우위를 달성하기 위한 태세 또는 행동의 결합으로 정의되는 경향이 있다.[17] 렝닉홀과 울프는 1990년대의 전략적 경영 분야에는 세 개의 주요 학파가 있었다고 지적했다. 두 사람에 따르면 그중 하나의 학파는 우월한 자원의 필요성을 강조하는 '역량의 논리(capability logic)'에 토대를 두었다. 또 하나의 학파는 속도의 필요성에 초점을 두는 '게릴라 논리(guerilla logic)'에 토대를 두었다. 세 번째 학파는 비즈니스 환경의 밑바탕에서 움직이는 힘이나 유인요소들을 보다 깊이 이해해야 할 필요성을 강조하는 '복잡성 논리(complexity logic)'를 동원했다. 시나리오 플래닝의 관점은 이 세 가지를 하나로 통합한다.

시나리오 플래닝

이제 시나리오 플래닝 분야로 돌아가자. 대부분의 연구자들은 현대적인 시나리오의 전통은 1950년대에 허만 칸과 랜드연구소(RAND Corporation)에 의해 시작됐다고 본다. 칸은 나름의 시나리오 기법을 개발하고 그것에 '퓨처-나우(future-now) 싱킹'이라는 이름을 붙였다. 할리우드가 '시나리오'라는 용어를 시대에 뒤떨어진 것이라면서 버리고 '스크린플레이(screenplay)'라는 용어를 대신 사용하기 시작하자 칸은 할리우드가 버린 '시나리오'라는 용어를 곧바로 채택했다. 그가 개발한 시나리오들은 미국 정부를 위해 랜드연구소가 수행한 군사전략 연구의 일부였다. 칸은 1960년대 중반에 허드슨연구소(Hudson Institute)를 차리고는 시나리오의 적용범위를 군사전략 이외의 다른 분야들로 넓혀나갔다. 그는 다수의 연구논문과 저서를 통해 '생각할 수 없는 것을 생각하기(thinking the unthinkable)'라는 개념을 만들어 적극적으로 알렸다.

1970년대에는 시나리오 플래닝이 랜드연구소와 허드슨연구소의 담장을 넘어 보다 널리 퍼졌다. 로열 더치 셸과 같은 기업들과 에스아르아이 인터내셔널(SRI International)이나 바텔(Batelle)과 같은 컨설팅회사들이 기업의 경영전략에 시나리오를 접목시키기 시작했다. 이리하여 시나리오 플래닝은 경영전략과 밀접하게 연결됐다. 셸은 기업의 입장에서 시나리오를 전략의 도구로 폭넓게 활용한 최초의 사례로 꼽힌다. 이때부터 유명해진 시나리오 전문가로 피에르 왁(Pierre Wack), 아리 드 휘에스(Arie de Gues), 케스 반 데르 헤이든(Kees van der Heijden)을 꼽을 수 있다. 이미 1967년에 피에르 왁과 테드 뉴랜드(Ted Newland)는 6년 정도의 앞을 내다보며 생각하는 것만으로는 충분하지 않다고 주장하고, 30여년 뒤인 2000년에 대비하는 계획을 생각하기 시작했다. 1973년 이집트와 시리아의 동맹세력과 이스라엘 사이에 전쟁이 일어났을 때 셸은 이미 이 전쟁에 대한 대비태세를 갖추고 있었다. 셸이 그 후에도 기업으로서 성공적인 모습을 보여줄 수 있었던 것은 실현가능성 있는 미래를 예견하고 재빠르게 그에 대한 대응행동을 취했기 때문이라는 평가가 있었다.

스탠포드연구소(Stanford Research Institute)가 민간 기업들에 장기전망에 관한 연구결과를 제공하기 시작하고 허드슨연구소와 같은 조직들이 자신의 프로젝트를 추진하기 위해 기업들의 지원을 받기 시작함에 따라 시나리오 싱킹은 기업들로 폭넓게 확산되기 시작했다. 셸이 시나리오 플래닝 기법으로 성공을 거두었다는 사실도 이 기법에 대한 기업들의 관심을 증폭시켰다. 이리하여 1970년대에는 경제잡지 〈포천〉이 선정하고 서열을 매긴 1000대 기업 대부분이 이런저런 방식으로 시나리오를 채택하기에 이르렀다.

　1970년대에는 다수의 국가기관들이 관련 예산을 배정받아 미래연구에 투입했다. 이런 국가기관들은 미래를 탐구하는 도구로 시나리오 플래닝을 채택하는 경우가 많았고, 이 점에서는 스웨덴의 미래연구국이 가장 두드러진 사례였다.

　그러나 1970년대에 꽃피운 시나리오 플래닝의 시대는 단기간에 그쳤다. 1970년대 중반과 후반의 석유위기에 이어 전개된 경기침체는 기업들로 하여금 직원 수를 줄이도록 강요했다. 과도하게 단순화된 시나리오가 비판을 받기도 했고, 이런 비판은 정당한 경우가 많았다. 게다가 기업들은 대체로 경직적인 장기계획에 집착하는 오래된 습관을 버리지 못했고, 시나리오를 예측과 구별하지 못했다. 이런 상황을 배경으로 기업들이 전통적인 기획의 방법으로 되돌아갔다.

　그러나 1980년대의 '기획의 위기(planning crisis)'는 기획이 어떻게 이루어지는지에 대한 관심을 새롭게 불러일으켰다. 이에 따라 미래에 관심을 가진 다수의 컨설팅회사들이 시나리오 플래닝의 방법론을 새로 개발하기 시작했다. 1990년대에 전개된 경영환경의 격동적 변화 속에서 시나리오 싱킹과 시나리오 플래닝을 통한 불확실성 관리에 대해 새롭게 일어난 관심은 주요 경영컨설팅 회사들로 하여금 각자 나름의 시나리오 방법론을 개발하도록 유도했다. 오늘날에도 셸에서는 시나리오가 중요한 역할을 하고 있다. 지난 10여 년에 걸쳐 대부분의 기업과 컨설팅회사들 사이에서는 격동하는 환경의 불확실성에 대처하는 데 시나리오 플래닝이 어느 정도 표준적인 도구로 자리 잡았다. 그리고 시나리오 활용에 있어서는 여전히 셸이 최고의 기업이라는 명성을 누리고 있다.

미래를 생각하는 틀 TAIDA

인간의 두뇌는 기본적으로 시나리오를 그려내는 기관으로 기능한다. 두뇌는 환경을 끊임없이 관찰하고, 감지한 것을 이해하려고 하고, 대안의 미래 상황 전개와 대안의 목표 및 행동을 식별하고, 무엇을 해야 할지를 결정하고, 필요한 조처가 취해졌는지를 확인한다.

시나리오 플래닝의 틀 속에서 이런 두뇌의 기능을 생각해보면 '두뇌의 타이다(TAIDA)' 라고 부를 만한 것이 존재한다고 볼 수 있다. 타이다(TAIDA)란 추적(Tracking), 분석(Analysing), 전망(Imaging), 결정(Deciding), 행동(Acting)의 과정을 말한다. 타이다는 이 책을 쓴 우리가 미래를 생각하기 위한 틀로 개발한 것으로, 우리는 이 틀을 지난 10여 년간 공적, 사적 기업이나 그 밖의 조직을 위한 수백 건의 시나리오 플래닝 프로젝트에서 사용했다. 간단히 설명하면 타이다의 각 단계는 다음과 같다.

- **추적**: 변화, 위험, 기회의 징후를 추적한다.
- **분석**: 추적 결과를 분석하고, 복수의 시나리오를 작성한다.
- **전망**: 작성된 시나리오들 가운데 실현가능성이 있는 것을 가려내고, 바람직한 미래모습의 비전을 만들어낸다.
- **결정**: 각 시나리오를 통해 파악된 정보를 평가하고, 선택할 만한 정보와 전략을 가려낸다.
- **행동**: 단기 목표를 설정하고 그에 따른 첫 번째 조처를 취하며, 행동의 결과를 관찰한다.

1장에서 '조직의 주요 능력'에 대한 개념틀로 소개한 것, 즉 '신속한 OODA(관찰, 상황판단, 결정, 행동)'와 비교해 보면 사실상 타이다와 OODA는 동일한 틀임을 알 수 있다. 타이다의 추적은 OODA에서는 변화에 대한 '관찰'이고, 타이다의 분석과 전망은 OODA의 '상황판단'이고, 타이다의 전망과 결정은 OODA의 '결정'이고, 타이다의 행동은 당연히 OODA의 '행동'과 같다.

다음 장에서는 이 틀을 실제로는 어떻게 적용하는가에 관한 보다 자세한 설명을 할 것이다. 그러나 그 전에 이 틀을 뒷받침하는 논리를 먼저 살펴보자.

추적: 눈과 귀를 열어두기

모든 생명체는 가까이에 있는 주변환경 속에 존재하는 위험을 인식할 수 있어야 살아갈 수 있다. 열대초원 지역에 사는 영양이나 우범지대인 뉴욕 시 브롱크스 구역 뒷골목에서 성장하는 10대 소년이나 마찬가지다. 잠깐이라도 주의하지 않고 한눈팔다가는 끝장날 수 있다.

사람이든 동물이든 각 개체에 대해 말할 수 있는 것은 조직, 기업, 국가에도 그대로 적용된다. 영양이 금세 자기에게 닥칠 수 있는 위험을 소리나 냄새를 통해 알아차리기 위해 끊임없이 귀를 쫑긋쫑긋 세우고 코를 킁킁거리는 것처럼 조직은 주변환경에 아무리 작은 징후, 심지어는 불분명한 징후라도 존재한다면 그것을 알아차려야 한다. 또 영양과 마찬가지로 조직은 여러 가지 징후 가운데 진짜로 의미 있는 것, 즉 곧 실제로 닥칠 위험을 예고해주는 징후를 판별해내는 능력을 길러야 한다.

그러나 영양에게든 개인에게든 조직에든 위험을 예고해주는 징후 외에 중요한 징후가 또 있다. 그것은 어느 쪽에 푸른 초원이 펼쳐져 있는지를 알게 해주는 징후다. 이런 징후는 알아차리기가 어려운 경우가 많다. 서쪽으로 20킬로미터만 가면 푸른 초원이 있다고 말해주는 징후가 아주 가까운 주변에서는 발견되지 않는 경우가 종종 있다. 우리가 지금 딛고 서있는 땅이 그런 징후를 드러내지 않을 수도 있다. 이런 상황에서는 어느 방향으로 가야할지를 그저 넌지시 시사해주는 정도의 조그마한 징후라도 발견해내야 할 필요가 있다.

위험은 위험 자체에 있다기보다는 앞으로 예기치 못한 일이 벌어질 것이라는 사실을 알려주는 징후를 제대로 알아차릴 능력이 없는 데, 그리고 밝은 불빛을 내는 곳만 바라보려고 하는 태도를 버리지 않는 데 있는 것이다.

분석: 어떤 일이 실제로 일어나려고 하는가?

무언가 흥미로운 것을 추적하기 시작했거나 특정한 방향으로 추세가 변화하고 있음을 간파했다면 그 다음 질문은 "이렇게 계속된다면 어떤 일이 벌어질까?"일 것이다. 자신이나 다른 사람들에게 그 결과가 어떻게 나타날까? 이 분야 저 분야의 여러 가지 변화들 사이에는 어떤 연관성이 있을까?

추적이 어떤 변화의 궤적을 파악하고 패턴, 추세, 위험, 기회를 발견해내는 것이라면, 분석은 현재의 변화가 낳을 미래의 변화를 진단하는 동시에 여러 가지 추세와 경향들 사이의 상호작용을 파악하는 것이다. 분석은 추적에서 한 단계 더 나아가는 것이다. 분석은 "어떤 일이 일어날 것처럼 보이는데 실제로 그런 일이 일어나는 것일까?" 또는 "관찰된 추세들 가운데 어느 것이 지속적인 추세이고 어느 것이 수면에서만 일어난 잔물결일 뿐인가?"와 같은 질문에 대답을 하려는 노력이다.

분석은 더 나아가 창의적, 직관적으로 수립된 시나리오, 모델, 비전을 따져보는 것을 목표로 삼을 수도 있다. 이 경우에 우리가 대답해야 할 질문은 예를 들어 이런 것들이다. "이 시나리오가 현실화하기 위해서는 어떤 조건들이 필요한가?" "이 모델은 어떤 비판에도 견딜 수 있을 만큼 타당성이 있나?" "이 비전의 약점은 무엇이고 강점은 무엇인가?"

전망: 꿈에 생기 부여하기

추적의 목적은 여러 가지 변화들을 뒤쫓아 가서 그 변화들을 따라잡는 것이다. 그리고 분석의 목적은 그 변화들과 그 변화들의 관찰될 수 있는 상호작용에 대해 깊이 있게 이해하고, 그런 이해로부터 추세들과 추세들의 상호관련성을 파악해내는 것이다. 이에 비해 전망의 목적은 다소 모호한 편이다. 전망의 목적은 상황의 변화를 지적으로 이해하고 그 정서적 의미까지 파악해내기 위해 상황의 변화를 보다 직관적으로 살피는 것이다. 여러가지 선택할 수 있는 대안의 미래모습들에 생기를 불어넣는 것이 바로 전망이라고 말할 수 있다. 마음속에 미래의 이미지를 그릴 수 있다면 그 이미지가 보여주는 미래의 모습과 정서적인 관계를 맺을 수 있다. 이럴 경우 인간은 그 미래에 대해 자신이 의도하는 바, 자신의 의지, 그 미래와 자신의 관계 등을 보다 생생하게 알게 되고, 그럼으로써 전략적인 선택을 하기 위한 좋은 토대를 확보할 수 있다.

진정으로 무엇인가를 창조하고 싶어 하는 사람만이 성공할 수 있다. 이점은 특히 스포츠 심리학 분야에서 잘 알려져 있다. 스포츠에서 성공의 열쇠는 당연히 행동에 있다. 정상에 오르기 위해서는 날씨가 맑으나 궂으나 훈련을 멈추지 말아야 한다. 그런데 고된 훈련을 계속할 수 있으려면 진정으로 정상에 오르고자 하는 마음을 갖고 있어야 한다. 어떤 목표를 추구하는 의지는 그 목표에 부여하는 의미와 관련성이 있다. 성공의 전망을 갖고 있어야만 고된 훈련을 감내할 수 있다. 운동선수로 성공하려면 국제경기에서 금메달을 따는 데 필요한 수준의 기록과 같은 목표를 달성해야 좋은 결과를 얻을 수 있다는 생각을 해야 한다.

위대한 운동선수들 대부분의 공통된 특징 중 하나는 마음속으로 자신이 승리하는 모습을 거듭해서 그려본다는 것이다. 밥 비먼(Bob Beaman)이 1968년 멕시코올림픽에서 23년이라는 긴 세월 동안 깨지지 않았던 높이뛰기 세계기록을 깨뜨렸을 때 경기장의 환경적 조건도 좋았던 것으로 기억된다. 경기장의 고도가 높아서 공기가 희박해 저항이 적었고, 약간의 순풍까지 불었다. 그러나 보다 주목해야 할 사실은 비먼이 올림픽 경기장에서 뛰어오른 세계 신기록의 높이까지 이미 그 전에 뛰어올라 보았고, 따라서 자신이 실제 올림픽 경기장에서 그런 신기록을 얼마든지 세울 수 있다고 생각했다는 점이다. 그는 올림픽 경기장에 들어서기 전에 이미 마음속에서 기록을 경신할 만한 높이까지 뛰어올랐던 것이다.

결정: 선별하거나 기각하기

누구든 직장에서 어떤 의사결정을 하는 회의에 참석하거나 개인적으로 앞으로의 진로를 선택할 때 어느 정도는 근거를 갖고 결정을 내릴 것이다. 그리고 결정을 내릴 때는 마음속에 비전을 품고 그 비전에 부합하는 결과를 얻기를 바랄 것이다.

결정은 비전과 행동 사이에 놓여있는 것이다. 어떤 선택은 그야말로 결정적이어서 한번 선택하고 나면 돌이킬 수 없다. 어떤 결정은 하기가 쉽지 않다. 어느 하나를 선택함으로써 다른 것을 버려야 할 경우에는 특히 결정을 하기가 쉽지 않다.

비전을 품는 것과 결정을 내리는 것은 사회적 맥락이나 조직적 맥락 속에서 일어나는 하나의 정신적 과정이다. 비전을 만들어내는 방식과 방법은 다양하다. 의사결정 절차는 정식화돼 있고 잘 알려져 있기도 하지만, 비전을 만들어내는 과정은 충분히 개발돼 있지 않다. 비전은 소망하는 것인 동시에 그것을 얻기 위해 노력할 가치가 있는 것이다. 결정의 과정은 구체적이며, 선택할 수 있는 것들을 평가하고 검증하는 과정이기도 하다.

어떤 결정을 내리고 그 결정에 따라 구체적인 행동으로 나아갈 능력이 있는지의 여부가 기업가와 몽상가를 가르는 차이점이다. 몽상가도 예측가능한 것을 평가하는 데 능하다. 따라서 어떤 것이 이루어져야 하고 어떤 것이 이루어질 수 있는가를 안다. 그러나 몽상가는 행동을 해야 할 때 하지 않는다. 지나치게 직관적이고 실현가능성을 중시하는 사람은 결정을 내리는 데 어려움을 겪는다. 이런 사람은 결정의 근거가 될 토대를 보다 확실하게 확보하기를 바란다. 실현가능성이 있는 것은 너무나도 많다. 조금만 더 인내심을 갖고 좀더 오래 기다릴 수 있다면 실현가능성이 있는 것은 더욱 많아진다.

행동: 현재의 활동과 학습

학습이란 분명한 목표를 갖고 새로운 정보를 기존의 지식에 통합시켜 넣는 기술을 익히는 것이라고 말할 수 있다. 조직이 뭔가를 학습할 수 있으려면 그 조직의 구성원들이 외부세계나 내부세계에서 발하는 신호를 받아들일 줄 아는 사람들이어야 하는 동시에 어떤 결과를 만들어내는 것을 목표로 삼아 일하고 행동하는 사람들이어야 한다. 이런 학습의 과정에서는 목표와 비전도 당연히 중요하지만 행동도 대단히 중요하다.

행동력은 조직의 성공과 생존에 결정적으로 중요한 능력이다. 모든 조직에서 사람들이 일을 하고 행동을 한다. 그러나 그 결과는 조직마다 다르다. 조직의 구성원들 각자가 앞날을 내다보면서 행동을 하고 한 걸음씩 앞서나가는 것을 배운 조직, 그렇기에 다른 조직에게는 위기인 상황이 닥쳐도 굳이 시간과 에너지를 그 상황에 대처하기 위해 집중해야 할 필요가 없는 조직이 아마도 가장 효율적인 조직이자 가장 성공적인 조직일 것이다.

조직의 행동이 의도한 대로 구성원들에게 침투되는 동시에 초점을 유지하면서 지속되게 하려면 비전이 조직의 행동에 중심추가 되도록 해야 한다. 중심이 있는 행동은 조직의 효율성을 높이고 조직을 성공으로 이끄는 주된 요소 가운데 하나다. 왜냐하면 이런 중심이 있는 행동은 구성원들과 전체 조직 양쪽 모두에 의해 영향을 받는 동시에 양쪽 모두에 의해 학습될 수 있기 때문이다.

이는 중국무술인 태극권에서 에너지를 가급적 적게 소모하면서 가능한 한 정확한 동작을 하기 위해 최대한 정신집중을 하는 것과 같다. 또한 테니스 선수가 경기의 최종 결과보다도 한 포인트 한 포인트에 집중하는 것과도 같다. 테니스 선수는 경기 중에 상대방의 동작패턴을 읽어내기 때문에 상대방이 친 공이 어느 지점에 떨어질 것인지를 미리 알아차린다. 이런 능력 덕분에 테니스 선수는 공이 떨어지기 전에 미리 적절한 위치로 옮겨갈 수 있고, 이렇게 함으로써 공을 다시 상대방에게 쳐 보내는 데 집중할 시간을 충분히 가질 수 있는 것이다.

이런 식으로 행동하려면 비전이 있어야 한다. 태극권의 경우에는 균형

잡히고 완벽한 동작이라는 비전이 필요하고, 테니스의 경우에는 승점을 올릴 수 있는 타구와 경기에서의 승리라는 비전이 필요하다. 그리고 자신의 비전을 늘 생생하게 살아있도록 유지하고 그 비전과 관련이 없는 것들은 무시하는 것이 중요하다. 이와 동시에 누구든 자신이 직관적으로 인식하게 된 것을 스스로 믿을 수 있게끔 평소에 직관적 인식을 하는 법을 학습해둬야 하며, 스스로 필요하다고 생각하는 행동이라면 그것을 실천하는 태도를 가져야 한다.

시나리오 플래닝과 리더십

시나리오 플래닝과 미래에 대한 사고가 리더십이나 경영시스템과 관련되는 지점은 어디인가? 이처럼 보다 폭넓은 맥락에서 시나리오 플래닝을 고찰해보는 것으로 시나리오 플래닝을 소개하기 위한 이 장의 서술을 마무리하겠다.

그 출발점으로 서로 다른 목표를 가진 두 개의 하위 시스템으로 구성된 하나의 전체 시스템으로서의 기업을 머릿속에 그려보고, 그런 기업의 모습을 그림으로 나타내 보자. 〈그림 2—8〉의 오른쪽에 표시된 시스템은 새로운 발전과 학습을 지향하면서 외부세계의 변화, 새로운 수요와 도전들을 포착하고 그것들에 대한 응답을 만들어낸다. 이 시스템의 작용은 질적이며 조직의 전체적인 경향, 조직구성원들의 참여와 몰입, 에너지 등이 그 원활한 작용의 관건이 된다. 그런가 하면 왼쪽 시스템은 생산성, 효율성, 결과를 지향하며 그 작용은 양적이다. 이 두 시스템은 '조직의 두뇌'를 구성하

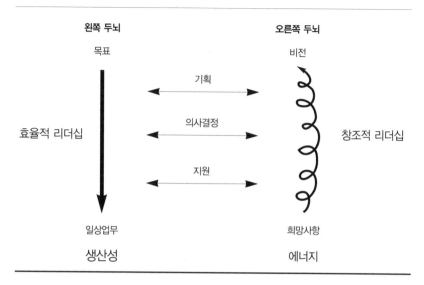

〈그림 2-8〉 조직의 왼쪽 두뇌와 오른쪽 두뇌

왼쪽 두뇌

오른쪽 두뇌

목표

비전

기획

의사결정

효율적 리더십

창조적 리더십

지원

일상업무

희망사항

생산성

에너지

는 두 부분이라고 생각할 수 있다. 그림을 보면 리더십은 다음과 같은 세 가지 차원을 갖고 있음을 알 수 있다.

- **창조의 차원**: 새로운 발전과 쇄신을 지향한다. 그 지도원리는 변화의 과정과 비전에 대한 통제다.
- **효율성의 차원**: 생산성과 결과를 지향한다. 그 지도원리는 목표관리다.
- **통합의 차원**: 조직의 두뇌를 구성하는 오른쪽 부분과 왼쪽 부분 모두에 관심을 갖는다. 통합의 차원은 다음 세 가지 측면을 갖는다.
  ― 기획의 측면: 새로운 운영구조를 조직의 두뇌 중 창조적인 부분인 오른쪽 절반에 도입하고, 아이디어와 비전을 구체적인 목표와 계획으로 전환시킨다.

— 의사결정의 측면: 새로운 아이디어가 언제 요구되고 계획은 언제 수립돼야 하는지를 염두에 두고 갈등을 관리하는 데 관심을 갖는다.
— 지원의 측면: 조직의 두뇌 중 왼쪽 부분의 일상적인 작동에 조직구성원들의 의욕, 참여, 몰입을 반영하는 데 관심을 갖는다.

이 그림을 보면 시나리오 플래닝은 두뇌의 오른쪽 부분을 위한, 그리고 오른쪽 부분과 왼쪽 부분의 통합을 위한 리더십의 도구임이 분명해진다. 시나리오 플래닝을 통해 수립된 전략을 실행하는 단계로 넘어가면 조직은 두뇌의 왼쪽 부분으로 점점 더 많이 넘어가게 된다.

시나리오 플래닝과 관련된 모순 또는 역설

이상의 설명에서 분명해졌겠지만, 시나리오 플래닝은 그다지 잘 정의된 분야가 아니다. 오히려 시나리오 플래닝은 다양한 맥락에서 다양한 방법으로 다양한 목적에 이용될 수 있는 복수의 관점과 방법들이라고 할 수 있다. 따라서 시나리오 플래닝 분야에는 시나리오 플래닝 작업을 실제로 수행하기 전과 수행하는 도중에 풀어내야 할 모순과 역설들로 가득하다. 시나리오 플래닝과 관련된 모순 또는 역설을 살펴보면 다음과 같다.

● **기획과 학습**: 시나리오 플래닝 작업의 주된 목적은 기획인가 학습인가?
● **다양성과 단순성**: 선택할 수 있는 대안을 탐색하거나 미래에 대한 대비태세를 갖추기를 원하는 경우에는 풍부하고 다양한 시나리오 세트가 유용

할 것이다. 그러나 이런 종류의 시나리오 세트는 대부분의 경영자들이 좋아하는 단순성과 확실성을 제공하지 않는다.

- **복잡성과 정신능력의 한계**: 시나리오 세트는 당면한 문제와 관련성이 높은 불확실성은 다 포괄할 정도의 복잡성을 갖춰야 한다. 이를 위해서는 필요한 시나리오의 수가 많아질 수 있다. 그러나 시나리오들을 다뤄낼 수 있는 인간의 정신능력에는 한계가 있다. 적절히 유효하게 이용될 수 있는 시나리오 수는 현실적으로 3~5개 정도다.

- **분산적 사고와 수렴적 사고**: 효과적인 시나리오를 작성하려면 분산적 사고 (divergent thinking)를 할 줄 알아야 한다. 이는 곧 대안적이며 창조적인 사고를 할 줄 알아야 한다는 말이다. 그러나 이와 동시에 수렴적 사고 (convergent thinking), 즉 분석적 사고도 할 줄 알아야 한다. 그러나 한 개인이 분산적으로 생각하는 능력과 수렴적으로 생각하는 능력을 동시에 갖추기란 쉽지 않다. 아울러 이 두 가지 사고능력을 갖추었더라도 분산적으로 생각하는 단계와 수렴적으로 생각하는 단계는 분리해야 한다.

- **작업과정과 분석의 질**: 의사결정의 환경이나 미래전망에 대해 이해한 것을 조직구성원들이 공유하게 하는 것을 목적으로 하는 시나리오 작업과정이 반드시 최선의 분석으로 이어지지는 않는다.

- **불확실성의 창출과 관리**: 시나리오 기법은 불확실성의 중심적인 측면을 이해하고 관리하기 위한 것이지만, 경쟁상대인 다른 조직들을 겨냥해 불확실성을 창출하는 데도 이용될 수 있다.

- **혁신과 평가**: 혁신을 목적으로 설계되는 시나리오 플래닝 과정은 기존의 비즈니스 컨셉과 전략에 대한 평가를 목적으로 설계되는 시나리오 플래닝 과정과 다를 수밖에 없다.

- **장기와 단기**: 단기에서는 대부분의 변화가 이미 다 일어난 상태이기 때문에 추세에 기반을 둔 시나리오만으로도 충분한 경우가 많다. 그러나 장기에서는 불확실성과 불연속성의 중요성이 커진다. 행동에 초점을 두는 시나리오 플래닝은 단기적 관점에서 수행하는 것이 적절하다. 그러나 단기에서도 의사결정을 위한 틀을 마련할 목적으로 수행하는 시나리오 플래닝이라면 장기적 관점도 요구된다.

- **예측과 회고**: 시나리오는 흔히 현재에 미래를 내다보는 관점에서 작성되지만, 미래의 한 시점에 뒤로 돌아보는 회고의 방법으로도 작성될 수 있다.

- **사고주체와 의사결정자**: 시나리오 작업과정에 라인 경영자를 비롯해 의사결정의 책임을 지고 있는 사람들이 얼마나 참여하도록 해야 할까? 의사결정의 책임을 지고 있는 사람들이 많이 참여할수록 사내정치가 시나리오 작업과정에 혼란을 초래하게 될 위험이 커지는 반면에 작업과정의 결과로 내려지는 결정은 보다 쉽게 실행될 것이다.

- **내부적 관점과 외부적 관점**: 컨설턴트, 시나리오 전문가, 고객 등 조직의 외부자들을 끌어들이지 않고 조직의 내부 구성원들만으로도 시나리오 작업을 수행할 수 있다. 외부자들은 새롭고 유용한 관점을 제공해줄 수 있지만 작업과정에서 논의의 내부적 개방성을 위축시킬 수도 있다.

- **폐쇄적 과정과 개방적 과정**: 시나리오 작업은 미리 특정한 결정을 내릴 것을 염두에 두고 수행할 수도 있지만 개방적인 탐색의 과정으로 수행하는 경우가 더 많다.

- **조사연구에 기반을 둔 시나리오와 직관적 시나리오**: 시나리오 작업은 기본적으로 직관적이고 창조적인 과정이다. 그럼에도 그 작업은 현재와 과거의

조건과 미래의 상황전개나 추세에 대한 철저한 조사연구에 기반을 둘 필요가 있다.

- **지적 과정과 정서적 과정**: 시나리오 플래닝은 미래에 어떤 일이 일어날 수 있는가를 다루기 때문에 지적인 과정이다. 그러나 도출된 시나리오가 조직의 의사결정에 실제로 영향을 미치기 위해서는 조직구성원들의 마음에 가 닿아야 한다. 의사결정 책임자들은 시나리오에 대해 우려하는 입장이든 환영하는 입장이든 결과로 제시된 시나리오를 토대로 의사결정을 내리게 되며, 따라서 이들 역시 정서적으로 감응돼야 한다.

- **주장과 대화**: 양질의 시나리오를 만들어내기 위해서는 개방적인 대화가 필요하다. 그러나 특정한 시나리오를 강력하게 주장하면서도 극단으로 흐르지는 않는 사람이 있다면 그는 시나리오 작업과정을 활성화하고, 작업 참여자들로 하여금 논리와 논증을 스스로 다듬도록 자극할 것이다.

- **전문성과 회의주의**: 시나리오 작업에는 늘 전문성이 요구되지만 전문성만으로 충분한 것은 아니다. 적절한 근거를 갖고 기존의 고정관념과 편견에 도전하는 회의주의도 필요하다.

- **양적 근거나 표현과 질적 근거나 표현**: 시나리오는 근본적으로 상상의 결과물이다. 그러나 시나리오의 신뢰도를 높이기 위해서는 양적인 근거를 갖춘 논증에 토대를 두어야 하고, 그 표현도 양적인 방식으로 이루어져야 할 필요가 있다.

- **가능성의 높고 낮음**: 시나리오가 단기적 의사결정에 필요한 만큼의 실현가능성을 중시해야 하는가, 아니면 장기적인 미래 예측이 가능한 정도의 실현가능성을 중시해야 하는가, 또는 이 두 가지 실현가능성을 다 고려

해야 하는가?

시나리오 기법은 언제 사용되나

지금까지 우리가 얻은 결론들을 요약해야 할 때가 됐다. "시나리오 기법은 언제 사용되나?"라는 질문에 대한 답변을 하는 것으로 요약을 시작해보자.

상황을 분석하는 추적의 단계에서부터 결정된 사항을 실행하는 행동의 단계에 이르기까지 기획 사이클의 여러 단계에서 시나리오 기법이 이용될 수 있다(〈그림 2―9 참조〉). 시나리오 기법은 환경상의 도전과 기회를 식별하는 데 강력한 도구가 된다. '추세기반 시나리오'와 '대조적 시나리오'는 전략적 이슈를 창출하거나 선택하는 토대로 이용될 수 있다. 그 자세한 설명은 나중에 좀더 자세하게 하겠다. 환경상의 변화 중에서 선택된 이슈들과 식별된 추세들은 여러 가지 전략안을 수립하는 데 이용될 수 있다. 그리고 이런 전략안 작성과정에서 시나리오를 직접 사용하는 것도 가능하다. 선택 대상 전략안들을 종합해 복합적인 전략을 세우는 일을 시나리오에만 근거를 두고 수행하기는 어렵다. 하지만 여러 가지 기존의 전략이나 새로운 전략안을 평가하고 그 가운데서 계속 유지하거나 새로 채택해 실행할 전략을 선별하는 데는 시나리오나 시나리오에 기반을 둔 기법을 얼마든지 이용할 수 있다.

비전을 만들어내는 데도 시나리오 기법이 도움이 된다. 비전, 목표, 자원, 역량 등을 비즈니스 환경에 부합시키는 것은 전략적인 경영의 근본이다. 이런 측면에서 볼 때 조직에 긴장을 불어넣고 구성원들의 노력을 최대로 이끌어냄으로써 조직이 계속 원활하게 굴러갈 수 있도록 에너지를 창출해주는 전략적인 비전을 개발하는 데 시나리오 기법을 이용할 수 있다.

전략을 실행하는 일이 전략을 세우는 일보다 더 중요하다고는 말할 수 없지만, 전략을 세우는 일과 거의 같은 정도로 중요하다고는 말할 수 있다. 실행이 가능한 전략을 세워놓기만 하고 그 전략을 효과적으로 실행하지 않는다면, 전략을 세우는 일은 두뇌의 지적인 연습 외에 아무것도 아닐 것이다. 전략을 실행하는 단계에서도 비전뿐 아니라 시나리오도 가이드라인의 역할을 할 수 있지만, 실제로 시나리오가 이 단계에서 이용되는 경우는 많지 않다. 그러나 조직에서 당장 해야 할 일을 파악하거나 업무처리 절차를 재구성할 목적으로 실행가능한 전략을 세워야 하는 경우에도 기업의 전체

〈그림 2-9〉 기획의 과정 중 시나리오 이용 시점

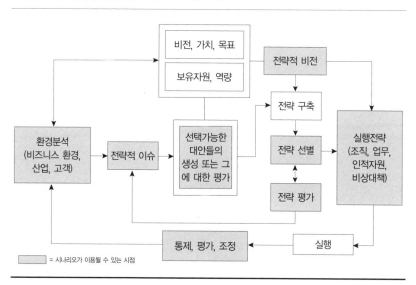

적인 전략이나 특정한 비즈니스 전략을 세울 경우만큼이나 시나리오 기법이 유용할 수 있다. 시나리오는 기업의 진로나 행동방향을 평가하는 데도 유용하다. "가장 실현가능성이 높은 비즈니스 환경 변화의 시나리오와 그 시나리오가 제시해주는 대안들에 비추어 지금 우리는 올바른 방향으로 가고 있다고 말할 수 있는가?" 이는 기업을 비롯한 조직들이 스스로에게 자주 던져야 할 질문이다.

3장 :: 시나리오 플래닝의 실제 적용사례

지금까지 시나리오 플래닝이란 무엇인가, 왜 그것이 필요한가, 시나리오적 사고와 전략적 사고의 원칙은 무엇인가에 대해 개괄적으로 설명했다. 이제는 전략적 기획의 과정에서 시나리오 플래닝을 강력한 도구로 활용하는 방법을 보여줄 차례다. 우선 초점을 맞추어야 할 문제를 어떻게 설정하고 그 문제에 대한 시나리오 프로젝트를 어떻게 설계하는가에 대해 살펴보고, 이어 시나리오와 비전을 이용해서 실제로 행동으로 옮길 수 있는 전략을 세우는 방법을 다루겠다.

시나리오 플래닝의 방법 TAIDA

타이다(TAIDA)는 시나리오 플래닝의 모델로도 실제로 많이 이용되고 검증됐다. 지난 몇십 년간 수백 건의 시나리오 프로젝트가 이 모델에 기초를 두고 수행됐다. 그 가운데 어떤 것들은 전문적인 성격의 프로젝트였지만, 대부분은 워크숍에서 인터랙티브한 과정으로 수행됐다. 이 장에서는 타이다

모델이 어떻게 시나리오 플래닝 작업과정의 틀로 이용될 수 있는가를 보여주고, 이어 실제 사례를 들어 보다 자세히 설명하겠다.

먼저 타이다의 다섯 단계를 기억해보자.

- **추적**: 타이다 과정의 첫 단계는 추적이다. 이 단계의 주된 목적은 초점을 맞춘 문제에 영향을 끼칠 수 있는 주위 세계의 변화를 추적하고 묘사하는 것이다.
- **분석**: 추적이 이루어졌으면 그 다음 단계는 변화를 분석하고 시나리오를 만들어내는 것이다.
- **전망**: 실현가능성이 있는 미래의 모습에 대한 여러 가지 통찰을 갖게 됐으면 바람직한 미래의 모습, 즉 비전을 창출해야 한다.
- **결정**: 이 단계에서는 위험에 대처하고 비전과 목표를 달성하기 위해 성장이 가능한 분야와 그 분야에서 구사할 수 있는 전략들을 파악한다.
- **행동**: 계획만으로는 의도한 결과를 얻을 수 없다. 계획에 따라 조치를 취하고, 계속해서 그 조치의 효과가 실제로 나타나도록 행동해야 한다. 소망하는 결과가 실현될 때까지 시나리오 플래닝이 어떻게 우리로 하여금 행동을 계속해나가게 해주는지는 뒤에서 설명하겠다.

〈그림 3-1〉 타이다(TAIDA)의 진행 과정

추적	분석	전망	결정	행동

이와 같은 타이다 모델의 다섯 단계를 본격적으로 설명하기 전에 우선 시나리오 프로젝트를 수행하는 데 필요한 준비작업에 대해 살펴보자.

준비단계

어떤 프로젝트든 그것을 시작하는 단계는 대단히 중요하다. 이는 모두가 다 아는 사실이다. 그러나 어떤 프로젝트를 시작했다는 것 자체에 너무 흥분한 나머지 프로젝트의 목적을 구체적으로 분석하는 것을 잊는 경우를 종종 보게 된다. 때때로 사람들은 해결해야 할 가장 중요한 문제에 대해 의미 있는 정의를 내리는 과정을 생략하기도 한다. 그러면 일은 엉망이 돼버린다. 시나리오 플래닝 프로젝트는 미래, 즉 지금으로서는 알 수 없는 미래를 내다보는 일이다. 때문에 시나리오 플래닝 프로젝트의 목적이 무엇인지를 구체적으로 이해하지 못한 채 프로젝트를 진행하기 십상이다. 시나리오 플래닝에서 준비단계는 매우 중요하다. 시나리오 플래닝에서는 다뤄야 할 문제가 대단히 복잡하고 아주 많은 정보에 둘러싸여 있는 경우가 많다. 그래서 우리는 전체적인 관점을 유지하는 것을 방해하는 부적절한 정보의 홍수에 빠져버리기 쉽다.

먼저 목표를 설정하라

시나리오 플래닝 작업을 하는 이유에 우선 주목하자. 시나리오 플래닝을 하는 목표는 다양하다. 조직을 변화시키는 데 반드시 필요한 전제조건을 파악하고 그것을 충족시키는 것이 목표인가? 올바른 궤도를 찾아내고 그

궤도에 따라 행동에 돌입하는 것이 최우선 과제인가? 시나리오 플래닝 작업과정의 설계와 그 과정에서 얻을 수 있는 결과는 근본적으로 목표 설정과 초점 맞추기의 결합에 의존한다(2장의 〈그림 2—3〉 참조).

위험 인식과 조직 혁신을 위한 시나리오 플래닝

위험에 대한 인식이나 조직의 혁신을 위해 수행되는 시나리오 플래닝은 변화를 위한 필수 전제조건을 강조하고, 기존의 비즈니스를 중점적으로 분석한다. 그 목표는 우선 예기치 못한 방향으로 전개되는 상황에 대한 대비태세를 강화하려는 것이다. 그러나 혁신의 필요성에 대한 조직의 통찰을 강화하기 위해 시나리오 플래닝이 수행되기도 한다. 흔히 주변상황의 새로운 변화방향을 예측하는 것이 어렵거나 불가능할 때 시나리오 플래닝의 이런 기능이 강조된다. 그 주된 목표는 사람들의 안목을 열고 확대시키는 데 이용할 수 있는 시나리오들을 창출하는 데 있다.

:: 사례

전 세계 신문산업의 비즈니스 환경이 갈수록 험난해지고 있다. 누적되는 불확실성 요인 가운데 중요한 것으로 온라인 혁명, 새로운 경쟁자들의 시장진입, 독자들이 추구하는 가치의 변화 등을 꼽을 수 있다.

이에 대응하기 위한 전략적 논의를 벌이기로 한 세계신문협회는 신문산업의 안목을 넓혀주는 동시에 그런 논의에 기초자료가 될 수 있는 시나리오를 작성하는 프로젝트를 수행해줄 것을 우리에게 의뢰해왔다. 전 세계에 걸쳐 1만 9천 개사에 이르는 세계신문협회 회원사들에서 폭넓게 직원을 파견받아 시간이 좀 걸리는 시나리오 프로젝트 과정에 참여시키기란 어려운 일이었다. 그래서 우리는 4개 대륙에 골고루 안배되도록 유의하면서 20명만 파견받아 그들과 함께 이틀간의 세미나를 진행했다. 이 세미나에서는 전 세계의 신문사 최고경영자들과 인터뷰한 내용과 우리의 데이터뱅크에서 추려낸 자료에서 드러난 여러 가지 추세와 불확실성 요인을 출발점으로 삼았다.

우리가 이 세미나에서 얻은 결과는 보고서로 정리되어 세계신문협회 회원사들에게 회람됐고, 이 협회의 연례총회에서 1천여 명의 참석자들에게 직접 발표되기도 했다. 이 프로젝트에서 작성된 시나리오는 이 책의 뒤에서 소개된다.

새로운 사고와 패러다임 전환을 위한 시나리오 플래닝

새로운 사고와 패러다임 전환을 목적으로 하는 시나리오 플래닝은 새로운 비즈니스에 초점을 맞추고 환경의 변화를 분석한다. 이를 위해서는 조직이 변화하는 데 필요한 전제조건들을 우선 파악해야 한다. 이런 목적의 시나리오 작업은 대개 조직 구성원들 중 일부가 새로운 통찰을 하게 된 것을 계기로 이루어진다. 여기서 새로운 통찰이란 주위 세계에서 일어나는 변화가 새로운 해법을 요구한다는 생각, 또는 더 나아가 그런 변화가 새로운 패러다임을 낳을 것이라는 생각을 하게 된 것을 말한다. 그러나 조직의 구성원들 가운데 일부가 이런 통찰을 하게 된다 하더라도 조직이 가야 할 방향은 여전히 분명하지 않을 수 있다. 이런 상황에서 수행되는 시나리오 플래닝이 주된 목표로 삼아야 할 것은 새로운 세계, 그러나 아직은 정확히 알 수 없는 미래의 세계에서 성공할 가능성이 있는 여러 가지 대안의 전략과 해법을 창출하고 평가한 뒤 그중에서 적절한 전략과 해법을 찾아내는 것이다.

:: 사례

노르웨이와의 국경에 인접한 스웨덴의 한 지역에서 주변환경의 변화가 성공적인 지역사회

발전의 전제조건들을 크게 뒤바꿀 것이라는 인식이 주민들 사이에 고조되고 있었다. 미래에 지역사회의 번영을 가져올 전략이 어떤 것인지를 주민들이 파악하는 데 도움이 될 만한 새로운 계획모델이 필요했다. 계획당국은 주변환경의 확실한 변화와 불확실한 변화 가운데 그 지역의 발전에 장기간에 걸쳐 영향을 줄 것들이 무엇인지를 가려내고 그것들을 논의의 출발점으로 삼아 발전전략을 모색하는 '외부에서 안으로'의 관점을 채택하기로 했다. 모든 직종별, 산업별 단체와 공공기관 등이 '주변환경의 변화에 대한 각자의 지식'과 '미래에 일어날 것으로 파악된 변화에 잘 대응하기 위한 해법에 관한 각자의 창의적 구상'을 제공했다. 이렇게 제공된 지식과 구상의 내용은 컨설턴트와 그 지역의 계획 담당자들로 구성된 소규모의 전문가팀에 의해 분석됐다. 그 결과로 미래의 발전전략에 관한 4개의 시나리오, 공동의 비전, 5개의 혁신적인 전략이 도출됐다.

이런 작업이 진행되는 과정의 여러 단계에서 지역주민들에게 참여할 기회가 주어졌다. 이런 방식으로 폭넓은 참여가 이루어졌기에 이해관계가 있는 사람들 모두가 그 결과물을 환영하는 태도로 받아들였다.

새로운 비즈니스나 비즈니스 컨셉 개발을 위한 시나리오 플래닝

새로운 비즈니스나 비즈니스 컨셉을 개발할 목적으로 수행되는 시나리오 플래닝에서는 행동뿐 아니라 새로운 비즈니스에도 당연히 초점이 맞추어진다. 이런 시나리오 작업이 시작되는 이유는 기존의 제품이나 서비스가 변화하는 미래 세계에서는 성공적이지 못할 것이라는 인식이 생겨났기 때문일 수도 있고, 새로운 기술의 도입으로 인해 앞으로 빠르게 발전할 분야를 파악해내야 할 필요성이 제기됐기 때문일 수도 있다. 어쨌든 그 주된 목적은 미래에 번성할 수 있는 대안의 비즈니스 컨셉이나 미래에 유망한 신제품을 개발하고 평가하는 데 있다.

:: 사례

한 작은 기업이 컴퓨터와 사용자를 연결해주는 인터페이스의 획기적인 기술을 개발했다.
이 기업 사람들은 자신들이 개발한 이 획기적인 기술을 응용해 신제품을 만드는 방법이 많
다고 생각했지만, 그 각각의 제품을 개발하는 데 비용이 너무 많이 들고 시간도 너무 오래
걸린다는 문제점이 있었다. 그래서 그들은 각각의 제품을 실제로 출시하기까지의 여러 해
동안에 시장이 어떤 논리에 의해 움직일 것인지를 알아야 했다. 앞으로 시장은 과연 어떤
종류의 응용제품에 관심을 가질 것이며, 그 가격은 어느 정도의 수준이 적절할까? 시장에
서 소비자들이 기꺼이 지불할 가격 수준에서 실제로 제품을 생산하는 게 가능할까? 우리에
게 주어진 과제는 그들이 미래의 시장수요에 맞춰 제품개발 일정을 적절하게 정할 수 있도
록 해주는 효과적인 전략을 찾아주는 것이었다. 우리는 세 명의 시나리오 플래너들로 팀을
구성했고, 이 팀은 기업 쪽에서 나온 세 사람과 함께 6일에 걸쳐 프로젝트를 수행했다. 그
결과로 그 기업을 위한 하나의 전략적 계획이 수립됐다. 이 계획은 그 기업 경영진에 의해
완전히 수용됐고, 주요 투자자들로부터 높은 평가를 받았다.

:: 사례

1988년에 설립된 리더하임(Ridderheims)은 현재 북유럽의 대표적인 조제식품(델리커테슨)
회사로, 다양한 종류의 식료제품을 생산하고 수출한다. 리더하임은 유럽시장에서 자사의
선도적 위치를 유지하고 자사 브랜드의 힘을 강화하고자 하며, 이를 위해 음식료 분야의
주요 추세와 잠재된 기회를 파악하고 싶어 한다.

카이로스 퓨처의 소비자·마케팅·혁신팀은 카이로스 퓨처의 조사연구 네트워크를 활용
해 텔리커테슨 부문에 구조적 변화를 가져올 여러 가지 주요 추세를 파악해냈다. 그 추세
들은 〈리더하임 보고서〉라는 이름의 보고서로 정리됐고, 이 보고서는 언론과 리더하임의
고객들에게 배포됐다.

우리가 파악해낸 추세들은 리더하임이 기존의 제품 가운데 어떤 것들이 고객의 수요변화에 부응하지 못하는지를 알아내고 유망한 신제품을 개발하는 데 두루 이용됐다. 그 추세들은 또한 리더하임이 유통업자들과 상담할 때 체크리스트로 이용됐다.

리더하임의 최고경영자인 페테르 그뢴발은 두 번째 〈리더하임 보고서〉를 받아보고는 "이렇게 추세를 추적해 알아낸 것이 우리가 신제품 개발의 방향을 잡는 데 도움이 됐다"며 "소비수요가 점점 더 글로벌화하고 있기 때문에 이제는 음식료 분야에서도 글로벌한 추세를 이해하는 것이 필요하다"고 말했다.

:: 사례

젊은층 소비자들 사이에서 자동차에 대한 관심이 줄어드는 추세가 자동차 제조업체들에 고민거리가 되고 있다. 일본의 한 자동차회사는 미래의 자동차 수요에 부응하기 위한 혁신의 방법을 알아내어 시행하기 위해 우선 어느 부문에서 혁신이 필요한지를 파악하고 싶어 했다. 카이로스 퓨처는 전 세계의 자동차 소비수요에 대한 조사에 착수했다. 그 결과로 우리는 자동차 소비수요의 10가지 주요 추세를 추려낸 뒤 문제의 초점과 관련된 여러 개의 소비수요 시나리오를 작성했다. 이렇게 얻어진 추세와 시나리오는 그 일본 자동차회사가 혁신이 필요한 부문을 파악하는 데 이용됐다. 또한 이에 관한 이틀간의 워크숍에서 200개 이상의 새로운 아이디어가 나왔다.

:: 사례

크래프트 푸즈(Kraft Foods)는 시장을 선도하는 주요 식품음료 기업 가운데 하나로, 식품음료 분야의 유명한 브랜드를 많이 가지고 있다. 이 기업의 북유럽 지사는 2000대 초에 시장조사를 아주 많이 했다. 그러나 그 시장조사는 짜임새 있게 조율되지 못했고, 소비자들과 시장이 어느 방향으로 나아가는지에 대한 전망이 정돈되고 공유되지 못한 가운데 중구

난방으로 이루어졌다.

이런 문제에 대응해 크래프트 푸즈는 '컨수머 인사이트(Consumer Insight)라는 이름의 부서를 신설했다. 이 부서에 주어진 임무는 소비수요와 시장의 중요한 추세와 불확실성 요인들을 통찰해내고 추세에 부응하는 혁신을 일으키는 것이었다. 크래프트 푸즈는 이런 과정을 전개하고 촉진하는 일을 도와줄 것을 우리에게 부탁했다.

이에 따라 카이로스 퓨처의 소비자 · 마케팅 · 혁신팀은 일관적, 지속적으로 추세를 관찰하고 분석하는 프로세스를 개발해 5년 동안 적용하면서 그 과정 자체를 혁신의 시동단계로 삼았다. 그 기간에 크래프트 푸즈 안의 상이한 여러 부문에서 지명된 참가자들이 '사절단(Ambassadors)' 이라는 이름으로 모여 '추세 분석' 과 '추세 기반의 혁신' 에 관한 교육과 훈련을 받았고, 이런 프로세스 자체가 크래프트 푸즈의 전반적인 사업계획 프로세스와 연결됐다. 이런 방식으로 이루어진 추세 분석 및 시나리오 분석의 일차적인 성과로 크래프트 푸즈는 신제품 출시와 관련된 마케팅에서 일련의 성공을 거두었고, 이와 동시에 중요한 직책을 맡고 있는 임직원의 시장예측 능력이 개선됐다.

크래프트 푸즈의 컨수머 인사이트 담당 경영자인 소피 란덴은 위와 같은 체계적인 접근법의 이점에 대해 이렇게 말했다. "다양한 추세가 초래하는 최대의 위험요인은 관심을 끄는 정보가 엄청나게 많다는 것이다. 카이로스 퓨처의 추세관리 시스템은 개별 기업의 입장에서 가장 중요한 추세에 관심의 초점을 맞추고 그 추세가 기업에 어떤 영향을 미칠 것인지를 파악해서 앞으로 닥칠 변화에 가장 잘 대응할 수 있게 해주는 행동계획을 구체적으로 수립하는 데 도움이 된다."

전략개발과 조직개발을 위한 시나리오 플래닝

전략개발과 조직개발 목적의 시나리오 플래닝에서도 행동이 가장 중요하다. 다만 기존의 비즈니스에 초점을 두는 가운데 행동이 중시된다. 외부세계와 내부세계에서 일어나는 변화의 관점에서 획기적인 개선의 필요성이 제기될 경우에 이런 종류의 시나리오 플래닝이 수행된다. 그 주된 목표는 변화에 즉각적으로 대응할 수 있는 대비태세를 갖추는 것과 미래에 대한 최선의 전략을 찾아내는 것이다. 이런 시나리오 작업은 조직으로 하여금 미래를 내다보는 관점에서 획기적인 변화를 시도해야 할 필요성을 자각하게 해준다.

:: 사례

스웨덴의 도시들은 시 당국에 대한 시민들의 요구가 크게 변하고 있음을 알아차리고 있었지만, 예산 삭감으로 인해 그런 변화에 부응하기가 어려웠다. 스웨덴의 '지역정부협의회'는 이런 이유에서 앞으로 새로운 도전에 직면하게 될 것이라고 판단했다. 이 협의회는 지역정부의 행정에 대한 전통적 방식의 진단을 보완하는 방법으로 질적인 시나리오 플래닝을 시행하기로 결정했다. 협의회는 시나리오 작업 결과가 모든 도시에 의해 수용돼야 한다고 처음부터 생각했고, 이에 따라 스웨덴 전역의 도시들에서 골고루 100명을 선발해 팀을 꾸렸다. 이들은 스웨덴 내의 모든 정파에서 차출된 정치인이나 공무원으로, 남녀노소를 망라했다. 시나리오 작업은 1년 이상 계속됐고, 그 과정에서 각각 이틀간의 일정으로 여섯 번의 세미나가 열렸다. 작업은 타이다(TAIDA) 모델에 따라 이루어졌고, 협의회가 자체적으로 구성한 내부 프로젝트 그룹이 작업과정을 주도했으며, 외부 전문가인 네 명의 시나리오 플래너들은 지원자의 역할을 맡았다. 프로젝트 작업방식이 이처럼 폭넓게 설계됐다는 것 자체가 참여자들로 하여금 각자가 소속된 지역도시로 돌아간 뒤에 미래 지향적인 프로젝트를 추진하도록 자극했다. 그 결과로 스웨덴의 도시들은 '15년 뒤에는 스웨덴 사람들이 어떤 삶을 살게 될 것인가?' '그러한 미래의 삶은 각 도시에 어떤 새로운 과제를 안겨주게 될 것인가'를 더 잘 이해할 수 있게 됐다.

이상의 사례들을 보면, 시나리오 플래닝 작업의 목적이 다르면 그 작업의 구체적인 방식도 달라짐을 알 수 있다. 어떤 경우에는 소규모의 헌신적인 태스크포스 팀이 작업하는 것이 적절하고, 어떤 경우에는 많은 사람들을 참여시켜야 한다. 초점이 되는 문제가 어떤 것인가도 시나리오 플래닝 작업을 수행하는 구체적인 방법의 선택에 영향을 끼친다.

과제와 전제조건

분석대상 시스템의 식별

전체로서의 조직이 미래에 어떤 모습이 될지를 내다보는 것은 얼마든지 가능하다. 게다가 이렇게 앞날을 내다보는 일은 생산적이다. 특히 조직의 여러 구성부분들이 서로 간에 상당히 동질적이면서 유사한 종류의 시장에서 활동하는 경우에는 조직 전체의 미래를 예측해보는 것이 크게 도움이 된다. 그러나 조직이 서로 다른 기능을 갖는 구성부분들의 집합체일 경우에는 미래 환경상의 변화에 대한 예측이나 시나리오가 각 구성부분에는 지나치게 일반적이어서 구체적인 행동의 지침을 주지 못하는 수가 있다. 이런 경우에는 급격하게 변화하는 복잡한 환경에 가장 많이 노출될 조직 내부의 특정한 기능만을 보다 깊이 들여다보는 게 낫다. 다만 그런 특정한 기능 가운데 특히 어떤 기능이 깊이 있는 분석의 대상이 돼야 하는지를 파악하려면 역시 미래를 폭넓게 내다볼 필요가 있다. 반대로 조직의 낮은 수준에 위치한 특정한 시스템을 집중적으로 보다 깊이 들여다보는 것이 조직의 보다 높은 수준에 위치한 시스템에 대한 통찰력을 길러주기도 한다. 다음과 같은 세 가지 사례를 들여다보면 분석의 대상으로 삼아야 할 시스템을 가려내는 추리의 과정이 어떤 것인지를 알 수 있을 것이다.

일간신문을 발행하는 신문사가 역량확보 계획을 수립하는 일을 도와주어야 할 경우에는 먼저 그 신문사의 비즈니스 전략과 미래 신문시장에 대한 인식을 들여다봐야 한다. 신문사의 비즈니스 전략과 미래 신문시장에 대한 인식이 불분명한 상태일 수도 있다. 신문사의 경영자라면 인적자원 부서로 하여금 다른 부서들과 협의해서 미래 신문시장의 모습을 그려보도록 하고, 이렇게 해서 그려진 미래 신문시장의 모습이 신문사에 요구하는 역량은 어떤 것들이며 어떻게 확보될 수 있는지에 대한 전사적인 논의를 진행할 수 있을 것이다. 이 경우 목표는 역량확보 계획의 수립이지만, 그에 앞서 작성되는 시나리오는 신문시장의 미래에 초점을 맞춘 것이어야 한다.

만약 제약회사가 급변하는 의약품 시장에서 미래에 대비해 취해야 할 행동전략을 수립하는 것이 목적이라면 적절한 분석대상 시스템은 의약품 시장일 것이다. 이 경우에 제기하고 답변해야 할 질문은 "미래 시장에 영향을 미칠 수 있는 것은 어떤 것들인가?" "변화를 일으키는 요소는 어떤 것들인가?" "그런 요소들은 어떻게 변화하고 있는가?" "그 밖에 실현가능한 다른 미래는 없는가?" 등이다. 이런 질문과 답변의 과정을 거쳐 생성되는 비전은 미래의 의약품 시장에서 제약회사가 취할 행동과 관련된 것이어야 할 뿐 아니라 여러 가지 실현가능한 시장상황 변화패턴에 대응할 수 있는 것이어야 한다.

그런가 하면 의료기관에서 의사의 역할을 변화시키고 의사의 지위를 제고하고자 하는 경우라면, 의사의 역할과 관련이 있는 의료체제에 대해 먼저 이해해야 한다. 미래에 의사가 수행할 역할에 대해 알려고 한다면 미래 의료체제에 대한 시나리오를 먼저 그려봐야 한다는 이야기다.

질문 던지기

당신이 얻는 대답은 당신이 던진 질문보다 더 나을 수 없다. 모호한 질문으로는 모호한 답변밖에 얻을 수 없다. 반면에 구체적인 질문은 구체적인 답변을 얻게 해준다.

우리는 한 글로벌 기업의 연구개발(R&D) 부서를 위한 프로젝트를 맡아 진행한 적이 있다. 우리에게 주어진 과제는 미래에 대비해 그 부서가 취해야 할 전략을 찾아내는 것이었다. 어느 조직에서든 연구개발 담당 부서는 시나리오 플래닝 작업을 하기에 가장 흥미로운 부서다. 연구개발 부서는 일반적으로 2년 내지 20년의 시간을 염두에 두고 일을 한다. 성숙단계의 시장에 내놓을 제품을 개발하는 연구부서라면 2년 앞을 내다봐야 할 것이고, 미래의 연구개발 활동을 위한 지식기반을 구축하는 일을 하는 연구부서라면 20년 앞을 내다봐야 할 것이다. 우리는 전략과 관련해 던질 질문을 검토하기 시작했다. 그 연구개발 부서가 원하는 답변을 찾기 위해서는 두 개의 질문을 던져야 할 것으로 보였다. 그 부서 사람들의 첫 번째 관심사는 미래의 제품을 개발하는 데 필요한 역량이 무엇인지를 파악하는 것이었고, 두 번째 관심사는 전체 조직 안에서 그런 역량을 어떻게 끌어모아 유지하고 발전시킬 수 있는가를 알아내는 것이었다. 우리는 이 두 가지 주제에 영향을 미치는 추동요소와 추세가 주제별로 매우 다르다는 점을 곧바로 알아차렸다. 따라서 두 개의 서로 다른 출발점에서 시작해 두 가지 방향에서 환경의 변화를 식별해내야 했다. 각각의 질문에 가장 큰 영향을 주는 추세들의 집합도 주제별로 달랐다. 동일한 연구개발 부서의 역량과 관련해 제기된 두 개의 질문이었지만, 그 두 개의 질문은 서로 다른 논리를 따르는 것이 분명했다.

시간의 시야

시간의 시야는 던져야 할 질문만큼이나 중요한 요소다. 단지 이삼 년 앞만 내다보는 경우라면 달라질 것이 별로 없다. 그러나 20년 앞을 내다보는 경우라면 많은 게 달라질 것이라고 생각해야 한다. 게다가 불확실성이 클 것이고, 그 불확실성이 조직에 지침이 될 만한 대답을 찾아내지 못하게 할 만큼 클 수도 있다. 시나리오에서 시간의 시야는 실현가능성이 있는 시나리오들을 창출하기에 충분할 정도로 짧아야 하지만, 이와 동시에 미래의 비즈니스에 영향을 끼칠 중요한 변화가 실제로 일어나기에 충분할 정도로는 길어야 한다.

과거와 현재 이해하기

시나리오 플래닝은 미래와 관련된 것이다. 하지만 실제로 시나리오 플래닝 작업을 하려면 현재와 과거에 대해서도 명확한 이해를 하고 있어야 한다. 그러므로 이런 질문들을 던져봐야 한다. 분석해야 할 조직이 어떤 과거 역사를 갖고 있으며, 지금까지는 어떻게 발전해 왔는가? 경쟁환경은 어떻게 변화돼 왔으며, 변화를 촉발한 요인은 어떤 것들이었나? 경쟁환경 속에서 지금까지 변화를 예고해준 지표는 어떤 것들이었나?

미래환경은 지극히 불확실하며 미래에는 과거나 현재에 보지 못한 위험과 새로운 기회가 많을 것이라고 반론을 펴는 사람이 있을지도 모르겠다.

그러나 아직 변하지 않고 종전 그대로의 모습인 주변세계 속에 미래를 만들어내는 추동요소들이 들어있다. 조직의 활동영역을 지배해온 논리가 앞으로 그대로 유지될 수 있고 자신의 조직이 대단히 미래 지향적이라고 확신하고 있더라도 실제로는 조직의 변화가 상당히 천천히 일어날 수 있으며 주변에는 늘 경쟁자들이 있다. 그 경쟁자들이 어떤 생각을 하고 있는지를 꿰뚫어볼 능력이 있다면 그런 능력은 미래계획을 세울 때 큰 도움이 될 것이다.

미래를 내다보는 데 또 하나의 제약요소가 되는 것은 조직의 미래 지향성 수준이다. 이것은 조직 외부의 환경과 미래의 이슈에 대한 조직 내부 구성원들의 태도와 관련된다. 별다른 변화의 징후가 없는 시장에서 아주 오랫동안 성공적으로 운영돼온 기업에서 수행되는 시나리오 플래닝과, 새로운 정보기술 비즈니스를 하는 기업에서 수행되는 시나리오 플래닝은 그 수행방식이 서로 크게 다를 수밖에 없다.

이런 모든 요소가 조직구성원들의 태도, 변화에 대한 조직의 개방성, 위험에 대한 의식수준, 새로운 방법을 시도하는 의지 등에는 물론 시나리오 플래닝 작업을 수행하는 방식에도 영향을 끼친다.

과거와 현재의 기초조건

다뤄야 할 주제가 파악됐다면, 이제는 과거의 역사와 현재의 상황, 즉 기초조건을 전반적으로 확인해야 한다. 현재의 상황을 올바로 확인하려면 분석대상 조직과 그 경쟁조직들이 소속된 시스템 전체를 알아야 한다. 아울러 시나리오 분석의 기초조건뿐만 아니라 비전과 전략의 기초조건도 명확히 파악해야 한다. 달리 말하자면 타이다(TAIDA) 과정의 모든 단계 각각에 기초조건이 되는 것들을 알아야 한다.

신문사의 예로 돌아가서 이야기하자면, 기초조건 확인 단계에서 해야 할 작업은 신문사 자체의 현재 상황과 과거 역사뿐만 아니라 시나리오 분석이 초점을 맞추게 될 신문산업의 현재 상황과 과거 역사도 명확히 알아야 한다는 것이다. 따라서 이런 질문들을 던져야 한다. "지금 신문산업은 어떤 상황인가?" "그 안에서 우리는 어떤 위치에 있는가?" "신문들은 서로 어떻게 다른가?" "어떤 독자들이 우리 신문을 좋아하는가?" "변화를 바라는 사람들은 누구인가?" "우리는 독자들에게 우리 자신을 어떻게 말하고 있는가?" "지금 우리의 역량확보 상태는 어떠한가?" "앞으로 일어날 수 있는 최악의 사태는 어떤 것인가?" "지금 신문산업에서 중요한 문제는 어떤 것들인가?"

전략적 분석을 할 때 과거의 역사와 현재의 추동요소가 분석의 대상에서 누락되는 경우가 많다. 이 때문에 전략적 분석의 작업이 기술적인 것에 그치기 쉽다는 데 유의해야 한다.

또 하나 지적해둬야 할 중요한 점은 작업의 목적을 분명히 해야 한다는 것이다. 시나리오 작업과정을 어떻게 설계할 것인가와 그 작업에 조직 내부 구성원들을 어느 정도나 참여시킬 것인가는 시나리오 작업의 목적에 따라 다르다. 시나리오 작업의 주된 목적이 조직의 전반적인 전략을 만들어 내는 것이라면 훌륭한 통찰력을 갖고 있고, 생각할 줄 알고, 포괄적인 사고 능력을 가진 사람들로 개방적인 작업팀을 구성하는 것만으로 충분할 것이다. 그러나 미래의 역량과 관련된 환경을 변화시킬지도 모를 미래의 변화에 대한 조직구성원들의 의식을 높이는 것이 목적이라면, 시나리오 작업의 틀을 확장시켜서 가능한 한 많은 사람들을 참여시킬 필요가 있다. 이런 결정을 어떻게 내리느냐는 시나리오 작업과정 중 어느 단계에 초점을 둘 것인가와도 관련된다.

추적

목적을 명확히 했고, 시간의 범위를 설정한 가운데 초점이 명료한 질문을 던졌으며, 현재의 상황과 과거의 역사를 충실히 이해했다면 이제는 미래를 바라보기 시작할 때다. 이 단계를 '추적'의 단계라고 명명하자. 왜냐하면 이 단계에서 미래를 바라보는 것은 던져진 질문에 대한 대답에 영향을 끼칠 수 있는 환경상의 변화를 추적하는 것이기 때문이다.

많은 기업들이 조직 내부에 비즈니스 정보를 수집하고 분석하는 기능을 갖추고 있음에도 대개는 현재에만 주의를 집중하면서 자사의 비즈니스와 직접적으로 관련된 경쟁환경만을 관찰하는 데 대부분의 에너지를 소모한다. 물론 정기적으로 주변의 세계를 살피면서 폭넓게 추세를 추적하고 분석하는 기업들도 없진 않지만 드문 편이다. 다만 우리가 보기에 그렇게 해야 할 필요성에 대한 인식은 기업들 사이에 점점 더 확산되고 있다. 따라서 지금부터 추적의 경험이 비교적 적은 사람이나 기업도 이용할 수 있는 추적의 방법과 도구를 소개하도록 하겠다. 여기서 소개되는 것들보다 고급에 속하는 방법들에 대해서는 뒤에 실린 부록에 개괄적으로 설명해뒀다.

밖에서 안으로의 관점

대부분의 조직에서 취하는 관점은 보통 '안에서 밖으로'다. 그러므로 대부분의 조직에서 사람들의 시선은 먼저 자기가 속한 조직을 바라보는 것에서 시작한 다음 조직의 활동영역 안에 존재하는 고객, 경쟁자, 구조, 기술 등을 바라본다. 이런 조직이 자신의 활동영역 안에서 일어나는 변화의 배후에 깔려있는 추동요소들을 깊이 있게 들여다보기는 어렵다. 이런 접근법은 그

〈그림 3-2〉 시나리오 플래닝의 '밖에서 안으로' 관점

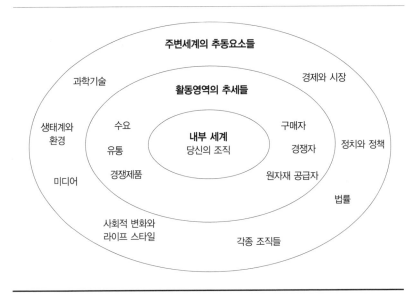

좁은 시야만으로도 충분한 경우에는 그런대로 의미가 있다. 예를 들어, 안정적인 비즈니스 환경에서 향후 이삼 년간 시장에서 해야 할 행동을 계획하고자 하는 경우라면 위와 같은 접근법이 적절할 수도 있다. 그러나 복잡한데다 급속히 변화하는 환경 속에서 장기적인 제품개발에 초점을 두어야 하는 경우라면 이런 관점이 부적절하다. '안에서 밖으로' 의 관점으로는 아직 분명하게 드러나지 않은 시장의 변화를 간파하거나 예측하기가 어렵다. 이런 변화를 간파하고 예측하기 위해서는 조직의 비즈니스가 펼쳐지는 활동영역에서 전개되는 상황에 영향을 끼칠 수 있는 추동요소들을 바라볼 필요가 있다(〈그림 3—2 참조)).

조직의 활동영역에서 전개되는 장기적인 상황변화는 그 활동영역을 감

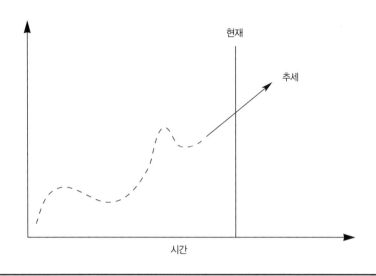

싸고 있는 주변세계에서 작동하는 추동요소들에 의해 크게 좌우된다. 따라서 추적을 하기에 적당한 출발점은 이런 주변세계의 추세들이다.

추세란 무엇인가?

우리가 '추세'라는 말로 의미하는 것은 일시적인 유행이 아닌 깊이 있는 변화를 보여주는 현상이다. 기상학에 비유하면, 추세는 이런저런 날씨가 아니라 전반적인 기후변화다.

미래에 대해 이야기할 때 사람들은 보통 자신이 개인적으로 생각하는 미래의 관점에서 이야기한다. 그러나 이런 이야기가 타당성을 갖는 경우는 거의 없다. 왜냐하면 이런 생각이나 이야기는 그 생각이나 이야기를 하는 사람이 보게 되기를 원하는 것(공상이나 비전) 또는 두려워하는 것(악몽이나 위험)을 미래로 투사한 것인 경우가 많기 때문이다. 진정한 추세를 발견하기 위해서는 현재에서 출발해서 관찰이 가능한 변화들을 보려고 노력해야 한다. 그런 변화들은 이미 얼마동안 특정한 방향으로 진행된 상태일 것이다.

추세를 식별하는 방법

많은 조직들이 미래를 깊이 있게 내다보려고 하지 않는 이유 중 하나는 미래란 너무 복잡해서 전문적인 미래예측가들만 볼 수 있는 것이라고 생각하는 데 있다. 이 책의 부록에 소개된 방법들부터 먼저 본 독자라면 미래 내다보기를 시작하는 것조차 망설일지도 모르겠다. 그러나 부록에 소개된 것은 수준 높은 방법들이다. 무엇이든 일단 시작을 하기 위해서는 단순한 길을 선택하는 것이 더 낫고 생산적이다. 부록에 소개된 고급의 방법들은 일단 시작을 한 뒤에 보다 깊은 분석이 필요한 어떤 추세를 만나게 되어 그것을 분석해야 할 때가 되면 보완수단의 하나로 활용할 수 있는 것이라고 생각하는 게 좋다.

:: 사례

연구개발 부서에 관한 프로젝트를 시작할 때 우리는 그 프로젝트를 수행할 팀에게 "선택가능한 전략들을 개발하고 그 우선순위를 매기는 것이 목적"이라고 일찌감치 말해주었다. 이 프로젝트의 경우에는 추세를 추적할 시간이 그리 많이 주어지지 않았다. 우리는 어떻게 했을까?

프로젝트팀은 연구개발 부서 외에 마케팅, 생산, 자재조달, 인사, 비즈니스 정보 등의 업무를 각각 담당하고 있는 부서들에서 모두 30명을 파견 받아 하루 일정의 세미나를 열었다. 세미나의 목적은 주제를 반영하는 초점질문(focal question)에 영향을 끼칠 수 있는 추세들을 식별하는 것이었다. 오전회의에서는 미래의 제품개발에 필요한 역량에 영향을 끼칠 수 있는 추세들을 검토했다.

오후에 참석자들은 여러 그룹으로 나뉘어 오전회의에서 식별된 추세들을 평가하기 시작했다. 그들은 두 가지 질문을 갖고 있었다. 하나는 '식별된 추세는 초점질문에 얼마나 큰 영향을 끼칠 것인가?'였고, 다른 하나는 '식별된 추세는 그 미래가 얼마나 예측가능한가?'였다. 참석자들은 각자 이 두 가지 질문에 대한 나름의 답을 쪽지에 써서 제출해야 했고, 세미나의 마지막 단계에 그 가운데 가장 의미 있는 답을 골라 그것에 합의해야 했다. 이 간단한 작업의 초기에 참석자들은 초점질문에 대한 영향력이 작거나 예측가능성이 아주 낮은 것들을 골라 제외시켰다. 이렇게 하고 남은 것들은 영향력이 크고 예측가능성은 중간 정도이거나 높은 추세들이었다. 각 그룹은 이렇게 남은 추세들에 대해 간략한 설명을 붙인 '추

〈그림 3-4〉 식별된 추세들로부터 추동추세들을 선별

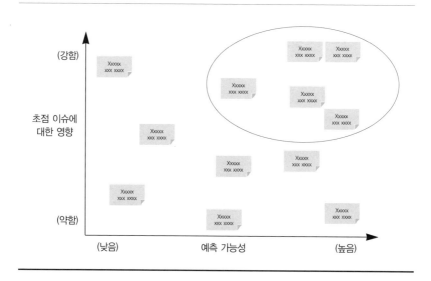

세설명지'를 작성했고, 모든 그룹의 추세설명지들이 다 회수됐다.

이어 참석자들은 다시 그룹별로 나뉘어 선택된 추세들을 글과 그림 등으로 묘사하는 과제를 수행했다. 이때 그들은 선택된 추세들을 더욱 깊이 들여다보았고, 그 추세들을 확인시켜주는 실제 사례들을 찾아보려고 노력했다. 그들은 또한 추세의 배후에서 작용하는 추동요소들과 그 추동요소들이 초점질문에 미치는 영향을 살폈다.

오후에는 연구개발 부서가 필요한 역량을 유인하고, 유지하고, 개발하는 능력에 영향을 끼치는 추세들을 좀더 자세히 들여다보았다. 이날 회의의 결과로 대략 50개 정도의 추세들이 식별됐다. 프로젝트팀은 이렇게 식별된 추세들에 대해 깊이 있는 분석에 들어갔다. 그 가운데 일부는 다른 추세들의 영향에 따른 결과여서 제외될 수 있었고, 또 다른 일부는 영향의 정도가 미미해서 제외될 수 있었다. 그 결과 두 개의 초점질문에 충분히 큰 영향을 끼치는 30개 추세가 남았다. 그 가운데 일부 추세들에 대한 묘사는 프로젝트팀에 의해 보완됨으로써 완성됐다. 그 밖의 다른 추세들은 적절히 묘사가 되려면 통계나 실제 사례에 의해 더 확인돼야 하는 것들이었다.

추세를 식별하는 다른 방법들

앞의 사례는 조직이 자신의 활동영역에 대해 잘 알고 있고, 초점질문에 영향을 끼칠 수 있으며 현재 진행 중인 변화에 대해 충분한 지식을 갖고 있는 경우에 주제가 되는 질문들을 다루는 방법을 보여주는 것으로서 복잡하지 않고 간단명료하다. 때로는 조직의 활동영역이 정확하게 알려져 있지 않은 탓에 시나리오 작업에 참여한 사람들이 그 활동영역에 대한 지식을 별로 갖고 있지 못한 경우도 있다. 이런 경우에는 좀더 깊이 들어가는 추적의 방법을 활용함으로써 참여자들의 직관력을 강화하는 것이 바람직하다. 이런 추적의 방법들 가운데 몇 가지를 아래에 소개한다. 좀더 자세한 설명은 부록을 참고하라.

- **미디어 훑어보기**: 미디어 훑어보기, 즉 다루고자 하는 주제와 관련된 신문 기사나 스크랩 등을 빠른 속도로 훑어보는 것은 시나리오 플래닝 작업의 시작단계에서 환경변화를 관찰하고 개관하거나 영감을 얻기 위해 이용할 수 있는 간단하면서도 일반적인 방법이다. 미디어 훑어보기는 브레인스토밍에 대한 좋은 보완방법이다.

- **인터넷 검색**: 인쇄매체를 훑어보는 것이 영감과 아이디어를 얻고 어떤 분야에 대한 전반적인 조망을 하는 데 가장 빠른 방법이라고 한다면, 인터넷 검색은 대체로 보아 추세와 가정을 일차적으로 검증해보는 데 가장 빠른 방법이다. 인터넷은 또한 소비수요 추세에 대한 이른바 '네트노그래피(Netnography); 네토그래피(Netography)라고도 한다―옮긴이)' 라는 새로운 질적 조사방법을 이용할 수 있게 해준다. 네트노그래피는 실험적인 조사방법으로, 특히 소셜 네트워크 커뮤니티나 블로그 등을 통해 이루어진다.

- **웹 패널과 웹 폴**: 어떤 문제에 대한 일반 대중 또는 특정한 소비자 집단의 태도나 반응을 알아봐야 하는 경우에 인터넷이 도움이 된다. 세계 각지에 급속히 확산된 인터넷 덕분에 이제는 그런 작업을 하는 것이 몇 년 전에 비해 훨씬 더 쉽고 빠를 뿐만 아니라 비용도 적게 드는 일이 됐다. 오늘날에는 고객이 직접 웹 패널(Web panel)과 웹 폴(Web poll)을 이용할 수 있게 해주는 시장조사회사들이 많다. 이런 것을 이용하면 몇 가지 질문에 대해 수백 건이나 수천 건의 응답을 얻는 데 불과 며칠밖에 안 걸리고, 그렇게 하는 데 많은 돈을 들이지 않아도 된다.

- **전문가 네트워크**: 링크트인(LinkedIn)과 같은 인터넷 기반의 전문가 네트워크 커뮤니티 또는 이보다 더 특화된 전문가 네트워크 커뮤니티도 전문가들의 의견을 수집하려고 할 때 출발점으로 삼기에 좋다. 이런 전문가 네트워크 커뮤니티는 전문가 패널을 구성하는 경우에 필요한 전문가들을 구하는 데도 도움이 된다.

- **델파이**: 델파이 방법은 1960년대에 개발됐고, 그 이름은 델포이 신탁에서 따온 것이다. 델파이 방법의 목적은 미리 잘 짜여진 질문지를 이용해 처음부터 전문가들과 인터뷰를 하고, 그 과정에서 전문가들로 하여금 다양한 진술로 각자의 판단을 이야기하도록 함으로써 미래에 대한 수량화된 전망을 하는 것이다. 이 방법은 기술적인 이슈를 다룰 때 자주 사용돼왔다.

- **전문가 패널**: 많은 기업들이 정기적으로 자문을 구할 수 있는 전문가 패널을 운영하고 있다. 전문가들로 구성된 패널은 흔히 전략적인 자문단의 역할을 해주며, 그 전문가들의 견해는 기업에서 나름대로 전략적인 결정을 하기 전에 고려된다.

- **포커스 그룹**: 질적인 조사, 특히 포커스 그룹을 이용하는 조사방법이 날이 갈수록 인기를 얻고 있다. 이 방법에서는 포커스 그룹을 구성하는 다수의 사람들이 한 시간 내지 두 시간 동안 만나 하나 또는 두 개의 구체적인 질문에 대해 논의한다. 포커스 그룹 방법은 기업이 현재의 고객 또는 미래의 잠재적 고객들이 그들 스스로 자신들의 미래 수요에 대해 어떻게 생각하는지를 알고자 할 때 흔히 사용된다. 오늘날에는 많은 시장조사 회사들이 온라인 포커스 그룹을 제공한다. 이것을 이용하면 지리적으로 멀리 떨어진 사람들과 온라인 회의를 할 수 있다.

분석

추적으로 얻어지는 결과는 다수의 상이한 분야에 걸친 다수의 추세들이다. 그 추세들은 처음에 얼핏 보기에는 서로 별다른 연관성이 없어 보이지만, 실제로는 그렇지 않다. 시나리오 작업팀에서 그 추세들에 붙인 설명문을 보면, 어떤 특정한 추세들은 다른 추세들의 추동요소 또는 원인으로 거듭 나타난다. 여기까지 왔으면 이제 어떤 패턴들이 보이기 시작할 것이다. 식별된 추세들 가운데 어떤 것은 예측하기가 어려울 수 있다. "이 추세가 앞으로도 계속 한 방향으로만 갈까, 아니면 다른 방향으로 꺾어질까?" "이 추세가 전개되는 속도는 빠를까, 아니면 느릴까?" 시간의 범위가 길어질수록 더 많은 질문이 제기된다.

분석의 단계에서는 식별된 추세들이 어떻게 상호작용하는지를 이해하기 위해 '추동추세' 와 추동추세에 의해 초래된 '결과추세' 를 판별해내야 한다. 이 단계에서 경쟁상대인 다른 행위자들에 대한 분석을 하면 좋은 결과를 얻을 수 있다. 이런 분석은 시스템에 영향을 미칠 수 있는 다른 행위자들이 취할 수 있는 행동들을 점검해보는 것이다. 이렇게 하면 시나리오의 기반이 될 불확실성을 구체적으로 식별해내는 데 필요한 보다 깊은 이해가 가능해진다.

분석의 과정을 보다 구체적으로 설명하기 위해 범죄예방과 관련된 사례를 하나 들어보겠다. 스웨덴의 검찰, 경찰, 범죄예방위원회는 미래 범죄의 활동영역이 지니게 될 논리를 보다 깊이 이해하고 싶어했다. 범죄환경의 변화는 미래 범죄의 활동영역에 커다란 변화를 일으킬 것이고, 이렇게 일어난 변화는 전반적인 범죄예방 전략의 효과에 영향을 줄 게 분명했다. 이 문제에 대한 시나리오 분석이 이루어지게 된 데는 은퇴자 문제가 계기로 작용했다. 피고용자들이 대거 은퇴연령에 근접하게 되면서 미래에는 어떤 종류의 역량이 사회적으로 필요하게 될 것인가를 알아야 할 필요성이 생겨났던 것이다. 범죄예방은 분명히 미래에도 요구되는 사회적 역량의 한 분야다.

이 프로젝트는 세 명의 시나리오 플래너들에 의해 수행됐고, 그들은 세 개의 정부당국에서 파견된 다섯 명과 함께 작업을 진행했다. 정부당국에서 파견된 다섯 명 가운데 네 명은 범죄예방에 대해 폭넓고 깊은 경험을 갖고 있었고, 나머지 한 명은 범죄예방을 연구하는 사람이었다. 시나리오 플래너들을 포함한 여덟 명은 8일간 같이 작업을 진행했다. 우리가 이 작업에 합류했을 때 그들은 이미 100개가량의 추세를 식별해내고 그것을 18개로 압축했다. 그 가운데 절반은 포괄적인 성격의 추세로서 관련 영역의 외부세계에 존재하는 추동요소와 관계가 있는 것들이었다. 그리고 나머지 절반은 관련 영역 안에서 관찰된 추세들이었다. 이들 추세의 목록은 다음과 같다.

- 국제화가 진전되고 있다.
- 유럽연합이 점점 더 중요해지고 있다.
- 가치관이 더욱 개인화된다.
- 사람들이 위험에 대해 점점 덜 관용적이 된다.
- 사회가 더욱더 분화되고 있다.
- 정보기술이 점점 더 발전하면서 폭넓게 이용된다.
- 부부관계의 안정성이 낮아진다.

- 도시화가 촉진되고 있다.

- 공적복지에 대한 자금지원이 줄어들고 있다.

- 보안관련 제품과 서비스의 시장이 커지고 있다.

- 술의 소비가 늘어나고 있다.

- 마약에 대해 관용적인 태도가 강화되고 있다.

- 더 많은 범죄가 국제적인 측면을 갖는다.

- 언론이 범죄와 처벌에 더욱더 초점을 맞춘다.

- 범죄를 저지를 기회가 더 많아진다.

- 정보기술 관련 범죄가 증가하고 있다.

- 범죄행위자에 대한 사회적 제약의 효과가 줄어들고 있다.

- 밤이 되면 시내가 무법지대로 변한다.

프로젝트팀은 통계를 비롯한 각종 자료를 갖고 이 모든 추세를 검증하고자 했다. 경찰에서 나온 참여자들에 의해 식별된 추세들 가운데 두 개는 검증되지 못했다. 그중 하나는 술 소비의 증가였다. 술의 판매가 늘어나고 술의 밀수와 밀주 제조가 늘어났다는 주장을 뒷받침해주는 증거는 찾을 수 없었다. 그러나 경찰에서 나온 참여자들은 술 소비의 증가추세를 확신하고 있었다. 그들은 그 전해에 술 소비가 증가했음을 입증해주는 사례를 현장에서 수없이 봤다고 주장했다. 그래서 프로젝트팀은 술 소비의 증가를 나중에 고려해야 할 추세로 남겨두기로 결정했다. 흥미롭게도 이 시나리오 플래닝 작업을 한 지 1년 뒤에 경찰에서 나온 참여자들의 주장을 확인해주는 통계적 증거가 나타났다. 그리고 그 다음해에는 밤이 되면 시내가 무법지대로 변한다는 점을 입증하는 증거가 다수 드러났다.

추세들 사이의 상호작용에 대한 분석

미래에 대해 좀더 깊이 이해하고 싶다면 추세들을 하나씩 별도로 들여다보는 것만으로는 충분하지 않다. 시스템을 더 깊이 파고들어 추세들이 서로 어떤 영향을 주고받는지를 이해해야만 미래의 전체적인 그림을 그리는 것이 가능해진다. 이런 깊은 이해를 얻기 위해 우리는 '교차영향 분석(cross-impact analysis)'을 수행했다. 교차영향 분석은 추세들 사이의 상호관계를 파악하기 위한 방법이다. 교차영향 분석을 통해 각 추세가 다른 모든 추세에 끼치는 영향이 파악되고 등급화된다(이에 대한 보다 자세한 설명은 부록을 참조하라).

또 우리는 시스템을 전체적으로 조망할 수 있게끔 '인과고리 도표(causal-loop diagram)'를 그렸다(〈그림 3—5 참조〉). 그 그림을 보면 가장 지배적인 추동추세들은 도표의 윗부분에 위치해있고, 가장 종속적인 추세들은 도표의 아랫부분에 위치해있다. 화살표는 추세들 사이의 의존관계를 표시한다. 회색으로 흐리게 표시된 사각형 모양은 서로 공통점을 갖고 있는 추세들을 그룹별로 묶은 것이다(인과고리 도표에 대한 보다 자세한 설명은 부록을 참조하라).

인과고리 도표를 들여다보는 사람들의 첫 반응은 혼란스럽다는 것이다. 이런 반응이 나오는 것은 어쩌면 당연하다. 그러나 좀더 시간을 갖고 화살표를 따라가면서 상이한 여러 관계들을 확인하다 보면 차츰 이해가 될 것이다. 이 도표에서 몇 가지가 명백하게 드러난다. 도표의 첫인상은 상이한 추세들 사이의 관계가 복잡하다는 것일지 모르지만, 조금만 더 자세히 들여다보면 재미있는 관계들이 눈에 들어온다. 우선 중요한 추동추세들 가운데 일부가 국제화 영역과 정보기술 영역에 들어있는 것을 알 수 있다. 이

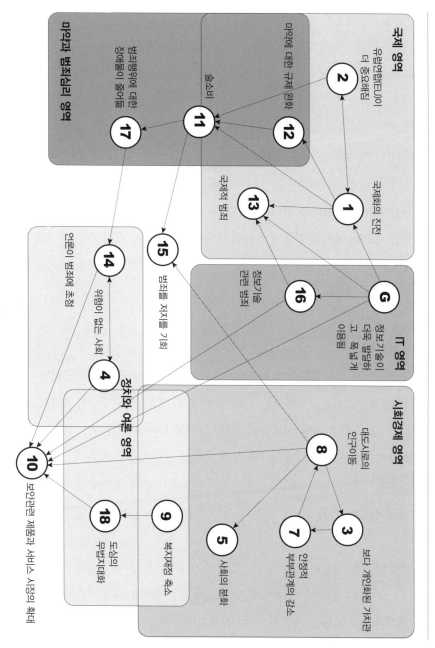

〈그림 3-5〉 인과고리 도표의 예 – 범죄의 미래

국제 영역

유럽연합(EU)이
더 중요해짐

② ─ 국제화의 진전

⑪

⑫

마약에 대한 규제 완화

술소비

⑬ 국제적 범죄

①

IT 영역

정보기술이
대폭 발달하
고 특히 널리
이용됨

G

⑯ 정보기술
관련 범죄

⑰

범죄행위에 대한
장애물이 줄어듦

⑮ 범죄를 저지를 기회

⑭ 위험이 없는 사회

④

마약과 범죄심리 영역

⑮

여론이 범죄에 초점

정치와 여론 영역

사회경제 영역

⑧ 대도시로의
인구이동

보다 개인주의 가치관

⑤ 사회의 문화

⑦ 안정적
부부관계의 감소

③

⑩ 보안관련 제품과 서비스 시장의 확대

⑱ 도심의
무방지대화

⑨ 복지재정 축소

두 영역의 추세들이 범죄의 국제화를 가속화시킬 것이라는 점을 알 수 있다. 예를 들어 '유럽대륙의 음주습관이 스웨덴에 점점 더 많이 유입됨에 따라 스웨덴의 술 소비가 증가하는 현상'은 '사회적 통제가 줄어들고 안정적인 관계 속에서 살아가는 사람들이 점점 더 감소하는 대도시로 사람들이 이주하는 사회경제적 추세'와 더불어 범죄가 늘어날 가능성을 높이는 요인인 것이 분명하다. 이 도표에서 발견할 수 있는 것 가운데 또 하나 흥미로운 점은 안전 지향의 제품과 서비스를 공급하는 기업들이 앞으로 가장 수익성이 높을 것이라는 점이다. 이런 점을 안다는 것 자체가 보안관련 제품과 서비스 분야의 기업들에게 유익할 수 있다. 우리가 위와 같은 분석을 한 뒤 얼마 지나지 않아 주식시장에서 바로 그러한 기업들에 대한 평가가 상승하는 양상이 나타났다.

시나리오 작성

우리는 이상과 같은 준비작업에 이어 시나리오를 작성하는 일에 착수했다. 시나리오를 작성하는 방법에는 여러 가지가 있지만, 가장 간단한 방법은 우선 '가장 확실한 미래의 모습'을 그림 그리듯 묘사하는 것이다. 즉 상대적으로 가장 확실하다고 생각하는 것을 미래의 실제 상황인 것처럼 간주하는 것이다. 그리고 그 확실한 추세의 전개과정을 시간의 경과에 따라 정리할 때는 추세와 인과고리에 대한 질적 추론을 시도해보는 것이 매우 유용하다.

이런 과정은 극장에서 상연되는 연극에 비유할 수 있다. 확실한 추세들과 그것들이 현재부터 시나리오로 그리고자 하는 미래까지의 기간에 보여줄 전개과정의 모습은 특정한 연극 전체의 무대배경에 해당된다. 그리고

각각의 시나리오는 각각의 막의 무대배경이 되는 장면이라고 생각할 수 있다. 2000년에 우리가 만든 '범죄의 시나리오'는 2007년까지의 변화를 추적한 결과였다.

시간에 따른 전개

그렇다면 시간의 경과에 따른 전개과정은 어떤 모습일까? 시간에 따른 전개는 오늘부터 시나리오의 시점까지 실현될 가능성이 있거나 상당한 정도로 실현될 것이 확실한 상황의 전개를 묘사한다.

　범죄의 시나리오로 돌아가서 이야기하면, 그 시간에 따른 전개는 다음과 같이 요약됐다.

:: 사례 | '범죄의 미래'의 시간에 따른 전개

새천년의 처음 7년간은 국제적 통합의 관점에서는 물론이고 여러 가지 관점에서 다사다난할 것으로 보인다. 이 기간 동안 다음과 같은 일들이 벌어질 것이다.

- 2002년에 스웨덴은 솅겐 협력지역(Schengen cooperation zone, 국경에서의 검문과 통제를 폐지해 자유통행을 실현할 목적으로 1985년 6월 룩셈부르크의 소도시인 솅겐 근처에서 체결된 솅겐조약에 가입한 유럽 국가들의 협력체제를 가리킨다. 2011년 말 현재 영국을 제외한 독일, 프랑스 등 25개 유럽 국가가 솅겐조약에 가입했다—옮긴이)의 일부가 되고, 유럽연합의 조직범죄 수사당국인 유로저스트(Eurojust)가 본격적으로 가동되기 시작한다. 스웨덴은 솅겐 협력지역의 경계에 위치하고 있으므로 스웨덴의 정부당국은 특히 관세청, 경찰, 검찰을 중심으로 새로운 과제를 수행하는 능력을 검증받는 시기를 맞게 된다. 유럽연합 쪽에서는 아직 유럽연합에 가입하지 못한 동유럽 국가들에 대해 보다 엄격한 대응태도를 취할 것을 스웨덴 정부에 요구하고 있고, 이와 동시에 발트해 연안국들 사이의 협력관계가 더욱 발전되고 깊어진다.

- 2003년에는 대부분의 스웨덴 사람들이 광대역 통신망에 연결된다. 이는 다양한 측면에서 사회의 모습을 지난 세기와는 다르게 변화시킨다. 광대역 통신망의 도입으로 각 가정에서 사용되는 컴퓨터의 속도가 훨씬 더 빨라지고, 통신의 질과 양이 전보다 현저하게 좋아지고 빨라진다. 점점 더 많은 사람들이 돈을 들여서 인터넷에 연결되는 '경보 및 통제 시스템'을 설치한다.

- 2004년에는 많은 시민들이 거리의 폭력을 걱정하게 된다. 주말 밤에는 도심이 젊은층 범죄조직들 사이의 전쟁터가 된다고 언론이 보도하면서 많은 성인들이 야간의 특정 시간대에는 집 밖으로 나가는 것을 꺼리게 된다. 술의 소비가 늘어나는 데 대해 사회적인 우려가 커진다. 많은 사람들이 술 소비의 증가와 술 소비 패턴의 변화는 스웨덴이 자국의 법과 제도를 유럽연합의 법률에 맞게 조정한 데서 기인한 것이라고 생각한다.

- 2005년에는 유럽의 통합에 따른 자연스러운 결과로 국경을 넘나드는 경제범죄가 확산된다. 경제범죄 외에 다른 종류의 국제범죄도 폭발적으로 늘어나며, 국제적인 법률지원이 필요한 사건의 발생건수가 1999년에 비해 몇 배로 늘어난다.

- 2006년에 많은 사람들이 범죄를 억제하던 '사회적 구속'이 붕괴했다고 믿는다. 이와 동시에 유럽은 물론 세계의 다른 지역에서도 통합이 진전됨에 따라 사회적 분열이 증대해왔다. 그러나 사람들이 폭력의 원인에 대해 토론하기 시작했으므로 폭력의 원인들을 보다 잘 다뤄나갈 수 있을 것이라는 희망도 존재한다. 도시 인구의 급격한 증가가 '뿌리의 상실'과 사회적 분열의 배경으로 여겨진다.

- 2007년에는 시민생활의 안전을 보장하는 기능 중 일부가 국가로부터 시민과 기업들로 넘어간다. 시큐리타스(Securitas)를 비롯한 보안서비스 기업들의 매출실적이 10년 만에 몇 배로 늘어난다. 사람들이 점점 더 위험을 기피하고 안전을 위해 더 많은 돈을 지출하려는 태도를 취하는 추세가 보안서비스 기업들에 유리하게 작용한다. 서로 다른 나라들의 검찰과 경찰들 사이의 협력은 긍정적인 방향으로 발전한다. 유럽의 통합과 국제화가 마약의 남용 등 일부 측면에서는 부정적인 사회적 결과를 초래한다는 것도 분명해진다. 여기에는 개인주의의 강화와 집단적 가치관의 위축이 영향을 끼쳤을 것으로 판단된다.

위 사례에서 볼 수 있듯이 시간에 따른 전개는 확실한 추세들과 그런 추세들 사이의 상호관계를 토대로 구축된다. 이렇게 시간의 경과에 따라 제시된 시나리오는 각각 1쪽씩의 설명이 붙은 18개의 추세들에 대한 설명을 모두 읽고 더 나아가 인과고리 도표를 이해하려는 노력을 기울이지 않고도, 실현가능한 미래의 상황전개와 그 배후의 추동요소들을 들여다볼 수 있도록 도와준다. 시간에 따른 전개과정에 대한 묘사를 읽는 것은 사람들이 현재에서 시나리오가 보여주는 미래의 시점으로 시선을 옮기도록 돕고, 그 기간에 많은 변화들이 일어난다는 사실을 깨닫게 한다. 이런 변화들을 이해하는 것은 시나리오를 이해하는 데 긴요하다.

지금에 와서 돌이켜보면, 2000년과 2007년 사이에 일어난 사건들에 대해서도 다음과 같은 말을 할 수 있다. 그 기간에 일어난 사건들을 시간의 경과에 따라 정리해놓고 보면 그 사건들이 어떤 의미를 갖고 있었던 것인지를 알 수 있다. 여러 추세들 사이의 상호관계를 드러내주는 인과고리 도표는 일어난 사건들의 의미를 이해하는 데 크게 도움이 된다. 조사를 하고 통계를 내보는 것도 물론 미래에 여러 해에 걸쳐 전개될 상황을 예측하는 데 도움이 된다.

시나리오와 불확실성

머리말에서 이야기했듯이 시나리오는 불확실성을 다루는 방법을 제공한다. 추적 단계에서는 초점질문에 커다란 영향을 끼칠 수 있을 것처럼 보이지만 사실은 불확실하고 쉽게 예측하기 어려운 추세들이 많이 있다. 이런 추세들은 어떤 방향으로 전개될지 잘 알 수 없다. 불확실성이 워낙 커서 도저히 예측할 수 없는 추세도 있는데, 이런 추세를 우리는 '와일드카드(wild card)'라고 부른다. 와일드카드 역시 초점질문에 커다란 영향을 끼칠 수 있지만 그 예측가능성이 대단히 낮기 때문에 시나리오의 기초로 의미 있게 이용하기 어렵다.

사람들은 흔히 '최악의 시나리오'와 '최선의 시나리오'에 대해 말하기도 하고, 이들 두 극단 사이의 중간 어디쯤에 위치하도록 조절된 '중간의 시나리오'를 말하기도 한다. 문제는 사람들이 오직 하나의 시나리오만을 원하는 경향이 있다는 것이다. 사람들은 더 좋게 보이는 시나리오를 받아들이고, 상대적으로 나쁘게 보이는 시나리오는 아예 고려할 가치도 없을 만큼 나쁜 것으로 간주하고 받아들이기를 거부하기 쉽다. 그 결과로 미래에 대한 사람들의 견해가 좋은 내용이든 나쁜 내용이든 일차원적이 되어

오로지 하나의 불확실성에만 집착하게 될 수 있다. 그러나 불확실성의 세계는 다뤄야 할 측면들을 많이 가진 복잡한 것이라는 데 딜레마가 있다.

　우리가 유익함을 확인했고 세계적으로도 시나리오 구축의 지배적인 모델이기도 한 것은 두 개의 '추동불확실성(driving uncertainty)'을 가려내고 그 두 개의 추동불확실성을 '시나리오 십자가(scenario cross)'의 틀 속에 모아놓고 검토하는 것이다. 이렇게 하면 두 개의 추동불확실성에서 만들어진 네 개의 서로 다른 시나리오들이 십자가 주위의 네 코너에 나타난다(〈그림 3—7 참조〉).

　물론 다수의 중요한 불확실성들을 다양하게 결합해서 수많은 시나리오 십자가들을 구축하는 것도 가능할 것이다. 그러나 너무 많은 묘사를 하는 것은 좋지 않다. 사람들이 그 많은 묘사들을 다 머릿속에 넣어두고 활용할 수가 없기 때문이다. 시나리오 십자가를 그릴 때 까다로운 일은 불확실한

〈그림 3-7〉 두 개의 불확실성이 만들어내는 네 개의 시나리오

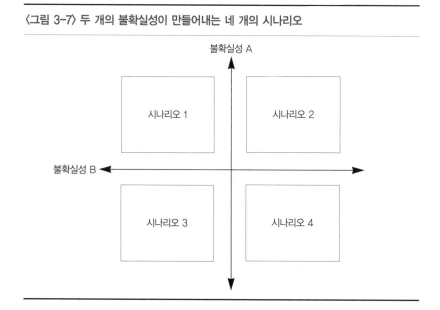

미래에 대비하도록 도울 수 있는, '서로 매우 다른 네 개의 시나리오'를 제공해줄 두 개의 불확실성을 찾아내는 것이다.

변화를 일으키는 다수의 추동요소들을 식별해냈다면, 그 다음 할 일은 그것들을 결합하는 것이다. 이때 '이런 일 또는 저런 일이 일어난다면 그 뒤엔 어떤 일이 벌어질까?'라든가 '이것은 어떤 상황전개로 이어질 것이며, 무엇이 이것을 저 지점까지 가도록 할 것인가?'라는 관점에서 질적인 추론을 해본다. 질적인 추론을 하는 가장 간단한 방법은 변화요인을 두 개씩 체계적으로 결합시키고, 그때마다 그 밖의 다른 변화요인들은 적절히 결합해서 한꺼번에 그 위에 올려놓는 것이다. 시나리오 분석은 인간이 두뇌의 오른쪽과 왼쪽을 다 사용해서 분석과 상상을 동시에 할 줄 안다고 가정한다.

범죄의 시나리오를 작성하는 작업을 할 때 우리는 대부분의 추세들이 매우 확실하다고 느꼈다. 과거 오랜 기간 동안 보고된 범죄의 기록은 최근 몇십 년간에는 변화가 미미했음을 보여주었다. 우리가 검증을 거쳐 선정한 불확실성들은 범죄 그 자체에 관련된 것이 아니라 오히려 범죄에 대한 사회적 인식에 관련된 것이었다. 그래서 미래의 범죄와 범죄예방에 관련된 두 개의 근본적이고 뚜렷한 불확실성을 토대로 네 개의 시나리오가 작성됐다.

두 개의 불확실성 가운데 하나는 미디어, 정치권, 사회가 어떤 범죄에 관심의 초점을 맞출지에 관한 것이었다. 이들은 폭행, 주거침입, 들치기와 같은 일상적인 범죄에 초점을 맞출 수도 있지만, 사회나 공법을 적대하는 범죄나 심각한 조직범죄와 같은 고차원 범죄에 초점을 맞출 수도 있다.

또 하나의 불확실성은 범죄와 싸우는 과정에서 필연적으로 발생하는 개인적 자유의 침해를 사회가 어느 정도나 수용할지에 관한 것이었다. 이것은 통제와 자유 사이의 균형에 관한 문제다. 예를 들어 폐쇄회로 텔레비전을 이용한 감시는 통제의 수준은 높여주지만 개인의 권리에는 위협을 가한다. 이런 불확실성은 조정이 어느 방향으로 이루어질 것인가 하는 질문과 관련된다. 안전과 시민적 자유 중 어느 것이 더 중요한 가치로 여겨질 것인가? 이 선택은 범죄와의 싸움에도 영향을 미치지만 범죄예방에도 영향을 미칠 것이다. 우리는 이 두 가지 불확실성에서 이끌어낸 네 가지 시나리오를 〈그림 3—8〉과 같이 시나리오 십자가로 그려보았다.

〈그림 3-8〉 범죄의 미래에 대한 4개의 시나리오

* '안전한 스벤손'과 '자유로운 프란존'이라는 시나리오 이름은 이 시나리오 작업의 참여자들로 하여금 생생한 상상을 할 수 있게 해주는 표현이어서 채택됐다. 만약 이 시나리오 작업 결과에 대한 설명을 듣는 청중이 다른 나라 사람들이라면 이와는 다른 이름을 이용하는 것이 좋을 것이다(스벤손과 프란존은 스웨덴에 흔한 성이다―옮긴이).

〈그림 3—8〉과 같은 그림은 시나리오들을 한눈에 전체적으로 살펴볼 수 있게 해준다. 이 그림을 들여다보면 네 개의 시나리오가 서로 크게 다르다는 것이 즉각적으로 분명해진다. 네 개의 시나리오 가운데 어느 하나만이 2007년에 그대로 현실화할 것 같지는 않다. 스웨덴에서 미래 범죄예방의 영역은 이 네 개의 시나리오가 서로 결합된 어떤 것이 될 공산이 크다. 이 시나리오들이 작성된 뒤 몇 년간에 걸쳐서 우리는 현실이 이 시나리오들과는 다른 방향으로 움직이는 것을 보아왔다. 그런데도 이 시나리오들은 도움이 됐다. 이 시나리오들은 그것들과 다른 환경을 예상해보는 일을 쉽게 해주었고, 전략의 개발과 전략적인 의사결정에 특히 많은 도움이 됐다.

이 시나리오들을 작성한 팀은 짧은 서술들을 덧붙인 시나리오 십자가를 그리고 나서 곧바로 해산할 수도 있었다. 그러나 이 시나리오들을 미래의 계획을 수립하는 작업에 이용할 조직은 규모가 큰 조직이었고, 따라서 조직구성원들 모두가 이 시나리오들이 의미하는 바를 보다 깊게 이해할 기회를 갖도록 하는 게 중요했다. 그래서 우리는 시나리오의 의미를 보다 효과적으로 전달하는 묘사를 하기 위해 작업을 계속했다.

효과적인 시나리오 커뮤니케이션을 위한 지침

고도로 묘사적이고 기억이 가능한 시나리오 이름

짧고 묘사적이며 명확한 이름이어야 사람들에게 기억될 가능성이 높다. 각각의 시나리오에 붙일 만한 좋은 이름을 찾는 일이 어려울 때도 있다. 범죄의 미래에 관한 시나리오의 경우에도 그랬다. 범죄의 시나리오들에 우리가 실제로 갖다 붙인 이름은 스웨덴 사람들에게는 의미심장한 것들이지만, 다른 나라 말로 적절히 번역하기는 어렵다. 이름을 붙일 때 가장 중요한 점은 좋거나 나쁘다는 판단의 표현으로 읽힐 수 있는 이름은 피하는 것이다.

잘 작성된 줄거리

시나리오는 변화가 완료된 이후의 상태에 대한 묘사가 아니다. 시나리오는 미래로 가는 가능한 길에 대한 생생한 이야기식의 묘사다. 시나리오가 설득력 있는 줄거리로 표현되려면 거기에 "누가 무엇을 누구와 언제 어디서 왜 하는가?"라는 기본적인 질문에 대한 대답이 다 들어 있어야 한다. 각각의 시나리오는 그 근거논리가 완전히 명료해야 하고, 다른 시나리오들과 차별화돼야 한다.

이야기식 묘사

시나리오를 이야기식으로 표현하면 사람들이 보다 쉽게 그 시나리오를 이해하고 받아들일 수 있다. 도표, 그림, 사진 등 시각적인 자료도 시나리오의 논리를 보다 명쾌하게 보여주는 데 도움이 된다. 범죄의 시나리오들 각각에 대해서는 2쪽 분량의 이야기식 묘사가 작성됐다. 그 가운데 '인터넷의 유령' 시나리오의 이야기식 묘사만을 예로 소개하겠다. 이 묘사를 읽는 독자들은 아마도 중요한 유럽연합 회의가 열린 스웨덴의 예테보리에서 극단주의자들의 폭력행위가 벌어지기 대략 1년 전에 이 시나리오가 작성됐다는 사실에 흥미를 느낄 것이다. 2007년이 되면 폭력그룹들이 어떻게 행동을 조직할 것인가에 관한 이 시나리오의 묘사는 그것이 작성된 지 1년 뒤인 2001년에 현실로 나타났다. 그 묘사의 정확성에 시나리오를 작성한 우리 자신도 놀랐다. 상당 수준 이미 현실화된 시나리오의 샘플을 읽어보면서 재미, 아니 두려움을 느껴보시길!

:: 사례│'인터넷의 유령' 시나리오의 이야기식 묘사

오늘날의 사회는 새로운 세기가 시작된 7년 전보다 훨씬 더 복잡하다. 우리는 그동안 모든 톱니바퀴가 다 잘 돌아가기만 한다면 훌륭하게 잘 작동하는 사회구조를 구축해왔지만, 이 구조는 아무리 작은 모래알갱이라도 하나만 시스템에 끼어들면 멈춰버릴 수 있다.

사회에 대한 전통적인 위협요소들은 비교적 잘 다뤄져왔다. 많은 나라들에서 민주화가 이루어진데다 조직범죄를 종식시키기 위한 적극적인 협력도 실현된 결과로 범죄조직은 그 활동범위가 상당히 축소됐다. 범죄조직들 가운데 일부는 많은 사람들이 생각했던 것보다 범죄의 능력이 떨어지는 것이 분명해지기도 했다. 유럽 국가들이 조직범죄 문제에 공동으로 대처하기 시작하자 이런 범죄조직들의 활동범위를 제한하는 것이 비교적 쉽다는 사실이 드러났다. 전체적으로 볼 때 사회를 적대하는 범죄와 신종의 고급 경제범죄와 관련된 상황은 통제가 가능해졌다. 물론 아직도 많은 범죄가 일어나고 있다. 그러나 지금 일어나는 범죄의 대부분은 앞으로도 영구히 우리 곁에 남아 있을 일상적 범죄의 유형에 속하는 것으로 보인다.

그런데 아직 대비책을 전혀 찾지 못한 새로운 형태의 신종 범죄가 하나 있다. 이 새로운 형태의 신종 범죄는 사회로부터 소외되고 '사이비 민주주의 국가의 가면을 벗겨 그 폭력적인 진짜 얼굴을 폭로하는 것'을 자신들의 과제로 삼는, 소규모이나 대단히 헌신적이고 지능적인 젊은이들의 그룹이 저지른다. 8년 전에 등장했던 비건(vegan), 즉 급진적인 완전 채식주의자 그룹이나 스쿼터(squatter), 즉 무단점거자 그룹과 유사한 오늘날의 그룹들은 얼핏 보면 뭔가 공통된 특징을 갖고 있는 것처럼 보인다. 그러나 그 사이에는 커다란 차이가 있다. 오늘날의 젊은층 극단주의자들은 과거의 젊은층 극단주의자들의 특징이었던 '다른 시민들에 대한 존중심'을 결여하고 있고, 완전히 다른 종류의 지식을 갖고 있다.

오늘날의 젊은층 극단주의자들은 유죄판결을 받은 전과기록이 없는 매우 지적인 사람들이며, 1970년대와 1980년대의 범죄자들은 꿈만 꿀 수 있었던 지식을 다양한 경로로, 특히 인터넷을 통해 획득한다. 지식은 다양한 분야에 걸쳐 그룹과 그룹 사이, 개인과 개인 사이에 전달되며 확산된다. 예를 들어 사법당국과 경찰의 공무를 방해하는 것에서부터 무기와 폭탄을 만드는 방법, 인터넷을 이용해 정보를 수집하고 다양한 종류의 테러행위를 하는 방법에 이르기까지 그들에게 필요한 지식이면 무엇이든 전파된다. 그들의 정치적 성향은 모호하다. 좌익을 자처하는 자들도 있고, 무정부주의나 나치즘을 이야기하는 자들도 있다. 이들은 범죄활동에 필요한 지식을 동일한 정보원으로부터 얻는 것으로 보이고, 이들 사이에서 비전통적인 협력방식을 취하는 것은 예외라기보다 오히려 하나의 규칙이다. 이들은 '적의 적은 친구'라고 여기며, 사회 전체를 주적으로 간주하는 듯하다. 이들이 어디에서 높은 수준의 지식을 얻는가 하는 문제가 논의되고 있지만, 그러한 정보가 인터넷을 통해 확산되고 중개된다는 점은 모두에게 이미 알려진 사실이다.

오늘날 미디어가 집중적으로 다루는 범죄는 두 종류로 나뉜다. 그중 하나는 새로운 종류의 첨단 컴퓨터범죄이고, 다른 하나는 정부와 사회의 주요 기관과 개인 등 실제의 표적을 겨냥한 행동이다. 단일의 개인 또는 소수라도 적절한 지식과 도구만 갖추면 사회나 사람들에게 엄청난 피해를 끼칠 수 있다. 이미 사람들의 눈길을 끄는 극적인 행동이 커다란 피해로 이어진 사례가 있다. 그리고 그동안 성공하지 못한 그런 시도들은 그 수를 헤아릴 수 없을 만큼 많을 것이다.

사람들의 눈길을 끄는 극적인 행동 중 가장 대표적인 사례가 추운 겨울밤에 벌어졌다. 소수의 사람들이 온갖 예방적 보안장치를 뚫고 스웨덴의 전력공급 망을 통제하는 다수의 컴퓨터들에 접근하는 데 성공했다. 그들은 전력공급 시스템의 내부 전산망에 과부하를 일으키는 프로그램을 돌렸고, 이를 통해 스웨덴 전역에 걸쳐 두 시간 동안 전력공급을 완전히 중단시키는 데 성공했다. 원자력발전소는 비상조처로 가동을 중단해야 했고, 그 밖에도 전력공급 중단으로 인한 장애가 잇따랐다. 그들의 과부하 야기 프로그램에 영향을 받은 컴퓨터들을 식별해내는 것은 쉬운 일이었지만, 감염되지 않은 컴퓨터가 더 이상 없음을 확인하는 데는 오랜 시간이 걸렸다.

범죄활동가들은 전과기록을 갖고 있지 않은 경우가 많고, 군중에 섞이면 다른 젊은이들과 구분될 수 있는 그 어떤 특징도 드러내지 않기 때문에 그들의 범죄행위를 예방하기가 대단히 어렵다. 그러나 범죄가 저질러지는 순간 대개 범죄자가 정체를 드러내기 때문에 결국은 붙잡힌다. 단지 소수의 범죄활동가들만이 붙잡히지 않고 두 번 이상 범죄를 저지를 수 있다. 그래서 시민들은 아주 특별한 사건이 아닌 한 수사기관이 인권을 침해하는 도청과 같은 수사기법을 사용하는 데 대해 부정적인 태도를 보인다. "경찰은 19살에서 21살까지의 모든 국민을 다 도청하려는 것인가? 그것이 우리가 바라는 사회의 모습인가?"라는 게 시민들의 일반적인 반문이다.

대신 사회의 요구는 다른 종류의 예방적인 조처에 집중됐다. 즉 한편으로는 주요 시설들 대부분에 대한 감시와 보호, 다른 한편으로는 범죄활동의 조짐에 대한 신속하고도 효과적인 대응체제에 기반을 둔 예방조처를 사회는 요구해왔다. 검찰과 경찰은 혐의자들에 대해 신속히 대처하면서도 동시에 그들의 인권을 존중하는 방식을 취할 것을 요구받고 있다. 그런가 하면, 검찰과 경찰이 많은 범죄활동가들에게 주요 표적이 되고 있는 만큼 그 인력에 대한 철저한 안전보장 대책을 강구하라는 요구도 나오고 있다. 그러나 뭐니 뭐니 해도 가장 중요한 요구사항은 검찰과 경찰이 그들의 에너지를 범죄를 예방하는 데로 돌려서 범죄가 일어나면 거의 즉각적으로 현장에 도착할 수 있는 태세를 갖추라는 것이다.

한편, 요즘 사회의 가장 큰 이슈는 인권에 관한 것이다. 그러므로 검찰과 경찰의 활동이 비록 범죄방지 차원에서 이뤄진다 하더라도 그것이 인권을 침해할 가능성이 있다면 그 활동을 저지하고자 하는 게 요즘 사회의 경향이다.

이 예는 이야기식 묘사가 어떤 것인지를 보여준다. 다른 세 개의 시나리오들 각각에 대해서도 이와 비슷한 이야기식 묘사가 작성됐다. 여기서 생각해봐야 할 두 가지 질문이 있다. "세계가 그렇게 될 경우 검찰과 경찰이 직면하게 되고 대응해야 할 환경이 어떤 종류의 것인가를 위와 같은 묘사 덕분에 쉽게 이해할 수 있는가?" "이런 종류의 묘사가 위험분석과 전략기획에 도움이 될 수 있다고 생각하는가?" 이야기식 묘사가 반드시 위에 제시한 예만큼 길 필요는 없다. 미래의 세계가 어떤 모습일지를 보여줄 수 있는 정도면 된다.

묘사의 비교표 작성

창조적인 오른쪽 두뇌를 잘 사용하는 사람들은 보통 이야기식 묘사를 선호한다. 반면에 왼쪽 두뇌를 주로 사용하고 보다 분석 지향적인 사람들은 여러 시나리오들 사이에 논리구조와 최종상태 등에서 어떤 중요한 차이가 있는지를 확인하기 위해 비교표를 그려보는 것을 선호한다. 이야기식 묘사를 읽은 사람들에게도 묘사의 비교표는 여러 시나리오들 사이의 중요한 차이점들을 요약해볼 기회를 제공한다. 묘사의 비교표는 시나리오 플래너에게는 시나리오들을 재검토할 기회를 제공한다. 시나리오들이 정말로 서로 질적으로 다르게 작성됐는가, 만약 그렇다면 어떤 점이 다른가 등을 재검토할 수 있게 해주는 것이다.

한 예로 범죄의 시나리오들을 정리한 〈표 3—1〉을 보면 중요한 변화요인들을 확인할 수 있다. 이 비교표를 보면 그것이 서로 다른 시나리오들을 전체적으로 살펴보는 데 좋은 형식임을 알 수 있다. 이 단계에서 이미 시나리오 작업팀은 미래에 검찰과 경찰이 확보해야 할 역량이 어떤 것들인지를

〈표 3-1〉 범죄의 미래에 대한 시나리오 비교표

	알 카포네 시나리오	인터넷의 유령 시나리오	안전한 스벤슨 시나리오	자유로운 프리먼 시나리오
미디어가 초점을 맞추는 범죄의 종류	대규모 범죄, 사회를 적대하는 범죄	대규모 범죄, 사회를 적대하는 범죄	일상적인 범죄	일상적인 범죄
미디어가 초점을 맞추는 범죄자	테러리스트, 조직범, 지능적 경제범	테러리스트, 조직범, 지능적 경제범	도둑, 음주운전자, 강간범, 상습적인 아내 구타범	도둑, 음주운전자, 강간범, 상습적인 아내 구타범
상황전개 배후의 주동요소	조직범죄 등에 대한 대응의 실패	조직범죄 등에 대한 대응의 실패와 정부의 권한 남용	일상적인 범죄에 대한 대응의 실패	일상적인 범죄에 대한 대응의 실패와 정부의 권한 남용
검찰에 요구되는 사항	국제적 수사공조, 언어, 정보기술, 범죄감시 기법상의 능력	젊은층과 그룹의 가치관에 대한 대처능력, 혐의자의 인격을 존중하는 가운데 신속하게 사건을 처리하는 능력, 경찰 스스로의 안전	범죄심리, 정신병리학, 기술에 대한 감지, 범죄자들에 대한 분석 등에 대한 역량	범죄현장 근처에 대기, 범죄 발생시 신속하고 효과적인 대응, 혐의자에 대한 인격적 존중
경찰에 요구되는 사항	도청 등을 이용한 중요 범죄정보의 수집, 관리, 분석	예방적 활동과 범죄에 대한 즉각적인 현장대응	도청 등을 이용한 중요 범죄정보의 수집, 관리, 분석	예방 활동과 범죄에 대한 즉각적인 현장대응

파악하기 시작했다. 이것은 바로 범죄의 시나리오 작업을 하게 된 이유 중 하나였다.

우리는 범죄의 시나리오 작업 결과를 100쪽 분량의 작은 책자로 정리했다. 이 소책자는 검찰, 경찰, 범죄예방위원회에서 이용됐으며, 후에 이 분야의 장기적인 전략을 개발하는 데 기초자료 역할을 했다.

비즈니스 관련 사례: 신문사

지금까지는 공공부문을 다룬 시나리오 작업의 사례를 소개했다. 이처럼 민간부문이 아닌 공공부문을 예로 든 것은 우리와 시나리오 작업을 같이 한 민간부문의 고객들은 자신의 시나리오와 전략이 공개되는 것을 꺼려했기 때문이다. 그러나 2008년에 세계신문협회가 우리에게 앞으로 2020년까지 신문이 어떻게 될 것인지에 대해 시나리오 분석을 해달라는 의뢰를 해왔는데, 이 작업은 신문산업 일반에 관한 것일 뿐 어느 특정한 신문을 다룬 것이 아니므로 그 결과의 개요를 여기에 소개해도 되겠다.

신문의 미래와 관련해 가장 중요한 두 개의 불확실한 요인을 결합시키면 〈그림 3—9〉에 표시된 4개의 시나리오가 얻어진다. 다음은 이 그림에 대한 간략한 설명이다. 이것은 2008년에 열린 세계신문협회의 연례총회에서 1천여 명의 참석자들에게 우리의 시나리오 분석 결과를 설명할 때 사용한 텍스트다.

- **당신만 보세요(For your eyes only)—모든 사람이 각자 자기가 원하는 정보를 정확하게 얻을 수 있는 세계**

  이 시나리오는 인쇄매체인 신문에 재앙과 같은 상황이 닥치는 경우를 보여준다. 오늘날(즉 2020년 현재) 미국에서는 전국지의 성격을 유지하는 신문이 단 두 개만 남았다. 엘리트 집단과 노인들만 신문을 읽는다. 언론인은 틈새분야에서만 전문가다. 언론인은 이제 인터뷰, 사진 촬영, 비디오 녹화, 오디오 녹음, 편집 등 언론활동에 필요한 모든 일을 혼자서 다 해내는 '멀티 저널리스트' 여야 한다. 구글이 압도적인 위치를 차지하면서 마치 하나의 커다란 선반과 같은 것이 됐다. 기자를 비롯해 사진가, 디자이너, 유저 등 모든 사람이 자신의 창작물을 그 선반 위에 올려놓을 수 있고, 그렇게 해서 다른 사람이 그 창작물을 개선하거나 완성하는 데 참여하도록 한다. 광고는 물론이고 광고가 아닌 콘텐트도 각각의 유저가 필요로 하는 바에 들어맞게 맞춤형으로 만들어진다. 기존질서를 파괴하는 새로운 미디어가 시장을 지배하면서 타깃 독자집단의 수요를 충족시킨다. 신문으로서는 생존하기 어려운 환경이다.

- **잃어버린 원자탄(Thunderball)―덩치 큰 새로운 미디어가 소비자들이 원하는 것을 제공하는 세계**

사람들이 인터넷을 좋아한다. 오늘날(2020년)에는 모든 미디어가 콘텐트를 전달하는 수단으로 인터넷을 선호한다. 오직 신문으로만 남거나, 텔레비전 채널로만 남거나, 라디오 방송으로만 남는 것이 갈수록 더 어려워진다. 이 때문에 미디어 기업들 사이에 대규모 합병이 이루어지고 통합된 미디어 체인이 잇달아 생겨난다. 일반적인 뉴스를 필요로 하는 사람들은 '위키피디어 뉴스' 와 같은 인터넷 뉴스 사이트를 찾는다. 토론이나 유명인에 대한 뒷담화를 즐기는 사람들은 블로그를 주로 이용한다. 이는 빠른 기술발전이 주된 추동요인으로 작용한 결과다. 전자기기는 가볍고 얇고 저렴한데다가 종이처럼 접어서 갖고 다닐 수도 있다. 전통적인 신문이 이런 새로운 비즈니스 환경에 대응할 수 있는 방법은 세 가지다. 그것은 덩치를 키우는 것, 틈새를 공략하는 것, 그렇지 않으면 아예 이 시장에서 철수하는 것이다. 어느 신문사 사장이 "우리의 독자들은 인터넷 때문에 우리를 버리지는 않을 것"이라고 말한 적이 있다. 그러나 그 독자들은 이미 그렇게 하고 있다!

- **오늘은 죽지 않는다(Die another way)— 신문이 생존을 위해 싸우는 세계**

폴 매카트니는 1969년에 "내가 죽었다는 소문은 크게 과장된 것"이라고 말했다. 오늘날(2020년)에는 신문도 그와 같이 말할 수 있다. 사람들이 선정주의 미디어에 싫증을 내면서 진실이 담긴 정통적 미디어를 찾고 있다. 이런 변화의 영향으로 믿을 만한 브랜드의 신문은 이제 과거의 어느 때보다 안정적으로 운영된다. 더 나아가 신문은 정보가 홍수를 이루는 복잡한 세상을 살아가는 사람들이 정보를 선별해 받아들일 수 있도록 도와주는 '지표 미디어'의 역할도 맡게 됐다. 신문을 읽는 사람은 많아졌지만 신문의 판매부수는 줄어든다. 그러나 신문을 읽는 독자들의 집단은 안정적으로 유지되고 있다. 독자들은 신문을 읽을 때 누군가가 두 손으로 자기를 붙잡아 세워놓고 이 세상에서 일어나는 일에 대해, 그리고 그로 인해 초래될 수 있는 결과에 대해 친절하게 설명해주는 느낌을 받으면서 고마워한다. 그러나 모든 독자가 다 그런 것은 아니다. 일부 독자는 특색 있는 별지부록이 첨부된 고가의 틈새신문만 찾는다. 어쨌든 이 모든 상황이 신문에 나쁠 게 없는 것처럼 보인다. 그러나 신문사가 살아남기 위해서는 군살을 빼서 조직을 날렵하게 유지해야 하는 것은 틀림없다.

- **다이어몬드는 영원하다(Diamonds are forever)— 신문사들이 희망으로**

가득찬 세계

21세기 초에는 인터넷이 전통적인 미디어를 완전히 밀어낼 것이라고 일부 전문가들이 주장했다. 그러나 그 뒤로 어느 한 종류의 미디어가 다른 종류의 미디어를 완전히 밀어내는 일은 일어나지 않았다. 텔레비전이 라디오를 완전히 밀어내지도 않았고, 비디오가 영화를 완전히 밀어내지도 않았다. 인쇄매체는 여전히 사회를 떠받치는 강력한 기둥으로 남아 있다. 소비자들은 하루를 보내면서 신문도 보고 인터넷을 통해 단편적인 뉴스도 챙긴다. 정보의 전달통로인 채널보다 정보의 내용인 콘텐트가 더 중요하다. 합병 등으로 덩치가 커진 통합된 미디어 회사는 여러 개의 신문 브랜드와 여러 개의 콘텐트 웹사이트를 동시에 운영하며, 그 각각이 매우 특화되어 다양한 콘텐트 수요에 부응해 정보를 맞춤형으로

〈그림 3-9〉 일간신문의 미래에 대한 4개의 시나리오

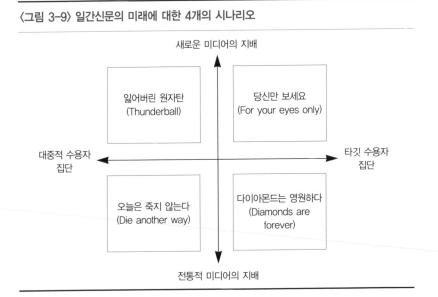

제공한다. 많은 지역신문들이 콘텐트의 범위를 크게 넓혀 해당 지역의 모든 문제를 다 다루는 종합 뉴스매체가 됐고, 신문 이외의 다른 미디어도 운영한다. 인수합병이 신문산업의 슬로건이 됐다. 다이아몬드가 영원한 것은 예전과 마찬가지이지만, 이제는 예전과 달리 기다란 목걸이의 일부로서만 그렇다.

위와 같은 시나리오 분석은 시간이 흐름에 따라 불확실성이 어떻게 변화하는지를 보여주는 좋은 예다. 1997년에 우리는 스웨덴 신문발행인협회의 의뢰로 위와 비슷한 시나리오 분석을 했다. 그때는 전망해야 할 미래의 시점을 2010년으로 잡고 일련의 시나리오를 작성했고, 이 때문에 불확실성의 변화가 위의 사례와 다소 달랐다.

예를 들어 2010년에 디지털 정보에 대한 수요가 클 것인지의 여부가 불확실성 요인 중 하나로 주목됐다. 우리가 이 책을 쓴 2008년에는 디지털 정보에 대한 수요가 이미 커져서 이것은 더 이상 불확실성 요인이 아니게 됐다. 그러나 1997년에 우리가 내놓은 분석결과가 제기한 질문 가운데 2008년에도 유효한 것도 있었다. 예를 들어 대중독자가 앞으로도 지배적인 독자집단으로 존속할 것이가, 아니면 신문사들이 앞으로는 타깃 독자집단을 설정해야 하는 상황이 전개될 것인가 하는 질문은 여전히 유효했다.

예전에 우리가 그려본 시나리오 십자가에서는 신문이 보수적인 매체가 될 것인지의 여부도 불확실성 요인 중 하나였다. 또한 글로벌 시나리오에서는 2020년에 전통적인 신문이 여전히 미디어 시장에서 지배적인 위치를 유지할 것인가, 아니면 기존질서를 파괴하는 새로운 미디어가 주도적인 위치로 올라설 것인가도 불확실성 요인의 하나로 다뤄졌다.

전망

지금까지 서술한 타이다(TAIDA)의 몇 단계는 실현가능한 미래를 다룬다. 우리는 환경에 일어나는 변화를 추적했고, 그것들을 분석했으며, 대안의 미래 시나리오들을 작성했다. 그것은 우리가 보게 되거나 달성하기를 원하는 것과는 아무 관계가 없다. 이제는 소망스러운 미래의 모습을 창출하기 위해 실제로 할 수 있는 일들이 무엇인지를 살펴볼 차례다. 이 단계는 진정으로 원하는 것에 주목하고 비전을 창출하는 단계다. 물론 앞에서 서술한 단계들을 밟지 않은 채 미래의 비전을 창출하는 것도 얼마든지 가능하다. 그러나 지금까지 해온 작업은 미래의 세계가 어떤 모습이 될 것인가를 이해할 수 있게 해준다는 점에서 나름대로 의미를 가진다. 미래의 모습을 인식하는 순간 인간은 현재의 환경으로부터 자유로워지고, 나아가 미래의 비전을 창출할 수 있게 된다.

적극적인 의미에서 비전은 소망하는 미래에 대한 생각이다. 비전은 두 개의 구성요소로 이루어진다. 우선 비전은 추구해야 할 의미를 창출하고 정체성, 신념, 지침, 영감을 부여한다. 이와 동시에 비전은 조직구성원들을 몰입시킬 집중적인 목표다.

이것이 비전에 대해 콜린스와 포라스가 내린 정의의 요약이다. 두 사람은 두 개의 구성요소가 어떻게 상호작용하는지를 보이기 위해 동양에서 음(陰)과 양(陽)을 가리킬 때 사용하는 상징기호까지 동원했다.

콜린스와 포라스는 비전을 "두 개의 부분을 갖고 있는 것으로 마음속에 그린 미래"라고 설명했다. 이들이 말한 두 개의 부분 중 하나는 10~30년 앞을 내다보는 대담한 목표이고, 다른 하나는 그 목표가 달성된 후의 미래

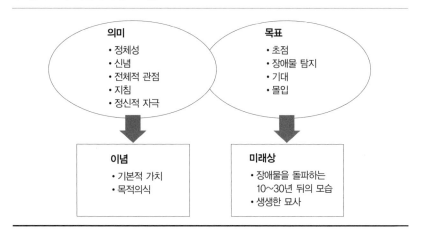

〈그림 3-10〉 비전의 구성요소들

의미
- 정체성
- 신념
- 전체적 관점
- 지침
- 정신적 자극

목표
- 초점
- 장애물 탐지
- 기대
- 몰입

이념
- 기본적 가치
- 목적의식

미래상
- 장애물을 돌파하는 10~30년 뒤의 모습
- 생생한 묘사

가 어떤 모습일지에 대한 생생한 묘사다.

비전: 10~30년 앞을 내다보는 대담한 목표

콜린스와 포라스는 10~30년 앞을 내다보는 대담한 목표를 비하그(BHAG) 라고 불렀다. 비하그란 '크고 어렵고 대담한 목표(Big Hairy Audacious Goal)' 를 줄인 말이다. 비하그는 분명 단기 목표가 아니며, 그것을 달성하는 데 수십 년이 걸릴 수도 있다. 비하그는 구체적이어야 하고, 고도로 동기부여 를 해주는 것이어야 하고, 긴밀하게 초점이 맞추어진 것이어야 하고, 매우 분명해서 더 이상의 설명이 필요 없는 것이어야 한다.

비전은 특별한 유형의 비하그, 즉 조직 전체에 적용되고 그 완수에 10~30년의 노력이 필요한 비전 차원의 비하그를 요구한다. 그것은 손에 만져질 정도로 구체적이어야 하고, 조직구성원들의 힘을 북돋우며 초점이 맞춰진 것이어야 한다. 그것은 더 이상 설명할 필요가 없는 것이어야 하며,

사람들이 즉각적으로 이해할 수 있는 것이어야 한다. 이런 비하그는 사람들을 몰입시키고, 스스로 손을 뻗어 사람들의 마음을 붙잡는다. 비전이 이런 비하그가 되려면 100퍼센트 성공 가능한 베팅이어서는 안 된다. 성공 확률은 50~70퍼센트 정도여야 한다. 그럼에도 조직은 그 목표를 달성할 수 있다고 믿는다.

비하그는 양적인 것일 수도 있고 질적인 것일 수도 있다. 질적 비하그의 예로는 1950년대 초에 소니가 내세운 목표를 들 수 있다. 당시 소니는 "앞으로 우리는 일본 제품의 세계적인 이미지, 즉 품질이 형편없다는 이미지를 깨뜨린 회사로 널리 알려질 것"이라고 선언했다. 양적인 예로는 1990년대에 월마트가 "2000년까지 기업가치가 1250억 달러에 달하는 회사가 될 것"이라고 선언한 것을 들 수 있다. 시장에서 여러 기업들에 공통의 적이 되는 거대한 경쟁상대에 초점을 맞추는 비하그도 있을 수 있다. 1960년대에 나이키가 "우리는 아디다스를 무너뜨릴 것"이라고 한 말이 이 경우에 해당된다. 어떤 경우에는 비하그가 역할모델을 설정하는 형태로 표현되기도 한다. 예를 들어 1940년대에 스탠포드 대학은 "서부의 하버드가 되겠다"고 밝혔다.

조직 내부적 변환을 추구하는 비하그는 이미 자리 잡은 대규모 조직에서 흔히 사용된다. 예를 들어 1995년에 록웰은 "우리 회사는 방위산업체에서 탈피해 세계에서 다각화가 가장 잘 된 고도의 기술기업으로 변신할 것"이라고 선언했다.

비전: 생생한 묘사

비하그는 목표를 달성한 뒤의 모습은 어떨지에 대한 생생한 묘사로 부연 설명돼야 한다. 자동차산업의 초창기에 헨리 포드는 "자동차를 민주화하자!"는 비하그를 내세웠다. 그런데 거리에서 자동차를 거의 볼 수 없고 그 가격이 너무 비싸 노동자계급은 자동차를 살 수 없는 세계에서는 사람들이 그 말뜻을 이해하기 어렵다는 것을 그는 잘 알고 있었다. 그는 자신이 내세운 비전이 도대체 무엇을 의미하는지를 여러 측면에서 설명해주기 위해 생생한 묘사를 했다.

"나는 일반 대중을 위한 자동차를 만들겠다. 그 자동차는 가격이 적당해서 일정 수준의 봉급을 받는 사람이면 살 수 있을 것이다. 그러면 누구나 자동차를 소유하고 가족과 함께 신이 주신 드넓은 대지를 달리며 시간을 보내는 즐거움을 누릴 수 있게 된다. … 내 계획이 완수되면 실제로 모든 사람이 자동차를 한 대씩 갖게 될 것이다. 도로에서 말은 사라지고, 대신 자동차가 다니는 게 당연하게 여겨질 것이다. 그리고 우리 회사는 많은 사람들에게 넉넉한 임금을 주는 일자리를 제공하게 될 것이다."

이런 생생한 묘사는 "자동차를 민주화하자!"는 짧고도 추상적인 말의 의미를 훨씬 쉽게 이해할 수 있게 해준다. 그리고 우리 모두는 그가 자신의 목표를 달성하는 데 성공했음을 안다.

비전을 창출하는 방법

다시 말하지만, 비전은 소망하는 미래의 모습이다. 그것은 먼 미래에 현실로 이루어지기를 온 마음으로 바라는 꿈과 같은 것이다. 비전은 느낌이나 감정과도 깊은 관계가 있다. 비전은 마음속 깊은 곳에서 희망하는 것이 있는 곳으로 우리를 데려가서 그것과 만나도록 한다. 때문에 분석적인 방법으로 비전을 공격하기란 불가능하다. 진정한 소망을 이해하려고 할 때는 직관력과 창조성이 가장 중요한 요소로 작용한다. 스스로를 분석가라고 느끼는 사람은 '비전의 핵심을 파악하고 그것을 명확하게 다듬어야 할 때' 가 왔을 때 해야 할 역할이 있다.

우리가 다국적기업의 한 부서와 함께 작업을 한 경우를 예로 들어 그 과정에서 우리가 무엇을 했는가를 설명해보겠다. 우리가 사용한 방법들은 간단하면서도 가장 효과적인 것이었다. 우리는 여러 나라에서 온 30명가량의 참여자들과 함께 추적과 분석 작업을 먼저 수행하고 나서 아래와 같이 비전을 만들어내는 단계에 들어갔다.

- **비전 세미나**: 다양한 조직에서 다양한 일을 맡아 하는 50명의 사람들을 워크숍에 초청했다. 그들은 당일 점심시간부터 다음날 점심시간까지 이틀에 걸쳐 만났다. 시나리오 프레젠테이션과 비전의 필요성에 관한 짤막한 강의로 짜여진 안내절차를 거친 뒤에 비전을 만들어내는 단계가 시작됐다. 첫 번째 과제는 개인적인 것이었다. 먼저 현재를 떠나 각자가 상상하는 10년 뒤의 미래세계에 가 있다고 생각하도록 참석자들을 유도한 뒤에 그 시점에서 지금의 동료 한 사람에게 개인적인 편지를 쓰게 했다. 한시간 동안 편지를 쓰고 보내는 날짜는 10년 뒤 미래의 날짜로 표시하게 했다. 대부분의 사람들은 편지 쓰는 걸 아주 즐거워했다. 모든 사람이 친구에게 편지를 써본 경험을 갖고 있었기에 편지쓰기 방식은 효과만점이었다. 게다가 편지를 쓸 때 사람들은 자연스럽게 생생한 이야기를 쓴다. 참석자들은 편지쓰기를 마친 뒤 그룹별로 만나 각자 편지에 쓴 내용 가운데 공통되는 것들을 확인해보았다. 이윽고 프레젠테이션이 시작됐고, 발표된 내용 중에 유사한 것들이 많아 다들 놀라워했다. 프로젝트팀은

공통되는 것들의 목록을 작성하고 편지를 수거했다.

- **비전 창출**: 세미나가 끝난 직후 프로젝트팀은 수거한 자료에 대한 분석에 들어갔다. 세미나에서 발표된 내용에서 다수의 기본요소를 추려냈다. 프로젝트팀은 모든 편지를 읽어보았고, 그 결과 편지에서는 많이 언급됐지만 프레젠테이션에서는 발표되지 않은 두어 개의 기본요소를 추가로 찾아냈다. 모두 더해 15개의 기본요소가 확보됐다. 프로젝트팀은 그 기본요소들이 미래환경에 대한 분석과 얼마나 상응하는지를 점검하고 그 밖의 여러 가지 분석을 하기 위해 단일영향 분석 방법을 사용했다. 그러나 프로젝트팀은 무엇이 가장 중요한 기본요소인지를 판단하기가 어려웠다. 그래서 교차영향 분석이 수행됐고 인과고리 도표도 그려졌다. 인과고리 도표는 '거미집 속의 거미' 역할을 하는 네 개의 기본요소가 있다는 점을 매우 분명하게 보여주었다. 그 네 개의 기본요소들에 초점을 맞추고 들여다보니 그것들이 다른 기본요소들에 에너지를 준다는 게 눈에 들어왔다. 최종적으로 프로젝트팀에게 하나의 비하그와 네 개의 기본요소들이 남았고, 여기에 생생한 묘사가 추가돼야 했다. 세미나 참석자들이 미래의 시점에서 편지를 썼고 각자 자기 부서에 돌아가서 세미나 참석 경험을 동료들에게 말해주고 싶어할 것이라는 점에서 프로젝트팀은 생생한 묘사에도 편지의 형식을 이용하기로 결정했다. 세미나에서 수거된 편지들 속에는 창조적이고 흥미로운 표현이 많았고, 그런 것들은 최종적인 편지에도 사용될 수 있었다. 그리고 프로젝트팀의 입장에서는 조직의 각 부분에 돌아가 작업 결과를 전할 다수의 사절들을 자동적으로 갖게 됐다. 세미나 참석자들은 모두 자신이 비전을 창출하는 과정에 참석해 그 일부를 담당했다는 데서 어떤 의의를 느끼고 있었기 때문이다.

효과적인 비전의 요건

- **현실성 점검**: 많은 비전들이 그저 망상에 지나지 않는 경향이 있다. 이런 위험은 현실성 점검을 통해 피할 수 있다. 비전이 조직의 과거 역사에 의해 뒷받침되는가? 비전이 미래 환경에 일어날 수 있는 변화에 조직이 잘 대응할 수 있도록 돕겠는가? 현실성 점검이 이루어진 비전은 조직구성원들에 의해 보다 쉽게 수용되고 실제로 실현될 가능성도 높다.

- **도전의욕 촉발**: 비전은 도전의욕을 불러일으키는 것이어야 한다. 그렇지 않다면 사람들이 비전의 글을 읽기는 하겠지만 곧바로 하품을 하며 그것을 잊어버릴 것이다. 하지만 이와 반대인 경우도 문제가 있다. 도전해야 할 과제가 너무 거대한 것이라면 사람들은 그것이 불가능하다고 여기게 되고, 이 경우 그 비전은 아예 작동하지 않게 된다. 이런 비전은 과욕이다. 반면에 제시된 비전이 곧바로 실현될 듯 가까이에 있는 것이라고 조직구성원들이 생각하게 된다면, 그런 비전은 자극제가 되지 못한다. 만약 비전이 안주하는 데 지장이 없는 영역 안에 있다면 그런 비전은 하품을 일으키거나 적어도 진정한 노력은 전혀 불러일으키지 못할 가능성이 높다. 이상적인 비전은 보통 '난관 돌파'의 정신, 즉 도전의욕을 불러일으키는 것이지만 완전히 불가능한 것은 아니어야 한다(〈그림 3—11 참조〉).

- **전파**: 비전의 개발에 참여한 사람들은 그 비전을 암기하다시피 한다. 그러나 비전을 만들어내는 프로젝트팀에 참여한 사람들이 회의에서 프레젠테이션을 하는 것만으로는 그 비전이 모든 조직구성원에 의해 공유되는 미래의 지침이 되지 못한다. 조직구성원들이 비전을 공유하도록 하기 위해서는 그 비전을 조직의 모든 부분에 전파하고, 각 부분에서 그 비전이 어떤 의미인지를 알게 해야 하며, 그 비전을 향한 노력을 방해하는 장

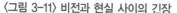

〈그림 3-11〉 비전과 현실 사이의 긴장

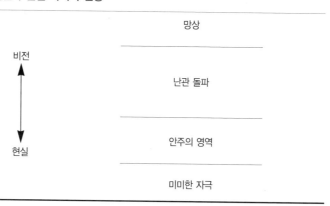

애물을 제거하는 작업을 밀도 있게 벌여나가야 한다.

:: **사례**

스웨덴 북부에 있는 소데르함이라는 작은 도시가 어려운 과제에 직면했다. 공군기지가

철수해서 적지 않던 그곳의 일자리가 사라졌고, 그 뒤에 그로 인해 상실된 일자리를 다

른 데서 복구하자 이번에는 2천 명을 고용하던 큰 공장이 문을 닫아서 두 번째 고용위

기를 겪게 됐다. 시 정부의 운영위원회와 그 의장은 폭넓은 힘의 결집이 필요하다고 판

단했다. 이에 따라 시민 공동의 비전과 전략을 만들어내는 것을 포함한 시나리오 플래닝

과정이 시작됐고, 이 과정에 각계각층의 시민이 두루 참여했다. 비전과 전략의 시안이

작성되자 시당국은 2천 명의 노동자들을 불러 모아 반나절 동안의 세미나를 열고 그들

에게 그 시안을 알리면서 설명해주고 시에서 어떤 조치를 취해야 하는지에 관한 아이디

어를 제시해줄 것을 요청했다. 그런 다음에 그들 자신의 마을, 단체, 기업 등에 돌아가

그와 같은 과정을 그대로 진행하게 했다. 모두 2만 7천 명에 이르는 소데르함의 시민 가

운데 3천여 명이 이러한 집중적 의사소통 과정에 참여했다. 시 당국은 이들 참여자 모

두에게 새로 수립된 비전과 전략에 대한 설명이 담긴 자료집을 나눠주고 각자 자신의 가족에게 그 내용을 설명해주고 친구들과 그 내용에 대해 토론하도록 했다. 이렇게 한 결과로 시민 가운데 상당히 높은 비율에 해당하는 사람들이 새로 수립된 비전이 무엇인지를 알게 되는 동시에 시의 일자리 창출 노력에 힘을 보탤 기회를 가질 수 있었다.

- **뒷받침하는 전략과 목표**: 비전은 실제 전략에 의해 뒷받침돼야 한다. 그렇지 않다면 그 비전이 어떤 것이든 아무도 그것이 진실한 의미를 갖고 있다고 믿지 않을 것이다. 비전이 신뢰를 불러일으키기 위해서는 그 비전으로 가는 방향의 단기적인 목표를 세우고 그 목표에 따라 행동하는 것도 중요하다. 소데르함의 사례를 보면, 의사소통의 단계에서 제시된 시민들의 아이디어 가운데 상당히 많은 것이 실행됐다. 시 정부는 시민들과 비전에 관한 의사소통을 할 기회를 놓치지 않았고, 비전 공유의 결과로 변화를 이끌어낼 수 있었다. 시 정부는 또한 미디어를 통해 시민들과 계속 의사소통을 하면서 일자리 창출 노력으로 거둔 성과를 모두 그 비전에 연결시키는 데도 세심한 주의를 기울였다.

결정

결정은 모든 것이 한데 모이는 단계다. 미래환경이 추적되고 분석됐으며, 비전도 창출됐다. 그렇다면 이제는 미래환경의 기회를 활용하고 위험을 회피하면서 비전에 다가서기 위해 무엇을 해야 할 것인지를 생각해야 할 때다. 지금부터 검토할 방법들은 급속히 변화하는 복잡한 환경을 다루는 데 효과적임이 이미 검증된 것들이다.

우리는 격동하는 비즈니스 환경을 해치고 나아가야 하는 기업들과 시나리오 작업을 하면서 그런 방법들을 개발해왔다. 우리와 작업을 함께 한 기업들은 자기들이 비즈니스를 하는 분야에서 오랜 세월동안 번성했던 산업의 기준들이 머지않아 시대에 뒤진 것이 되리라는 점을 깨달은 기업들이었다. 어떤 경우에는 이미 일어난 변화가 워낙 커서 다가오는 패러다임의 추이를 예측할 수 있었다. 하지만 어떤 경우에는 패러다임의 전환이 오리라는 것을 알아차리기는 쉬웠지만 새로운 패러다임이 구체적으로 어떤 것인지, 또는 그 새로운 패러다임 속에서 성공을 가져다줄 수 있는 전략이 무엇인지를 파악하기가 어려웠다. 이런 기업들에게 전통적인 방법들은 적절하지 않은 게 분명하다. 그래서 지금부터는 식별된 환경상의 변화를 활용하는 전략을 수립하고 평가하는 구체적인 방법들 가운데 일부를 소개하고자 한다. 따라서 지속적이고 점진적인 개선이나 비용절감과 관련된 발전전략의 모델은 여기서 논의하지 않을 것이다.

전략 수립

전통적인 사고방식은 전통적인 답변으로 이어질 공산이 크다. 과거에 우리는 문제를 어떻게 해결했는가? 경쟁자들은 어떤 행동을 취하는가? 이 두 가지 질문이 바로 경영자들이 비즈니스를 기획하는 과정에서 전략을 수립해야 할 단계에 이르렀을 때 스스로에게 가장 자주 던지는 질문이다. 이와 관련해 한 경영자는 이렇게 말했다. "오랜 시간의 토론 끝에 당신이 마침내 어떤 미션, 비전, 장기목표에 대해 결정을 했다면, 그때는 전략적인 작업을 하기 위한 시간여유가 거의 남아있지 않다. 그러면 당신은 아직 열지 않은 세 번째 서랍을 열고, 당신이 거기에 보관해두었던 예전의 전략들과 산업의 다른 부분들에서 가져와 보관해두었던 것들을 끄집어낼 가능성이 대단히 높다." 그러나 모든 상황을 전반적인 차원에서 다시 살펴보고 효과가 있을 만한 좋은 전략을 발견해내려고 노력한다고 말하는 경영자들도 있다.

그런데 새로운 질문에는 새로운 대답을 찾아야 하는 경우가 많다는 것이 문제다. 그리고 어떤 새로운 전략이 생성되기 시작할 때는 그 전략을 끼워 넣을 틀이 존재하지 않거나, 그 전략을 구체적으로 정의하는 데 이용할 합의된 방식이 없는 경우가 있다. 이런 점은 새로운 사고를 하는 데 실질적인 장애물이 된다. 만약 새로운 전략을 쓰고 싶다면 '위로부터 생각하기(top-down thinking)'를 포기하고 '아래로부터 생각하기(bottom-up thinking)'를 시작해야 한다. 해법을 찾기 위해서는 우선 조그만 아이디어에서 출발해 새로운 패턴이 보일 때까지 조각그림 맞추기를 해야 한다. 새로이 드러나는 패턴은 새로운 전략의 싹이 될 수 있다. 그러나 아이디어는 별도로 어딘가에서 나와야 한다. 추세 관찰과 시나리오 분석 과정에서 바로 이런 아이디어를 얻을 수 있다.

전략 창출을 위한 투입요소 — 추세

새로운 전략을 창출하고자 할 때에는 추적의 단계에서 식별된 추세들이 아주 좋은 출발점이 된다. 식별된 추세들은 미래의 모습을 그리는 데 토대가 되며, 이미 자세하게 묘사된 것들이기 때문에 우리가 미래를 상상하는 데 견고한 도약대 역할을 해준다.

식품산업의 최근 예를 들어 식별된 추세들을 이용하는 방법을 설명해보겠다. 식품산업 분야의 한 기업이 소비자들의 수요와 식습관의 변화에 부응하는 새로운 비즈니스를 찾아내고 싶어 했다. 그래서 그 기업은 추적의 단계에서 추세에 대한 철저한 연구를 수행해서 식품산업에 커다란 영향을 끼칠 것으로 예상되는 12개의 추세를 식별해냈다. 그 기업은 제품개발 담당자와 마케팅 전문가들을 한자리에 모아놓고 하루 일정의 워크숍을 열었다. 워크숍 참여자들에게 주어진 과제는 내일의 세계에서 경쟁력이 있을 만한 새로운 제품에 관한 아이디어를 짜내는 것이었다.

참여자들은 서너 명 단위의 소그룹으로 조를 짜 각 그룹별로 네 개씩의 추세를 검토했다. 각 소그룹에 부여된 과제는 한 번에 하나씩의 추세를 대상으로 그 논리적 구조와 그 추세가 계속될 경우의 결과를 이해하는 것이었다. 전체적인 상황 파악을 위해 그들은 자신들이 발견해낸 것들을 입체적으로 보여주는 '결과나무(consequence tree)' 도표를 활용했다(〈그림 3—12 참조〉).

〈그림 3-12〉 결과나무

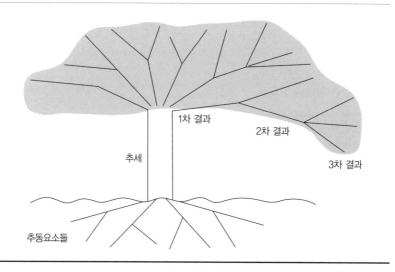

결과나무는 추동요소, 추세, 결과의 전체 시스템을 보여준다. 결과나무로 보면 추동요소는 뿌리의 시스템이며, 어떤 추세가 특정한 방향으로 전개되는 이유가 무엇인지를 보여준다. 추세 또는 추세들의 집합은 결과나무의 줄기에 해당된다. 이 나무의 전체 높이와 가지가 우거진 정도는 줄기로 표현된 추세가 그동안 얼마나 전개됐는가를 알게 해준다. 이 나무에서 결과는 가지들로 표현된다. 이때 1차 결과뿐 아니라 2차, 3차의 결과도 생각해볼 수 있다. 수관(樹冠), 즉 가지와 잎들로 이루어진 나무의 윗부분은 줄기로 표현된 추세의 전개가 어느 정도로 복잡하고, 그 추세의 결과들이 어느 정도나 서로 얽혀 있는지를 보여준다. 워크숍 참여자들은 이런 결과나무를 이용해 새로운 제품에 대한 아이디어를 머릿속에서 짜내고, 그것을 메모지에 적었다. 그런 다음 그들은 메모한 것들을 서로 관련성이 있거나 비슷한 것들끼리 모았고, 이렇게 모아진 메모뭉치 각각에 대해 묘사의 글을 썼다. 이런 작업의 결과로, 식별된 추세들로부터 새로운 제품에 관한 아이디어가 생겨났다. 미지의 길로 떠날 때는 이런 방식으로 아이디어를 내보는 것이 대단히 도움이 된다.

전략 창출을 위한 투입요소 ― 시나리오

전략수립 작업에서 시나리오들을 투입요소로 이용하는 한 가지 방식은 다양한 시나리오 가운데 어떤 것들이 성공의 요인이 될 수 있는지를 분석하는 것이다. 여기에 조직이 보유하고 있는 각종 자산에 대한 분석을 곁들이면 금상첨화다. 이렇게 하면 여러 시나리오들의 공통분모가 되는 요소들을 확인할 수 있으며, 각 시나리오별로 서로 어떤 점이 다른지를 쉽게 파악할 수 있다.

우리는 스웨덴의 한 지역에 관한 프로젝트를 수행할 때 이런 작업을 해보았다. 그때는 서로 다른 시나리오들 사이에 성공의 요인이 매우 달랐다. 한 시나리오는 사람들에게 이미 친숙한 동시에 잘 닦여진 길을 따라가는 상황전개를 보여주었다. 따라서 이 시나리오에서는 새로운 전략이 요구되지 않았다. 기존의 길들을 조금씩 개선하는 것만으로도 충분해 보였다. 그러나 이 시나리오를 제외한 다른 세 개의 시나리오에서는 성공을 거두려면 관련 이해당사자들이 완전히 새로운 전략을 수립하는 작업이 필요했다. 특히 그 가운데 하나의 시나리오에서는 그 내용을 면밀히 분석해본 결과 엄청난 과제에 직면하게 될 게 분명했다.

이 작업에서 수립된 전략들 가운데는 복수의 시나리오에 공통으로 관련된 것도 있었고, 어느 하나의 시나리오에만 관련된 것도 있었다. 각 시나리오가 요구하는 자원의 수준과 실제 조직이 보유한 자산 사이에 격차가 있음이 확인되기도 했다. 시나리오들에 대한 이런 분석작업의 결과를 토대로 최종적으로 제안할 전략들이 작성됐다. 제안된 전략들은 한 가지 중요한 통찰을 할 수 있게 해주었다. 그것은 여러 영역에서 구체적으로 추구해야 할 목표들이 빨리 실현될 수 있게 도와주는 기초적인 조건들을 중시해야 한다는 점이었다.

우리가 제시한 전략들 가운데 하나는 그 지역의 발전을 위해서는 관광 개발을 추진해야 한다는 것이었다. 이를 위해서는 그 지역 내부의 각 부문 사이에 협력관계를 강화하고, 시민들로 하여금 그 지역 주민으로서 자부심을 갖게 하는 것이 중요한 전제조건임이 드러났다. 그때까지는 관련 이해당사자들이 이보다 낮은 전략적 수준에 초점을 맞추는 데 그쳤다. 그러나 이제는 왜 그들이 원하는 만큼 성공적이지 못했는지에 대한 중요한 이유

중 하나를 그들 스스로가 이해하게 됐다. 결국 그 지역의 발전을 위해서는 포괄적인 전략을 중시해야 하고, 그 포괄적인 전략은 시스템상 좀더 낮은 수준의 전략들에 폭넓게 기여하는 것이어야 한다는 결론이 도출됐다.

이 사례에서는 그런 정도의 접근법으로 충분했다. 그러나 급변하는 환경에 대한 차별화된 대응 전략을 세우고 싶을 때는 시나리오를 다양하게 작성한 후 각각의 시나리오에 훨씬 더 깊이 파고들 필요가 있다. 그리고 어린아이들이 아주 잘 하는 질문, 즉 "왜?"라는 질문을 거듭해서 제기하는 것이 대단히 중요하다. 이와 더불어 추세를 파악할 때 했던 것과 유사하게 시나리오들에 대한 분석 결과와 그 결과가 초래하는 2차적 결과까지 들여다볼 필요가 있다. 이때 생성되는 아이디어들은 모두 다 종이에 적어 놓는 게 좋다. 그래야만 나중에 그것들을 하나로 모아놓고 분석하거나 평가해볼 수 있기 때문이다.

전략 창출을 위한 투입요소 — 핵심역량과 기타 자산들

새로운 전략 창출을 위한 출발점으로 또 하나 들 수 있는 것은 조직의 핵심역량이다. 추세들과 시나리오들에 대해 명확한 인식을 하게 됐다면, 이제는 조직이 보유하고 있는 핵심역량을 비롯한 자산을 하나씩 살펴보고, 그하나하나에 시나리오들과 추세들을 대조해볼 필요가 있다. 이때 시나리오들과 추세들을 차트로 그리고 그것을 벽에 붙여놓고 바라보는 방법도 괜찮다. 그러면서 어떤 아이디어들이 떠오르는가를 살핀다. 아이디어들이 떠오르면 그것들에 대해 어떠한 판단도 하지 말고 그대로 메모로 기록해둔다. 이렇게 작성된 메모들은 나중에 한꺼번에 모아놓고 살펴본다. 이런 방식은 조직이 지닌 강점들을 새로운 시각에서 바라볼 수 있게 해준다.

전략 창출을 위한 투입요소 — 비전

비전도 새로운 전략에 관한 아이디어를 짜내는 과정에서 영감의 원천이나 자극제가 될 수 있다. 비전에서 출발해 새로운 전략의 아이디어를 생성하는 과정은 핵심역량을 출발점으로 해서 아이디어를 생성하는 과정과 비슷하다고 할 수 있다.

아이디어를 모아 전략의 싹 틔우기

이 시점에는 수백 가지에 이르고 아주 세밀한 내용까지 포함한 수많은 제안들 속에서 길을 잃어버린 듯한 느낌이 들기 쉽다. 그러나 '아래로부터 생각하기'의 목적은 원래부터가 수많은 아이디어들을 이용하는 데 있다는 점을 잊지 말아야 한다. 그동안 아무도 관찰하지 못한 변화의 패턴을 관찰해낼 수 있도록 도와주는 것이 바로 이 아이디어들이다. 따라서 이 단계에서는 추세든 시나리오든 핵심역량이든 비전이든, 그 어디에서 나온 것이든

〈그림 3-13〉 아이디어 모으기

가리지 말고 모든 아이디어를 한데 모아야 한다. 벽에 커다란 차트를 걸어놓고 거기에 모든 아이디어를 유사한 것들끼리 묶어가며 기록하고, 거기서 나타나는 패턴들을 표시해본다. 특히 그동안에는 눈에 띄지 않았던 새로운 패턴을 발견해내도록 노력하라. 그리고 그런 패턴이 발견되면 그것에 명료한 이름을 붙여줘라. '마케팅'이니 '인적자원 개발'이니 하는 명칭은 모호해서 구체적인 방향을 제시해주지 못한다.

벽에 걸린 차트에 메모된 아이디어들이 여기저기에서 뭉쳐진 모습을 바라보고 있노라면 새로운 패턴들이 저절로 제 모습을 드러낼 것이다. 하지만 무엇이 과연 최선인지에 대해 확신할 수 없을 때가 있을 것이다. 많은 제안들이 동시에 어느 한 방향을 가리키고 있다면, 그것은 그쪽 방향에서 더 많은 아이디어를 끌어낼 여지가 있다는 힌트일 수 있다. 그런 아이디어 집합을 먼저 살펴보고 평가해보는 것이 바람직하다. 아이디어 집합에도 적절한 이름을 붙이고 몇 줄만이라도 설명을 적어놓는다. 이런 작업은 그 다음 단계, 즉 평가의 단계를 위해 필수적이다.

수립된 전략에 대한 평가

수립된 전략들을 철저하게 평가해보는 일은 대단히 시간소모적이고 비용도 많이 들 수 있다. 따라서 더 깊은 분석을 해야 할 필요가 있는 전략들에 대해서만 전체적인 관점에서 충분히 평가한다는 생각을 갖는 것이 좋다. 유익한 전략은 환경의 도전에 대응하는 데 효과적이고, 조직의 강점을 활용하며, 조직이 소망스러운 방향으로 나아갈 수 있도록 돕는다는 특징을 갖고 있다.

우스 분석

우스(WUS) 분석은 소망(Want), 활용(Utilize), 과제(Should)의 세 측면을 다루는 일종의 단일영향분석이다. 우스 분석은 다음 세 가지 질문에 대해 신속한 대답을 준다.

- 이 전략은 조직이 소망스러운 방향으로 가도록 하는 데 기여하는가?(소망)
- 이 전략은 현재 조직이 갖고 있는 강점이나 역량이 되는 자산을 활용하는가?(활용)
- 이 전략은 미래의 환경에 부응하는가?(과제)

우스 분석은 이미 존재하는 전략들과 새로 제안된 전략들에 대해 위 세 가지 영역의 기준들을 토대로 평가를 한다(〈그림 3—14 참조〉). 이를 위해 가로로 제안된 전략들을 늘어놓고 세로로 평가기준들을 늘어놓는 방식으

〈그림 3-14〉 우스(WUS) 모델

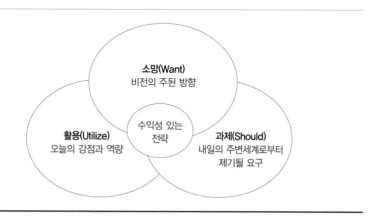

로 행렬표를 작성한다. 그리고 나서 각 전략을 각각의 기준에 따라 하나씩 평가해 나간다. 이렇게 하려면 시간을 어느 정도 투자해야 한다. 그렇지만 예상보다는 빨리 끝난다. 모든 평가가 4점 만점의 기준에 따라 직관적으로 이루어지기 때문이다.

몇 년 전에 우리는 서비스 부문의 한 기업을 위해 우스 분석을 실시한 결과 몇 가지 흥미로운 사실들을 발견했다. 다양한 새로운 전략들과 몇몇 기존의 전략들에 대한 분석이 이루어졌다. 그 결과는 〈그림 3―15〉에 표시돼 있다.

그 고객기업은 우리가 분석한 자사의 실제 전략들을 이 책에서 공개하는 걸 꺼렸고, 이는 충분히 이해할 만한 일이다. 그렇지만 우리가 여기서

〈그림 3-15〉 우스(WUS) 분석의 예 – 서비스 부문의 기업

(원의 크기는 번호로 표시된 각 전략이 조직의 자산을 얼마나 잘 활용하는가를 나타낸다.)

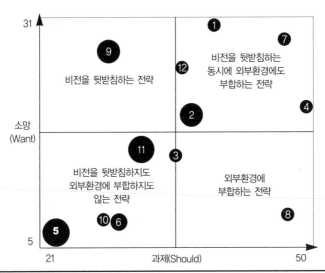

제시한 그림만 들여다봐도 몇 가지 결론을 쉽게 도출해낼 수 있다. 환경의 도전에 대응하는 데 가장 필수적인 전략들은 기존의 자산을 그다지 활용하지 않는다. 비전을 뒷받침하는 전략들 가운데 다수도 마찬가지다. 기존의 자산을 가장 잘 활용하는 5번 전략이 비전을 뒷받침하지도, 환경으로부터 제기되는 도전에 잘 대응하게 해주지도 않는다는 점은 흥미로웠다. 그런데 이 기업은 당시까지 수십 년 동안 바로 이 5번 전략에 의해 지배됐다. 우리의 발견은 이 기업 경영진에게 지극히 불쾌한 것이긴 했지만, 그렇더라도 매우 유용한 것임엔 틀림없었다. 5번 전략에 입각한 기법들 가운데 다수를 미래에도 여전히 유용한 방식으로 변형시켜 활용할 수 있다는 사실이 그나마 그들에게 위안이 됐다.

그림을 들여다보면 왼쪽 아래에 있는 전략들은 향후 포기해도 된다는 결론을 이끌어내기 쉽다. 왜냐하면 이런 전략들은 비전에 기여하지도 않고 미래환경과도 관련이 없는 것으로 보이기 때문이다. 그러나 이런 종류의 분석에서 그러한 결론을 이끌어내려고 하는 것은 극단적인 태도라고 할 수 있다. 왜냐하면 이런 전략들이 다른 전략들이 효과를 내게 하는 데 매우 중요한 역할을 할 수도 있기 때문이다.

교차영향 분석과 인과고리 도표

분석의 단계에서 우리는 교차영향 분석과 인과고리 도표를 도입했다. 이 두 가지 방법은 우리의 경험에 비추어볼 때 제안된 전략들을 평가하는 단계에서 유용하게 이용될 수 있다. 모든 전략을 교차영향 분석의 과정에 집어넣고 각각의 전략이 다른 전략들 각각과 어떻게 직접적인 의존관계에 있는가를 살피다 보면 종종 놀라운 패턴을 발견하게 된다. 우스 분석의 결과를 볼 때는 아무런 중요성도 갖지 못하는 것처럼 보였던 전략이 대부분의 다른 전략들에 절대적인 전제조건임이 드러나는 경우도 있기 때문이다.

금융부문의 한 기업에서 이런 현상이 두드러지게 나타났다. 그 금융기업에서는 20개 전략들이 식별됐고, 우리는 그것들에 대해 우스 분석을 수행했다. 그 다음 단계는 교차영향 분석이었다. 가장 추동적인 전략들을 위쪽에 놓고 가장 종속적인 전략들을 아래쪽에 놓은 인과고리 도표를 그려놓고 보니, 거의 모든 전략이 특정한 리더십 전략, 즉 그림에서 20번으로 표시된 전략에 직간접적으로 크게 의존한다는 사실이 명백하게 드러났다. 그런데 이 전략은 전략을 생성하는 단계에서는 눈에 띄지 않았던 것이라는 점이 주목할 만했다. 사실 기업 측은 이 전략을 분석에 포함시키는 데 대해 거의 무관심했다. 기업의 전반적인 관심이 리더십 쪽에 가 있지 않았기 때문이다. 하지만 그동안 여러 다른 기업과 비슷한 작업을 해온 우리는 그 과정에서 리더십 전략이 성공에 중요하다는 사실을 발견했기에 이것을 분석에 포함시켰다. 그런데 우스 분석의 결과에서는 리더십 전략이 소망, 활용, 과제의 세 가지 측면 모두에서 점수가 낮았다.

〈그림 3—16〉에 표시된 교차영향 분석 결과는 이 프로젝트가 성공적으로 마무리되는 데 큰 몫을 담당했다. 그것은 이전의 시도들이 왜 실패했는가도 잘 설명해주었다.

그림에서 회색으로 칠해진 영역들은 서로 관련된 전략들이 많이 모여 있는 전략적인 영역들이다. 이런 그림은 우리가 그 의미를 전달하기 쉬운 5개의 포괄적인 전략적 영역으로 전략들을 구분해 요약하는 데 도움이 됐다.

서로 다른 전략들의 실행을 종합적으로 계획할 때는 이런 인과고리 도

<그림 3-16> 전략분석에 이용된 인과고리 도표의 예

(번호는 각각의 전략을 나타냄)

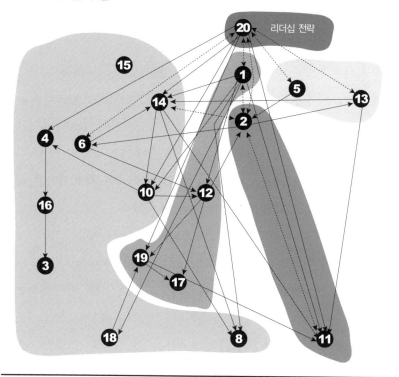

표가 도움이 된다. 15번 전략은 다른 전략들에 별다른 신경을 쓰지 않고도 단독으로 다뤄질 수 있다. 그러나 다른 대부분의 전략들은 서로 매우 의존적이다.

보완적 분석: 전략, 라이프사이클, 경쟁자들

앞에서 서술한 분석들은 전략들이 각각 얼마나 긴요하고 서로 어떻게 상호작용하는지를 분석하기 위한 1차적 작업이다. 그 결과는 대단히 유용하고 새로운 통찰을 많이 제공한다. 그러나 새로운 통찰을 얻음과 동시에 새로운 질문이 생겨난다. 이렇게 제기되는 새로운 질문들과 관련된 분석사례를 몇 가지 제시해보겠다.

서로 다른 전략과 비즈니스 컨셉들이 일정한 라이프사이클을 따른다는 점에서는 같은 경우가 많다. 전략은 처음에는 그 타당성이 입증되지 않은 새로운 전략으로 실행되기 시작했다가 어느 정도 시간이 흐르면 그 전개속도가 빨라진다. 그러다가 안정적인 성장에 접어든다. 라이프사이클의 정점은 수확의 시간이다. 수익의 전망이 이때보다 더 좋은 적이 없지만, 이때부터는 수입이 더 이상 증가하지 않는다. 이 단계에서는 비즈니스 컨셉이 정체하다가 쇠퇴하기 시작하고 결국은 죽어버리기 때문이다.

자신의 전략과 비즈니스 컨셉이 이런 라이프사이클의 어느 지점에 위치해 있는가를 점검해보는 것은 언제나 현명한 일이다. 나와 내 경쟁자들이 앞으로 더 많이 발전하거나 독보적인 지위를 차지하는 데 필요한 전제조건을 충족시키고 있는가, 또는 그런 전제조건을 앞으로 갖출 수 있는가에 대한 평가를 라이프사이클 상의 위치 점검과 결합해보면 더욱 흥미로운 통찰을 얻을 수 있다.

우리가 서비스 부문의 한 기업을 위해 수행한 평가작업의 사례가 〈그림 3—17〉에 소개돼 있다. 그림을 보면 이 기업을 성공으로 이끌어온 전략이 극단적으로 오른쪽 위에 위치해 있다는 점에서 이 기업이 중대한 문제를 안고 있음을 알 수 있다. 이 기업에 커다란 기회를 제공할 만한 몇 가지 다른 전략들이 제안돼 있었다. 그 제안들을 수용하면 경쟁기업들보다 성공할 확률이 더 높았다. 게다가 제안된 전략들은 이미 전개 속도가 빨라지고

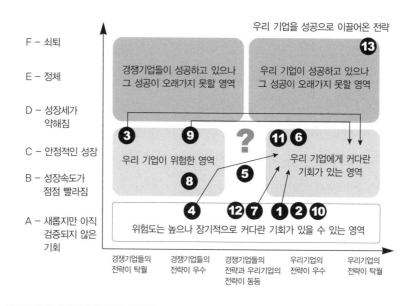

있고 더 나아가 가속도가 붙을 수도 있는 것이었다. 물론 이 기업은 다른 전략들을 채택할 수도 있었지만, 그렇게 하면 경쟁자들을 따라잡기 위해 엄청난 노력을 해야 할 것 같았다. 적절하게만 실행되면 경쟁우위를 가져다줄 수 있는 고위험 전략들도 있었지만, 이런 전략들은 아직 검증되지 않은 새로운 것이었다. 물론 이런 분석은 더 심화돼야 할 필요가 있다. 하지만 이런 정도의 분석도 논의를 진전시키는 데 좋은 토대가 된다.

시나리오의 작성과 평가 과정

여기까지 따라온 독자는 매우 다양한 요소들로 이루어진 대단히 복잡한 여행을 하고 있다고 생각할지 모른다. 그러나 얼핏 보기보다는 쉽다. 〈그림 3—18〉을 들여다보면 하나의 과정이 시작되는 지점에서 작업해 놓은 것이 그 과정이 진행되면서 거듭해서 반복적으로 사용된다는 것을 분명히 알 수 있을 것이다. 그리고 그 작업은 3개의 측면, 즉 소망(want), 활용(Utilize), 과제(Should)를 기반으로 그 위에 구축된다.

- '과제'의 측면에서 시작한다면, 추세가 시나리오의 기초로 사용된다. 추세와 시나리오는 둘 다 아이디어를 생성할 때 자극제가 되고, 결국에는 우스 분석에서 평가기준이 된다.
- 비전을 낳는 '소망'의 측면은 아이디어들을 생성해내는 원천이 되고, 나중에는 우스 분석에서 제안된 전략을 평가하는 데 기준이 되기도 한다.
- 마지막으로 '활용'의 측면은 우스 분석에서 아이디어와 기준들을 생성해내는 데 이용될 수 있다.

이처럼 전체 과정의 순환 속에는 세 개의 측면만이 존재하며, 한번 수행된 것들의 대부분은 반복해서 다시 사용된다.

행동

시나리오 플래닝 과정에서 행동은 두 가지 의미를 갖는다. 그중 하나는 결정된 전략을 실행하는 것이다. 이를 위해 대부분의 조직들은 익숙한 전통적 실행도구들을 얼마든지 활용할 수 있다. 따라서 우리는 이런 종류의 행

〈그림 3-18〉 타이다(TAIDA) 과정의 흐름

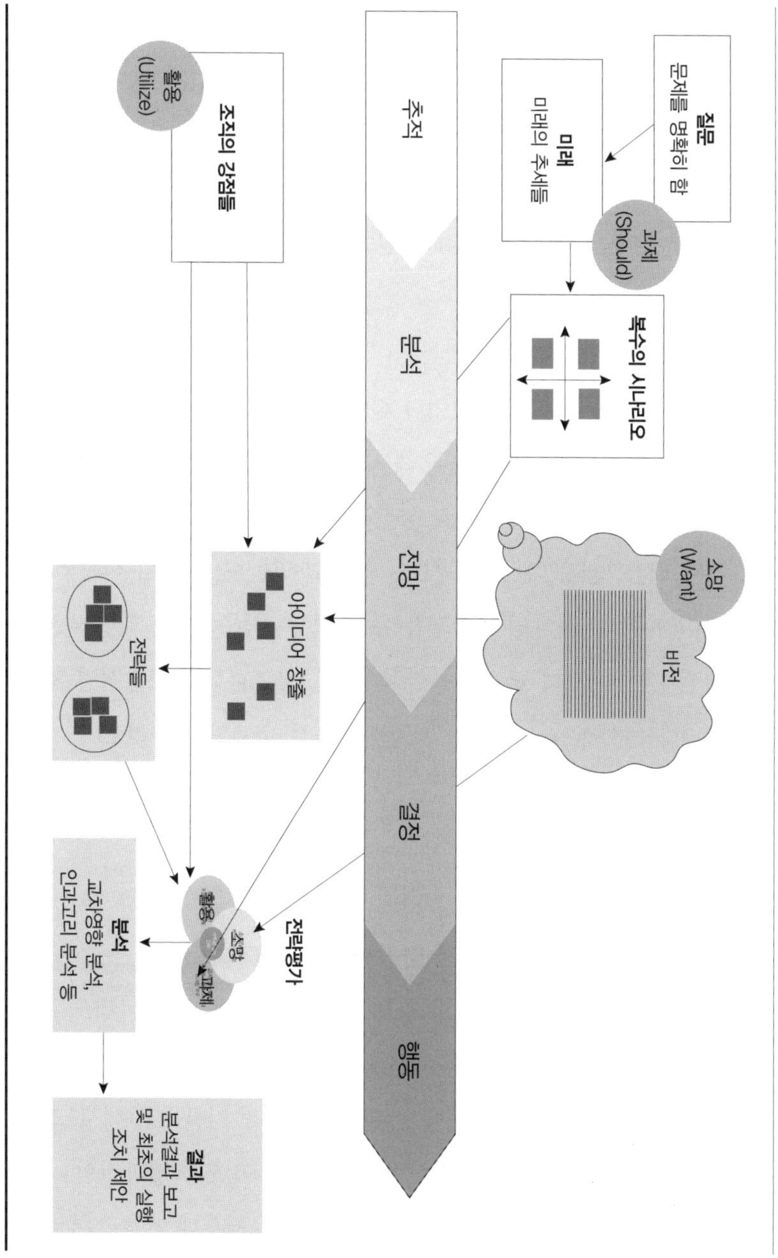

동에 대해서는 더 이상 설명하지 않겠다.

행동의 또 다른 의미는 시나리오 플래닝 과정의 후속작업, 즉 환경변화를 관찰하고, 지속적인 환경감시를 위한 절차를 정하고, 다시 시나리오 플래닝을 하는 것이다. 이런 종류의 행동이 지닌 여러 가지 측면 가운데는 이 책의 범위를 넘어서는 것들도 많다. 하지만 중요한 것들은 이 책에서 조명될 것이다.

추세를 식별해내고 시나리오를 만들어내기 위해서는 통상 많은 작업이 요구된다. 그 과정을 수행한 뒤 비전이나 전략과 관련된 작업을 하는 데 시나리오를 이용해본 이들의 대다수가 으레 자기는 시나리오 작업에서 할 수 있는 모든 일을 통합적으로 다 했다고 생각하곤 한다. 때문에 그들은 앞으로 몇 년간은 그런 작업을 다시 할 필요가 없다고 믿는다. 그러나 이는 바람직한 판단이 아니다. 시나리오 작업을 통해 얻은 것들 속에는 시나리오 작업을 다시 할 경우에 보다 쉽게 적용할 수 있는 '구조화되고 교훈적인 정보'가 아주 많다는 사실을 잊어서는 안 된다. 우선 추세와 시나리오가 어떻게 이용될 수 있는가를 살펴보자.

조기경보

주위 환경이 어디로 향하고 있는가를 점검하고자 할 때 시나리오는 큰 도움이 된다. 조기경보 시스템은 이 시나리오로 가고 있는가, 저 시나리오로 가고 있는가를 시사해주는 환경 속의 추동요소들을 우리가 관찰할 수 있도록 도와준다. 조기경보 시스템은 식별된 추동요소들을 기반으로 해서 그 위에 구축된다. 그리고 추동요소들의 식별은 보통 시나리오 작업과정의 나머지 다른 부분들과 더불어 이루어진다. 왜냐하면 시나리오에 영향을 끼치는 메커니즘들에 대한 통찰이 그 시점에 가면 고도화되기 때문이다.

앞에서 분석의 단계를 논의하면서 우리는 범죄의 미래에 관한 시나리오 작업과정을 따라가 보았다. 그곳으로 되돌아가서 조기경보가 어떻게 시스템으로 구축되는가를 살펴보자.

범죄의 미래에 관한 4개의 시나리오는 처음 작성됐을 당시에는 그 실현 가능성이 서로 동등해 보였다. 하지만 그런 균형상태가 시간이 지남에 따라 점점 변화해 그 가운데 어느 하나 또는 두 개의 시나리오가 다른 시나리오들에 비해 더 높은 실현 가능성을 띠게 될 것이 분명했다. 조기경보는 수행된 시나리오 작업과 관련된 변화, 추세, 그리고 추세의 단절 조짐을 일찌 감치 식별하는 것과 관련된다. 조기경보는 향후 몇 년간에 걸쳐 지배적인 추세가 어떤 방향으로 갈지를 파악할 수 있도록 해준다. 어느 하나의 시나리오가 실현될 가능성이 더 높아졌거나 낮아졌는가? 그 시나리오는 다른 추세들로부터 어떤 영향을 받게 될까? 이런 판단을 가능한 한 편파적이지 않게 내리기 위해서는 다양한 지표들을 확인해보는 것이 좋다. 다시 말해 각 시나리오의 실현 확률을 높이거나 낮추는 환경 속의 변화들을 확인해보라는 것이다. 이런 지표들의 도움을 받으면, 조직 내부의 비즈니스 정보 기능이 상황전개를 체계적으로 추적하고, 상이한 시나리오들의 실현 확률에 대한 의견을 형성할 수 있다.

그럼 여기서 범죄의 미래 시나리오를 바탕으로 조기경보 점검표를 작성해보자(〈표 3—2〉 참조).

범죄의 미래에 관한 시나리오 작업에서는 미디어 훑어보기의 방법으로 지표들을 추적하는 것이 가장 쉬운 방법이다. 다른 경우라면 통계를 이용하는 것도 가능하다.

〈표 3-2〉 조기경보 점검표

각 시나리오에 실현기능성에 영향을 주는 환경상의 변화	알 가포네 시나리오	인터넷의 유령 시나리오	안전한 스벤손 시나리오	자유로운 프린존 시나리오
국제 테러조직과 그 활동에 성공적으로 대응함			++	++
경제범죄에 성공적으로 대응함			++	++
시민의 권리 보호에 대한 요구가 증대함		++		++
폐쇄회로 텔레비전 설치에 대한 요구가 증대함	++		+++	
대규모 조직범죄에 대한 효과적인 대책을 마련하라는 요구가 증대함	+++	++		
시민들을 안전하게 보호하라는 요구가 증대함			++	++
사회적 관심이 범죄피해자들의 고정에 쏠림			++	++
고객정보 데이터베이스와 관련한 불미스러운 사건들이 발생함	+	+		+
광범한 영향을 끼칠 해동을 할 지식을 갖춘 젊은 범죄적 활동가들이 등장함		+++		
사회 지도층 인사들의 부패사실이 드러남	+	++		+
새로운 연쇄살인 사건이 일어남			+++	
외국인노동자들을 범죄혐의자로 간주하거나 그들에 대한 적대감이 커짐			++	

* 플러스(+) 표시의 수는 환경상의 변화가 각 시나리오에 끼치는 영향의 크기를 나타냄.

시나리오들의 실현 확률이 어떻게 변하는가를 점검하는 데는 시간경과에 따른 상황전개의 방법이 가장 유용할 수 있다. 앞에서 분석에 대해 논의할 때 언급한 신문산업의 시나리오들에 대한 시간적 상황전개는 그 시나리오 프로세스 이후 4년간 현실의 실제상황에 비추어 비교 검토됐다. 그 결과 실제로 시나리오대로 실현되지 않은 유일한 것은 소액의 안전결제를 하는 데 인터넷이 이용될 것이라는 예측이었다. 인터넷을 통한 소액의 결제는 우리의 시나리오가 예측했던 것보다 2년 이상 늦게 실현됐다.

높은 수준의 영향을 끼치는 중요한 추세들 가운데 일부에 대해 점검을 해보는 것도 역시 현명한 방법일 수 있다. 이때도 지표들을 일찌감치 확인해보는 것이 좋다.

앞에서 든 범죄에 관한 사례에서는 추세를 식별하게 해줄 지표를 구체적으로 개발해 사용하지 않았다. 그러나 추세가 어느 방향으로 가고 있는지를 알려줄 일련의 지표를 갖고 있는 것이 바람직하다.

어느 사회산업 단체에서 소유하고 있는 한 민간병원의 경우에는 보건의료 부문의 민영화가 얼마나 빠른 속도로 진전될 것인가가 시나리오 작업에서 불확실성 요인 가운데 하나로 떠올랐다. 이와 관련해 우리는 1년에 한번씩 확인해볼 수 있는 지표를 여러 개 설정했다. 그것은 다음과 같다.

• 민간 의료보험의 성장률.
• 공공병원과 민간병원에 고용된 간호사의 수.
• 민간병원에 대한 의료수요.
• 공공병원의 의료서비스보다 더 나은 민간병원의 의료서비스에 대해 의료수요자가 기꺼이 의료비를 지불할 용의.

● 사회주의 정당과 비사회주의 정당에 대한 상대적 유권자 지지도.

이들 지표는 기존의 관련 통계와 늘 이루어지는 소비자 태도 조사에서 도출할 수 있었다. 이들 지표는 그 밖의 다른 지표들과 함께 상황변화의 속도를 상당히 정확하게 알려주었고, 연도별 계획수립 과정을 진행하는 과정에서 환경적 조건을 파악하는 데 도움이 됐다.

지속적인 미래예측 작업을 조직하는 방법

앞에서 말했듯이 시나리오 플래닝에 대한 관점에는 두 가지가 있다. 시나리오 작업은 한편으로는 특정한 문제를 해결하는 것을 목적으로 해서 실시하는 일회적 활동이다. 그러나 다른 한편으로는 장기적 경쟁우위를 확보하려는 체계적인 시도로 시나리오 작업 또는 시나리오를 통한 미래예측 작업을 할 수도 있다. 이 두 번째 관점의 시나리오 작업은 비즈니스 환경 변화를 예측하고 그 변화에 대응하거나 적응하는 데 필요한 '동태적 능력'을 계발하는 것을 궁극적인 목적으로 삼는다. 어떤 조직이든 이러한 동태적 능력을 확보하려면 일련의 조직적 행동을 전개해야 한다.

시나리오 플래닝의 성공요인
1장에서 보았듯이 비즈니스의 맥락, 추세, 불확실성 요인을 분명하게 이해하는 것은 성공을 거두는 데 핵심적으로 중요하며 비즈니스 환경이 급변하는 시기에는 특히 더 그러하다는 것을 많은 조사연구의 결과가 보여준다.

〈그림 3-19〉 격변하는 비즈니스 환경 속에서 핵심적인 7가지 성공요인

(카이로스 퓨처의 마츠 린드그렌이 조사연구해본 결과)

예를 들어 〈그림 3-19〉는 경영, 전략, 업무과정, 문화, 조직구조 등과 관련된 약 25가지의 요인 가운데 격변하는 환경 속에서 전반적인 성과 개선에 기여하는 7가지의 중요한 조직적 특성을 나타내는 요인이 무엇인지를 보여준다. 그중에서도 가장 중요한 것은 비전에 입각한 선도다. 이것은 '게임의 이름을 바꾼다' 는 포부의 발현을 가리킨다. 밑에서 두 번째, 세 번째, 다섯 번째, 여섯 번째의 단계에는 비즈니스 환경 분석과 관련이 있는 조직적 행동이나 활동에 해당하는 요인이 씌어있다. 특히 두 번째 단계에 씌어진 전략적 대화는 변화하는 비즈니스 환경 자체와 그것이 만들어내는 기회, 그리고 그러한 기회를 포착하기 위해 채택할 수 있는 전략적 조치에 관한 대화를 의미한다. 이 그림은 시나리오 플래닝 활동이 조직의 장기적인 성공을 실현하는 데 대단히 중요하며, 따라서 진지하게 수행돼야 함을 알게 해준다.

우리가 조사연구를 해본 결과에 따르면 다음과 같은 특성들을 갖춘 조직이 비즈니스 환경 분석의 효과를 가장 크게 거둘 수 있다.

- 분석자들이 보기에 명확한 조직구조.
- 분석에 대한 체계적이고 지속적인 태도.
- 분석의 결과를 비즈니스 계획과 혁신을 비롯한 다양한 분야의 의사결정 과정에 통합적으로 반영하는 분명한 전략.
- 분석의 결과를 주요 이해관계자들에게 명확하고 이해하기 쉽게 전달하는 노력.
- 비즈니스 환경 분석을 최우선 과제로 여기는 최고 경영진.
- 사용하는 용어의 통일성과 명확한 의사소통이 가능한 정보전달 구조.

TRIM(추세-혁신 경영) 과정의 기본

우리는 앞에서 소개한 여러 조사연구 결과와 수많은 프로젝트의 경험을 분석한 결과 비즈니스 환경 분석을 지속적이고 통합적으로 실시하는 것은 대단히 효과적임을 알게 됐다. 이런 과정을 우리는 '추세—혁신경영 과정(Trend and Innovation Management Process)' 또는 줄여서 '트림 과정(TRIM Process)'이라고 부른다. 영어단어 '트림(trim)'은 돛배의 선원이 풍향 등 기후조건에 따라 돛의 기능을 최대로 활용하기 위해 돛을 조정하는 것을 의미한다. 우리가 요트를 탈 때 돛을 '트리밍(trimming)' 해야 하는 것과 마찬가지로 기업과 같은 조직도 가고자 하는 목적지와 부는 바람의 방향에 따라 조직의 돛을 '트리밍' 해야 한다.

　TRIM 과정은 카이로스 퓨처의 소비자·마케팅·혁신팀이 비즈니스 환경의 추세에 대한 분석을 아이디오 발굴 및 혁신과 연결시키는 데 어려움을 겪는 고객 기업들의 수요에 부응하기 위해 개발한 것이다. 일부 고객 기업들이 시나리오 플래닝과 추세분석을 지속적인 동시에 조직 전체와 관련되는 활동으로 만드는 방법을 찾는 데서 난관에 부닥치기도 한다는 점도 우리가 이 과정을 개발하게 된 이유다.

　TRIM 과정의 기본적인 요소들은 다음과 같다.

● **추세 지도/시나리오 지도**: 추세지도(Trend map)는 추세분석의 대상이 된 기업이나 비즈니스 분야와 관련이 있는 중요한 추세들에 초점을 맞추어 추세분석의 결과를 요약한 것이다. 이 단계에서는 중요한 추세들을 파악해 이름을 붙이고 그 내용을 규정하는 것이 대단히 중요하다. 관련이 있는 추세 중에는 서로 상관관계를 갖고 동시에 변화하는 여러 추세들의 집합인 경우가 적지 않다. 따라서 이 단계의 요령은 적절한 관련성의 수준을 충족시키는 추세들을 가려내는 데 있다. 너무 특수하고 구체적인 수준의 관련성을 기준으로 삼으면 가려내야 할 추세들이 너무 많아지고 그렇게 가려낸 추세들 가운데 서로 비슷한 경우가 많아진다. 반대로 너무 집합화된 수준의 관련성을 기준으로 삼으면 가려낸 추세들의 내용이 너무 포괄적이고 일반적이게 된다. 중요한 추세들이 파악되면 그 다음에는 그 추세들을 묘사하거나 예를 들어 설명해야 한다. 또한 여기서 더 나아가 그 추세들을 추동하는 요인, 그 추세들의 향후 전개에 대한 전망, 분석대상 분야에 그 추세들이 초래하는 결과도 서술할 필요가 있다. 이때

보통은 파악된 추세들을 일반적인 추세, 모든 기업과 관련되는 추세, 개별 기업(또는 기업 내 개별 기능)과 관련되는 추세로 분류하고 모아주는 방식으로 체계화한다.

- **뒷받침하는 증거와 지표**: 파악된 추세들의 향후 전개를 추적하고 상이한 여러 시장 또는 상이한 여러 타깃 집단과 관련해 그 추세들이 어떤 규모로 어느 방향으로 나타나는지를 확인해봐야 한다. 이를 위해 수치화할 수 있는 적절한 지표를 찾아내는 것이 필요하며, 어렵더라도 그렇게 하는 것이 바람직하다. 이런 일을 할 때 유의해야 할 점이 몇 가지 있다. 그 가운데 중요한 것 두 가지는 다음과 같다. 첫째, 각각의 추세에 대해 여러 개의 지표를 개발하는 것이 현명하다. 왜냐하면 추세의 향후 전개를 추적할 때 어느 하나의 지표에만 과도하게 의존하면 판단을 그르칠 염려가 있기 때문이다. 둘째, 상이한 여러 시장과 상이한 여러 타깃 집단에 동일한 지표를 일관되게 적용해야 한다. 이 두 가지 조건은 충족시키기가 어려운 경우가 많다. 따라서 이 두 가지 조건은 가능한 범위 안에서 최대한 충족시킨다는 태도를 취할 필요가 있다.
- **비즈니스 계획 과정에의 통합**: 이 단계는 결정적으로 중요하다. 중요한 추세들과 비즈니스 환경에 대해 파악하고 예측한 것을 혁신과 비즈니스 계획에 활용하는 문제에 대한 관점과 그렇게 하는 과정이 명확하게 정립돼야 한다. 그렇지 않으면 이 단계의 작업이 흥미롭기는 하지만 의미 있는 활동이 되지는 못할 위험이 있다.
- **지속적인 추적**: 주요 추세들, 추세와 관련된 지표, 시나리오와 관련된 지표 등을 지속적으로 추적하기 위한 시스템을 어떤 종류의 것이든 갖춰야 한다. 그것은 자동화된 온라인 뉴스 추적 시스템일 수도 있고, 조직 내부

의 추세 담당자나 분석 담당자로 하여금 수작업으로 뉴스를 추적하게 하는 시스템일 수도 있다. 이런 추적 활동의 결과는 연례 시나리오 업데이트에 활용된다.

- **연례 시나리오 업데이트:** 1년에 한 번씩 실시하는 연례 시나리오 업데이트에서는 연속성을 유지해야 할 필요성과 변화하는 환경에 적응해야 할 필요성이 충돌한다. 우리 모두는 시간이 흐르면서 몰랐던 것을 알게 되고, 이에 따라 우리의 조직과 각종의 추세 둘 다가 서서히 변화한다. 이 때문에 우리가 추적하는 추세 자체를 다른 것으로 바꾸거나, 그 추세에 부여한 이름을 변경하거나, 그 추세에 대한 우리의 묘사와 그 추세를 추적하기 위해 우리가 관찰하는 지표의 내용을 조정해야 할 필요가 항상 있게 된다.

- **주인의식을 갖고 참여하는 대표자 집단:** 우리의 경험을 돌이켜보면 TRIM 과정이 적용되는 조직의 모든 구성원 가운데 적극적으로 그 과정에 참여하는 대표자 집단이 분명하게 존재하는 것이 중요하다고 판단된다. 보다 많은 구성원이 대표자 집단에 들어올수록 TRIM 과정의 결과가 더 많이 조직에서 실행될 것이다. 대표자 집단의 구성원들은 모두 TRIM 과정의 결과를 일선에서 실행할 사람들이다. 이들은 TRIM 과정이 진행되는 도중에 서로 만나 중요한 것으로 보고 추적해야 할 추세가 어떤 것인지에 대해 토론해야 한다.

- **조직 전체의 의사소통:** 공동의 행동이 실현되려면 조직 내부의 주요 이해관계자들 사이에 비즈니스 환경에 대한 관점이 일치돼야 한다. 따라서 시나리오 지도가 작성된 뒤라면 시나리오 지도, 그 전이라면 추세 지도에 대한 각자의 의견을 주고받는 의사소통이 원활하게 이루어지는 것이 중

요하다. 이런 의사소통이 이루어지게 하는 데는 다양한 방법을 이용할 수 있다. 예를 들면 그룹별 회의를 조직하는 것을 통해서도 그렇게 하는 게 가능하고, TRIM 과정을 시작하는 행사를 크게 열고 거기서 누군가가 주제발표를 하거나 워크숍을 여는 것을 통해서도 그렇게 하는 게 가능하다.

- **쉽게 이해할 수 있는 형태의 결과 보고서**: TRIM 과정의 결과를 정리한 보고서와 그것을 뒷받침하는 자료는 조직 구성원들이 쉽게 이해할 수 있는 형태로 작성돼야 한다. 그래야 구성원들이 그것을 읽어보고 TRIM 과정의 결과를 활용하거나 실험해볼 수 있다. 결과 보고서가 이해하기 쉽게 작성되면 그 내용이 원활하게 전달되고, 따라서 TRIM 과정의 결과가 더 많이 활용된다.

- **보완장치**: 마지막으로, TRIM 과정의 성공을 위해서는 몇 가지 보완장치를 갖출 필요가 있다. 흔히 요구되는 보완장치로 두 가지를 들 수 있다. 하나는 TRIM 과정과 관련된 용어, 접근방법, 회의형태를 통일시키기 위한 방법론 교육이고, 다른 하나는 비즈니스 환경에 관한 정보를 수집, 저장, 검색, 전달하는 데 이용할 수 있는 기술적 플랫폼(TRIM 포털)이다.

TRIM 과정

〈그림 3—20〉은 TRIM 과정을 적용한 미래예측 프로젝트의 구조와 흐름을 도표화한 것이다. 이런 프로젝트는 TRIM 과정을 해당 조직이 필요로 하는 바에 맞추는 것을 목적으로 한 사전조사로 시작된다(1단계). 그 다음 단계는 추세 지도나 시나리오 지도를 작성하는 것이다(2단계). 이것은 조직이 대응해야 할 필요가 있는 추세와 불확실성 요인 가운데 중요한 것들을 부각시키는 방식으로 작성돼야 한다. 이렇게 작성된 추세 지도나 시나리오

지도는 비즈니스 환경과 여건에 어떤 변화가 일어나고 있는지에 대해 조직이 설정한 주요 가설로 볼 수 있다.

작성된 추세 지도는 조직 전체에 전달되고(때로는 외부의 제휴조직, 거래처, 고객 등에게도 전달된다), 조직 전체 차원의 전략적 대화 또는 사업 단위별 전략적 대화의 출발점으로 이용된다. TRIM 과정이 적용되는 범위와 예측하고자 하는 미래 시점까지의 기간에 따라서는 추세 지도가 구체적인 비즈니스 혁신을 위한 워크숍에 활용될 수도 있다(3단계).

전략적 대화나 워크숍(전략 수립이나 혁신을 위한)에서 얻은 결과는 비즈니스 계획 또는 활동계획에 통합된다(4단계). 대표자 집단의 구성원들은

〈그림 3-20〉 TRIM 과정의 전형적인 예

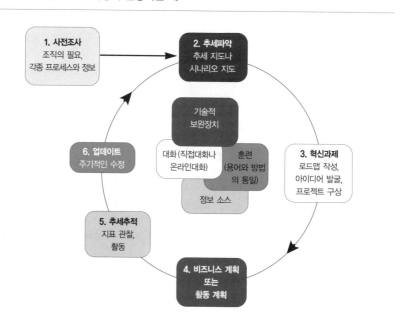

각각 유용한 자료의 수집과 현안이 된 쟁점에 대한 보다 깊은 이해 등을 목적으로 주요 지표와 추세들을 지속적으로 추적한다(5단계).

마지막 단계는 그렇게 지속적으로 추적한 결과로 얻어진 정보를 이용해서 매년 한 번씩, 경우에 따라서는 이보다 더 자주 주요 추세와 불확실성 요인의 목록과 내용을 업데이트한다(6단계).

위기에 대응하는 시나리오 플래닝

2008년 가을에 우리는 심각한 금융위기를 겪으면서 세계의 역사 속에서 손꼽힐 만큼 극적인 몇 주를 보냈다. 그때처럼 전 세계가 결말이 불확실한 단일의 드라마를 숨죽이고 지켜본 경우는 역사에서 찾기 어렵다. 산업계와 사회의 지도자들은 그 금융위기가 전 세계의 개인과 기업을 비롯한 각종 조직에 단기적, 중기적, 장기적으로 큰 영향을 미칠 것이라고 생각했다. 실제의 사실과 치밀한 분석을 토대로 한 대응조치가 요구됐다. 패닉이 확산되어 맹목적인 반응이 이어질 위험이 컸기 때문에 그러한 대응조치를 시급히 취해야 했다. 과민반응으로 인해 현명하지 못한 의사결정을 할 위험을 피하는 데는 서둘러 시나리오에 기반을 둔 분석이 유용할 것 같았다. 전 세계 금융시장의 붕괴로 인한 위기든 특정 지역에 국한된 금융시장의 혼란으로 인한 위기든 일단 위기가 시작된 상황에서는 시나리오에 기반을 둔 체계적인 분석이 신속한 대응과 현명한 의사결정에 도움이 된다. 이런 경우에 개별 기업 차원에서는 경영진이 대안으로 삼을 만한 시나리오들을 작성하고 그 각각이 어떤 기회와 결과를 가져다줄 수 있는지를 검토하는 방식으로 시나리오 분석을 할 수 있다. 대규모의 극적인 변화는 위협이 되기만 하는 것이 아니다. 그런 변화가 일어나는 시기에는 새로운 기회가 여기저기서 많이 생겨난다.

속도, 전체를 조망하는 관점, 콘센서스, 체계적인 접근태도가 성공의 비결

위기의 결과는 누구도 미리 정확하게 알 수 없지만 위기가 닥쳤을 때 패닉에 빠지지 않는 것이 매우 중요하다. 그렇다고 해서 위기의 시기에 아무것도 하지 않고 가만히 있어야 한다는 말을 하려는 것은 아니다. 위기의 시기에 대응행동에 나서기를 주저하며 꾸물거리는 것은 그 자체가 죄를 짓는 것은 아니지만, 결과적으로 죄를 짓는 것이나 다름없다. 위기를 잘 극복하고 성공에 이르는 비결은 '생각해볼 수 있는 시나리오들과 일어날 수 있는 사태들에 대한 신속하고도 체계적인 분석' 과 '그러한 시나리오와 사태들에 대한 대응조치를 찾기 위한 창의적인 분석' 에 있다. 가장 중요한 긴급 대응조치가 무엇인지를 신속하게 파악하고 그것을 실행해야 한다. 그래야만 많은 비용을 초래하는 장기간의 불필요한 활동중단 사태를 피하면서 '비생산적인 비용' 을 성공적으로 억제할 수 있다.

위기는 결코 위협만이 아니라는 것을 우리는 알고 있다. 위기는 새로운 발상의 어머니다. 우리는 과거를 돌이켜볼 때면 흔히 위기와 경제적 혼란이 승자와 패자 둘 다를 만들어낸다는 결론을 내리게 된다. 어떤 개인이나 기업이 승자가 될 가능성이 높을까? 위기의 결과에 대한 명확한 전망을 토대로 체계적이고 목적의식적으로 행동의 우선순위를 설정하고 그에 따라 행동함으로써 자신의 위치를 개선할 줄 아는 개인이나 기업이 승자가 될 가능성이 높다.

격변과 위기의 시기에 이루어진 의사결정과 전략적 행동에 대한 조사연구 결과를 보면, 위기의 시기에는 사람들이 패닉에 빠지거나 대응행동에 나서는 데 꾸물거리게 되는 것 외에 추가로 두 가지 함정에 빠지기 쉽다는 것을 알 수 있다. 여기서 두 가지 함정이란 전체적인 관점을 놓치는 것과 콘센서스를 잃게 되는 것이다. 전체를 조망하는 관점, 포괄적인 접근 태도, 궁극적인 목표를 갖고 있지 않은 경영진의 의사결정은 나중에 돌아볼 때 비생산적이거나 역효과를 낸 것으로 확인될 위험이 있다. 이런 경영진은 위기의 시기에 위험을 피할 수 있을지 몰라도 그와 동시에 기회도 놓칠 수 있고, 어떤 징후를 잘못 해석해 잘못된 대응을 할 수 있다. 주위환경, 상황, 성장의 기회 등에 대한 통일된 관점을 공유하고 있지 않은 경영진은 의사결정을 아예 하지 못하거나 일관성 없는 의사결정을 내릴 위험이 있다. 이런 의사결정은 잘못된 우선순위와 최적의 수준에 못 미치는 비효율적인 조직운용을 초래할 수 있다. 따라서 주위환경, 미래, 위협요소와 기회요소 등에 대한 통일된 관점의 공유를 가능한 한 신속하게 실현하는 것은 매우 중요한 일이다.

경영진이 한자리에 모여 초점이 맞춰진 워크숍을 열고 지침을 수립해야 한다
위와 같은 점들을 고려할 때 기업 전체 수준과 기업 내 사업단위 수준에서 경영진이 한자리에 모여 앞에서 지적된 문제들에 대해 체계적인 논의를 하는 것이 필요하다. 이 과정은 하루나 이틀간 연속해서 집중적으로 진행하는 것이 신속한 의사결정과 실행이 가능한 해법 도출이라는 두 가지 조건을 균형 있게 충족하는 데 도움이 된다. 성급한 결론을 피하기 위해 이과정에 참여한 사람들 모두가 하룻밤을 자면서 생각해볼 기회를 갖는 것이 좋다. 물론 어떤 경우에도 논의과정은 신속하게 진행돼야 한다. 이런 신속성의 조건을 충족하기 위해서는 24시간 내지 48시간 동안 연속되는 워크숍이 가장 적절할 것이다. 워크숍이 끝날 때쯤에는 참여자들 모두가 어떤 하나의 구체적인 실행계획을 갖게 될 것이다. 그 실행계획도 상황변화에 따라 필요하다면 수정되거나 보완돼야 한다.

이런 일을 할 때에는 제기되는 단기적 문제와 중기적 문제 가운데 정말로 중요한 것들만 가려내어 그것들에 관심과 논의를 집중시킬 필요가 있다. 이렇게 하는 데 도움이 되는 한 가지 방법을 단계별로 나누어 간략하게 소개한다.

1. **현 상황에 대한 분석**: 현 상황과 가장 중요한 변화를 분석하는 것으로 시작한다. 예를 들어 다음과 같은 것들을 분석해야 한다. 고객, 경쟁기업, 납품업체를 비롯한 시장의 주요 행위주체들과 세계의 환경에 무슨 일이 일어나고 있는가? 기업 내부의 상황은 어떠한가? 중심적인 추세는 무엇인가? 전략적인 관심을 가져야 할 단기적, 중기적 불확실성 요인으로는 어떤 것들이 있는가?

2. **시나리오 차트**: 당신의 기업이 속한 업종에 대한 단기 시나리오와 중기 시나리오로 볼 수 있는 추세들을 가려내라. 가려낸 것들 이외의 다른 대안의 시나리오는 발견할 수 없는가? 추동요인과 촉진요인으로는 어떤 것들이 있는가? 그러한 요인들이 미래에는 어떤 모습이 될까?

3. **결과분석(실현될 가능성이 있는 상황과 스토리라인)**: 당신의 기업과 그 기업이 속한 부문의 시나리오들이 어떤 결과를 가져오게 될지를 파악하라. 그 결과는 고객의 수요에 어떤 영향을 주는 것일까? 주요 시나리오들이

경쟁기업들에는 어떤 결과를 가져오게 될까? 그것들이 납품업체들에는 어떤 의미를 갖는가? 각종의 행위주체들은 어떤 반응을 보일까? 고객의 수요나 경쟁기업의 행동에 일어날 변화를 비롯해 생각해볼 수 있는 미래의 변화를 목록으로 작성하라. 이 목록에는 갑자기 일어날 수 있는 변화는 물론이고 시간이 흐름에 따라 천천히 일어날 변화도 적어 넣어라. 이 목록의 내용을 종합해 하나의 스토리라인을 만들고 그것을 앞으로 몇 년 동안의 기본 시나리오로 삼아라. 그 몇 년의 기간 중 가까운 미래에 해당하는 부분의 스토리라인은 높은 해상도를 적용해 자세하게 서술하고, 보다 먼 미래에 해당하는 부분의 스토리라인은 낮은 해상도를 적용해 개략적으로 서술하라.

4. **위험과 기회 차트**: 작성된 스토리라인을 이용해 성공요인, 위험요인, 기회요인을 장기와 단기로 구분해 파악하고, 그 각각이 실현될 가능성이나 위험도를 평가해보라. 성공요인, 위험요인, 기회요인의 잠재력과 현 상태를 비교하는 갭 분석을 실시하라. 파악된 성공요인, 위험요인, 기회요인이 단기와 장기에 각각 얼마나 중요하겠는가? 당신은 그런 요인들을 활용하거나 그것들에 대응할 준비를 얼마나 해놓고 있는가?

5. **실행계획**: 단기에 가장 중요한 성공요인, 위험요인, 기회요인을 가려내고 그것을 고려해 실행계획을 수립하라. 위험요인을 축소시키기 위해 곧바로 대응조치를 취할 필요가 있는가? 아니면 위험요인에 대해 장기적인 관점에서 대비태세를 갖추는 노력을 기울이는 게 나은가? 장기적인 위험요인에 대해서도 이와 같은 검토를 하라. 마지막으로 지적해둬야 할 것은 가장 중요하다고 판단된 요인들의 변화추이를 어떤 방법으로 추적할 것인지를 결정해야 한다는 것이다. 이런 추적을 위해 어떤 지표들을

이용할 수 있는가? 실행계획을 발동하거나 특정한 조치를 취해야 하는 기준점을 지표들에 설정할 필요가 있는가?

현재 일어나고 있는 변화가 가져올 가능성이 있는 결과를 위와 같이 체계적으로 검토하면 상황에 대한 전체적인 조망의 관점과 콘센서스를 비교적 신속하게 확보할 수 있다. 위와 같은 검토를 한 뒤에는 보다 깊이 있는 분석을 해야 한다. 하지만 시간을 흘려보내지 않고 우선 재빨리 위와 같은 분석을 하는 것은 다음과 같은 몇 가지 이점을 갖고 있다. 첫째, 재앙을 자초할 수 있는 잘못된 의사결정을 내릴 위험을 피할 수 있다. 둘째, 통제력 상실이 흔히 초래하는 불확실성을 줄일 수 있다. 셋째, 조치를 취해야 하는 영역에 초점을 맞춰 필요한 조치를 취할 수 있다. 넷째, 선제적인 대응책을 강구해볼 여유를 가질 수 있다. 그리고 다섯 번째로 어쩌면 위기를 오히려 당신에게 유리한 기회로 활용할 수도 있을 것이다.

24가지 함정

우리 동료 중에 대학교수가 한 사람 있다. 그는 "당신은 이 경험을 통해 무엇을 배웠나?"라는 질문을 거듭 던지곤 했는데, 이는 머지않아 우리 모두의 습관이 됐다. 누구나 할 수 있는 이 질문은 좋은 경험과 나쁜 경험을 모두 드러내준다.

지난 몇 년 동안 우리는 아주 많은 시나리오 플래닝 프로젝트를 이끌거나 그런 프로젝트에 참여해왔다. 그리고 카이로스 퓨처(Kairos Future)의 우리 동료들이 참여한 다수의 프로젝트들을 추적 관찰했다. 고객들은 그들의 경험을 우리가 공유할 수 있도록 해주었다. 좋은 경험 가운데 일부는 3장의 사례들에 반영됐다. 여기서는 가장 중요한 함정 24가지에 대해 살펴보겠다.

준비 단계의 함정

- **불분명한 목적**: 목적이 불분명한 채로 시나리오 작업을 시작하게 될 수 있다. 예를 들어 전략에만 초점을 두는 전문가들만을 참여시킨 가운데 협소한 기반의 시나리오 작업을 하게 될 수가 있다. 이럴 때는 혁신의 필요성에 대한 의식을 제고하기 위해 조직 내부 인력의 광범위한 참여가 가장 중요하게 요구된다는 사실이 작업 도중에 갑자기 분명해질 수 있다. 이런 경우라면 시나리오 플래닝보다는 시나리오 학습이 더 적절한 방식이라고 말할 수 있다.

- **모호한 질문**: 시나리오 플래닝이 초점을 두는 질문 자체가 지나치게 모호한 것일 수 있다. 이런 경우에는 흔히 구체적이고 중요한 추세들은 제쳐둔 채 모든 것을 포괄하는 방식으로 추세 추적이 이루어질 위험이 있다. 나중에 뭔가 중요한 추세들이 간과됐다는 사실이 분명해지면 그런 추세들에 기반을 둔 분석작업을 다시 해야 한다. 이런 상황이 벌어지면 작업 과정이 지체된다.

- **부적절한 시간틀**: 시간틀이 너무 짧은 경우가 종종 있다. 추세와 시나리오들이 단지 앞으로 몇 년간만을 위한 기획의 용도로 이용되는 것이다. 5년 미만의 시간틀은 중심적인 추세에 대한 관찰을 방해한다. 그러한 짧은 시간 속에서는 중요한 변화가 예측될 수 없다. 다른 한편의 극단으

로는 시간틀이 너무 길어 근거 없는 추측으로 시종하게 되는 경우를 들 수 있다.

- **작업팀의 협소한 관점**: 시나리오 작업 참여자들이 모두 조직 내부에서 나온 사람들로 이루어진 팀은 안에서 밖으로의 관점을 취하는 경향이 두드러진다. 이런 경우에는 그들 자신의 조직과 그들이 일하는 분야에만 과도하게 주목하게 될 것이다. 장기적인 변화는 종종 외부환경 속에 있는 추동요소의 작용으로 발생하고 전개되지만, 이런 변화가 파악되지 않을 수 있다. 시나리오 작업팀을 참여적이고 개방적으로 구성하려면 균형도 필요하지만 가능한 한 그 구성원들이 서로 이질적이어야 한다.

추적 단계의 함정

- **관찰된 변화에 근거하지 않은 추세**: 관찰된 변화에 기반을 두지 않은 추세는 악몽이거나 백일몽인 경향이 있다. 추세들에 대한 관찰을 완벽하게 하고 그것들을 묘사하는 데 초점을 맞추지 않는 경우에 흔히 이런 위험이 존재한다.

- **지나치게 협소한 관점**: 충분히 높은 시스템 수준의 추세들을 관찰하는 것만으로 폭넓은 관점을 보장하기에 충분한 것은 아니다. 시스템에서 일어나는 변화들을 관찰하는 것을 보다 쉽게 만들어주는 점검표를 작성해 이용하는 것이 다른 방법으로는 간과되기 쉬운 변화들을 놓치지 않고 관찰하는 데 좋은 방법인 경우가 많다.

- **지나치게 많은 추세들**: 너무 많은 추세들이 나타날 경우가 있다. 어떤 사람들은 식별되기는 했으나 예측가능성이 낮고 초점질문에 대한 영향의 수준도 낮아 특별히 중요하지 않은 추세들로부터 주의를 돌리는 데 어려움

을 겪는다. 그런 추세들이 다른 추세들에 추동요인이 되거나 다른 추세들의 결과로 나타나는 것일 수도 있다. 이런 경우에는 다른 추세들과 단일의 제목 아래 묶일 수 있다.

- **증거로 뒷받침되지 않는 추세**: 많은 산업분야에서 끊임없이 거론되는 '영원한 진리'가 있다. 사람들이 흔히 말하는 "그건 원래 그런 거야"라는 게 바로 그것이다. 하지만 실제로는 원래 그런 게 아닌 경우가 많다. 진정한 진리를 따져보는 노력을 아무도 하지 않을 따름인 것이다. 사람들이 모두 확실하다고 주장하는 추세가 실제로는 그것을 뒷받침하는 증거를 전혀 갖고 있지 않은 경우가 놀랄 정도로 많다. 늘 증거를 찾아야 한다.

분석 단계의 함정

- **적절한 불확실성을 식별해낼 능력의 결여**: 시스템 속의 너무 낮은 수준에서 확인된 불확실성은 그 시스템 전체에 별다른 영향을 끼치지 않을 수 있다. 이런 낮은 수준의 불확실성에만 주목해서 시나리오 작업을 할 경우에는 질적으로 충분히 서로 다른 시나리오들을 작성하지 못하게 되는 수가 있다. 그러나 낮은 수준에서 확인된 불확실한 추세라 하더라도 그것이 다른 많은 추세들에 큰 영향을 끼치는 것이라면 시스템 전체에 의미 있는 결과를 초래할 수 있다. 초점이 되는 질문과 관련해 가장 중요한 불확실성을 찾아내는 것도 중요하다.
- **사실은 불확실하지 않은 불확실성**: 어떤 추세는 단독으로는 불확실하지 않지만 다른 추세들과 결합하면 매우 흥미로운 시나리오들을 만들어낸다. 이런 추세를 보게 되면 누구나 그것을 이용하고 싶은 유혹에 이끌릴 수 있다. 이런 일은 시나리오 작업에 주어진 시간이 충분하지 않거나 다뤄

야 할 이슈가 대단히 어려운 것일 경우에 일어나기 쉽다. 어떤 경우에는 의미 있는 시나리오 십자가가 곧바로 발견되지만, 다수의 불확실성 요인들 사이의 의미 있는 결합을 찾아내는 데만 적어도 하루나 이틀이 걸릴 수도 있다.

- **자세하지만 포괄적이지 않은 시나리오**: 창작을 하는 작가라면 어떤 묘사를 아주 길게 하더라도 그 묘사로 독자들을 매료시킬 수도 있다. 그러나 시나리오 작업에서는 아주 자세하고 긴 묘사가 오히려 매우 협소한 관점만을 반영해서 그 내용이 포괄적이지 않은 경우가 많다. 식별된 추세 및 주요 요인들의 비교표를 이야기식 묘사를 하기 위한 점검목록으로 이용하는 방법을 사용하면 포괄성 있는 시나리오를 작성하는 데 도움이 된다.

- **지나치게 일반적인 시나리오**: 시나리오가 너무 일반적인 수준에서 묘사되면 처음에 제기된 질문과의 적절한 관련성을 잃게 된다. 시나리오 작업을 하는 사람이 고도의 시스템 수준에서 세계를 묘사하는 데 사로잡힐 수도 있다. 그러나 시나리오를 필요로 하는 조직으로서는 관련 영역에서 파악된 포괄적인 패턴들, 그리고 그런 패턴들이 조직의 미래에 실제로 끼치는 영향과 그 결과가 가장 중요할 것이다. 조직의 관련 영역에서 파악된 포괄적인 패턴들을 조직의 구체적인 목표에 비추어 잘 다듬으면 시나리오 작업에 유용한 결과를 얻을 수 있다.

전망 단계의 함정

- **공상**: 제시된 비전이 너무 먼 곳에 있는 것으로 보이는 탓에 조직에서 '결코 실현될 수 없는 자유분방한 공상'으로 여겨질 수 있다. 다른 한편으로는 제시된 비전이 실현 가능성이 있는 미래의 환경과 관련성이 거의

없게 보이는 수도 있다. 시나리오 작업을 먼저 하고 나서 그 결과를 토대로 비전을 세우는 작업을 하는 것이 이런 함정을 피하는 데 도움이 된다.

- **참여 없는 비전 수립**: 소수의 최고위 경영자들만에 의해 수립된 비전은 결국 선반 위에서 먼지만 뒤집어쓰게 되기 쉽다. 조직의 내부 구성원들이 폭넓게 비전 수립 과정에 부분적으로라도 참여한다면, 수립되는 비전이 훨씬 더 구체적인 내용을 담게 될 것이다. 비전 수립을 이런 방식으로 하게 될 경우에는 수립되는 비전이 조직 구성원들의 생각을 훨씬 더 잘 반영할 것이다.

- **비전의 미흡한 전파**: 비전을 설명하는 글이 인쇄되어 근사한 폴더로 제본되기만 하면 그 비전이 사람들을 고무하고 인도할 것이라고 생각하는 사람들이 의외로 많다. 비전을 내세우는 경영이 실패하는 가장 흔한 이유는 비전의 전파를 충분히 하지 않는 데 있다. 조직 구성원들에게 비전을 반복해 전달하고, 전략과 행동에 관한 논의가 일어날 때마다 전략과 행동을 비전에 연결시켜야 한다.

- **비전과 실천의 괴리**: 조직의 전략, 목표, 행동계획이 비전과는 아무런 관계도 없이 수립되는 것처럼 보이고, 그래서 새로운 비전에 장애물이 되는 것들을 제거하기 위한 노력이 전혀 기울여지지 않는 경우가 많다. 기업의 최고경영자는 자신이 제시한 비전대로 자신도 행동하는 일관된 태도를 보여야 한다. 그래야 조직의 다른 사람들에게도 그 비전이 스며든다.

결정 단계의 함정
- **통상적이지 않은 환경변화에 대한 통상적인 대응**: 통상적이지 않은 새로운 전략을 발견해내는 데는 상당한 시간이 걸리는 체계적인 작업이 필요하

다. 그러나 이런 점을 많은 사람들이 깨닫지 못하고 있다. 시나리오 플래닝은 통상적이지 않은 새로운 전략과 해법을 발견해내는 데 도움이 되는 아이디어를 많이 제공한다.

- **안전하게 느껴지는 기존 전략에 대한 집착**: 어느 조직이든 그동안 잘 기능해온 기존의 전략에 집착하기 쉽다. 환경의 변화로 인해 기존의 전략이 더 이상 제대로 기능하지 않는다는 사실이 이미 여러 차례 입증된 뒤에도 조직이 새로운 길을 찾아야 할 필요성을 조직 구성원들이 인정하지 않으려고 하는 경우가 적지 않다.

- **단기적 변화로 이어지지 않는 장기적 전략**: 조직의 실제 업무과정에서 실질적인 변화를 일으키지 못하는 전략은 아무런 소용이 없다. 이미 자리를 잡은 업무패턴을 새로운 업무패턴으로 변화시키는 데는 많은 에너지가 소요된다. 이런 점은 전략의 개발과 그 후속과정에 조직의 중간간부들을 참여시켜야 할 필요가 있음을 말해준다.

- **미래전략의 과속 실행**: 어떤 전략이나 해법이 미래의 예상되는 변화에 대응하는 데 매우 훌륭한 것으로 보일 수 있다. 그러나 미래는 아직 우리에게 닥치지 않았다. 현재의 시장에 대한 분석은 내일의 소비자들이 어떤 태도를 보일 것인지에 대해서는 그다지 좋은 답변을 주지 못하지만, 지금의 소비자들이 새 제품에 어떻게 반응할 것인가에 대해서는 매우 훌륭한 답변을 줄 수 있다.

행동 단계의 함정

- **경쟁자들에만 초점을 두는 비즈니스 정보 기능**: 비즈니스 정보 기능이 관심의 범위를 너무 좁게 설정할 수도 있고, 경쟁자나 고객들에 의해 초래되

는 변화만 고려하게 될 수도 있다. 정보기능을 담당하고 있는 내부조직이 폭넓은 관찰을 하고 깊이 있는 분석을 할 경우에만 기업에 영향을 미칠 수 있는 각종 변화들을 감지해내고 적절하게 조기경보를 울려줄 수 있다.

- **환경감시를 소홀히 하게 하는 조직문화**: 조직이 주변 환경을 감시하는 일을 본업에 부가되는 부업 정도로 간주하는 경우가 많다. 이런 경우에는 주변 환경을 감시하는 일을 맡게 된 사람들이 조직에서 더 높은 평가를 받는 다른 일에 우선순위를 두게 된다. 주변 환경을 감시하는 일의 가치를 조직이 인정하고 있음을 분명히 알려야 한다.

- **소수만 이용할 수 있는 정보**: 정보로 가득 찬 데이터베이스를 갖고 있는 조직이 적지 않다. 그러나 그런 데이터베이스가 존재한다는 사실을 극히 소수만 알고 있고, 그것을 실제로 이용하는 데 필요한 지식을 갖춘 사람들은 더 적을 수도 있다.

- **미래에 대한 관심의 소멸**: 시나리오 작업 중에는 미래와 미래가 제시하는 도전과제에 초점이 맞춰진다. 그러나 시나리오 작업이 끝나고 사람들이 다시 자기 자리로 돌아가면 그동안 미결서류함에 쌓인 일상의 문제들에 관심의 초점을 돌리게 된다. 이럴 경우에는 조직 전체와 관련된 미래의 문제들에 대처하기에 너무 늦은 시점까지도 그런 미래의 문제들이 조직 구성원들의 우선적인 관심사에서 배제될 위험성이 있다.

4장 :: 시나리오 싱킹의 원칙

1~3장에서 우리는 시나리오 플래닝과 관련된 논의와 주장을 소개하고 시나리오 플래닝이 등장하게 된 배경과 그 이용의 역사를 간략하게 살펴본 뒤 시나리오 플래닝이 실제로 이용된 사례를 깊이 있게 들여다보았다. 이어 4~5장에서는 앞에서 서술된 내용을 시나리오 싱킹의 7가지 원칙과 전략적 사고의 7가지 원칙으로 요약해본다.

시나리오 싱킹의 7가지 원칙

주의 깊은 독자라면 이미 알아차렸겠지만 시나리오 싱킹은 몇 가지 원칙들에 근거하고 있다. 그 원칙들은 구체적인 문제를 다루거나 의사결정을 할 때 적용되는 7가지 기본적 관점이다.

- 시나리오 싱킹의 첫 번째 원칙은 '사고의 도구 갖추기' 다. 싱킹 (Thinking)이라고 하면 말 그대로 그저 생각하는 것만을 의미하는 것으

로 받아들이기 쉽다. 그러나 일반적인 경험에 비추어보면 싱킹은 여러 가지 기법, 방법, 도구에 의해 개선될 수 있고, 개선돼야 한다. 그러니 시나리오 싱킹에도 적절한 도구를 이용하도록 하고, 이를 위해 당신 스스로 그러한 도구를 갖추도록 하라.

- 두 번째 원칙은 '두뇌를 신중하게 이용하기'다. 두뇌는 아주 훌륭한 도구이고, 존중하면서 다루어야 한다. 인간의 두뇌는 장구한 세월에 걸쳐 발달돼왔고, 그러는 동안 생존과 성공에 도움이 되는 여러 원칙들을 스스로 채택했다. 그러한 두뇌의 원칙들을 간파하고 존중하고 이용할 필요가 있다.

- 세 번째 원칙은 '드라마의 관점에서 생각하기'다. 이는 이 세계를 연극과 같은 것으로 본다는 의미다. 연극에서 각 행위주체(플레이어)는 무대 위의 다른 모든 행위주체에 의존하는 동시에 그들에게 영향을 끼친다. 드라마의 관점에서 생각한다는 것은 '미래의 시점에서 생각하기'는 물론이고 시스템적 사고, 불확실성에 초점을 둔 사고, 관련 행위자 중심의 사고, 자신의 행동에 대한 고찰 등 다른 모든 기본적 관점을 다 포괄하는 전반적인 관점이다.

- 네 번째 원칙은 '미래의 시점에서 생각하기'다. 이것은 시나리오 싱킹의 핵심이라고도 말할 수 있다. 미래의 시점에서 생각하기는 미래를 맨 앞에 둔다는 뜻이다. 미래에 일어날 수 있는 사건이나 상황에서 생각하기를 시작하고, 그렇게 상상한 미래로부터 무엇을 해야 할 것인지를 계획하라는 것이다.

- 다섯 번째 원칙은 '불확실성과 관련지어 생각하기'다. 불확실성을 관리하는 것은 모든 경영행위의 주된 과제다.

- 여섯 번째 원칙은 '시스템 차원에서 생각하기'다. 이는 밖에서 안을 들여다보며 생각하고, 시스템의 각 수준별로 상호연관성, 상호의존성, 종속성을 생각하는 것을 의미한다.
- 마지막으로 일곱 번째 원칙은 '전략적 행동에 주목하기'다. 시나리오로부터 전략으로 이어지는 논리적 연결이 전략적 행동에 반영된다. 다른 사람들도 전략적 행동을 하겠지만, 당신의 조직도 전략적 행동을 해야 한다. 전략은 의도, 개입, 행위, 그리고 전략적 행동과 관련된다.

원칙 1. 사고의 도구 갖추기

생각하는 능력을 개선하기 위해서는 도구, 원칙, 방법이 필요하다는 점을 옛날부터 철학자들은 알고 있었다. 전통적으로 학문적 훈련은 생각하는 데 도움이 되는 적절한 도구들을 학생들에게 가르치는 것이기도 했다.

시나리오 플래닝은 그 성격상 대단히 복잡한 주제들을 다뤄야 하기 때문에 다양한 학문분야에 걸친다. 시나리오 플래닝의 과제는 조직의 경영과 관련된 현재와 미래의 모습을 그려보는 것이다. 이를 위해서는 다음과 같은 일들을 하기 위한 방법과 도구가 필요하다.

- 새로 떠오르는 추세와 잠재적인 이슈들을 식별해낸다.
- 그러한 추세와 잠재적 이슈가 낳는 결과들을 파악하고 가능한 대응조처를 강구한다.
- 대안의 시나리오들을 만들어내고 그 시나리오들에 따른 미래의 모습을

그려본다.

어떤 때는 양적인 방법이 필요하고, 어떤 때는 질적인 방법이 필요하다. 어떤 문제는 S자곡선 분석이나 현재 추세의 전개결과 추정과 같은 간단한 추세연장의 방법으로 풀린다. 그러나 같은 추세연장 방법이라고 하더라도 시스템 분석에 기반을 둔, 보다 체계적인 추세연장 방법을 필요로 하는 문제도 있다. 그런가 하면 어떤 문제는 순전히 창조적 사고나 직관에 의해서만 풀린다. 그러나 현실에서 대부분의 문제를 푸는 데는 3장에서 보았듯이 모든 종류의 방법이 다 필요하다.

모든 시나리오 분석이 잘 갖추어진 도구박스를 필요로 한다는 점은 쉽게 이해할 수 있을 것이다. 시나리오 분석을 하고자 하는 사람이 경영자이든 전문적인 시나리오 분석가이든 마찬가지다. 문제를 다룰 때 여러 가지 다른 각도에서 여러 가지 다른 도구를 사용해야 할 필요가 언제든지 있다. 간단하게 말하자면 시나리오 작업은 다음 세 가지 구성요소로 이루어지는데 그 각각은 서로 다른 능력과 기법을 필요로 한다.

- 정보수집: 직관력
- 정보분석: 논리력
- 미래의 모델화: 창조성

정보수집에는 직관력과 더불어 폭넓게 내다볼 줄 아는 능력도 필요하고, 관찰력과 세밀한 것을 포착하는 감각도 필요하다. 수집된 정보를 분석하려면 무엇보다도 논리적이고 체계적인 사고를 할 줄 아는 능력이 있어야 할 뿐 아니라 패턴을 살피고 직관을 사용할 줄 아는 능력도 필요하다. 미래를 모델화하는 데는 생각하고 결론을 이끌어내는 능력과 더불어 창조성과 상상력도 필요하다.

정보수집, 분석, 시나리오 생성을 위한 여러 가지 도구들을 부록에 설명해 놓았다. 그 방법들은 주된 특징에 따라 7가지 종류로 분류될 수 있다.

- 미디어에 기반을 둔 방법
- 인터뷰에 기반을 둔 방법
- 시간경과에 기반을 둔 방법
- 생산적이고 직관적인 방법
- 행위자 지향적인 방법
- 결과에 초점을 맞추는 방법
- 시스템 차원의 방법

이 책에서는 시나리오 싱킹의 원칙들을 하나하나 설명해 나가면서 그때 그때 이용가능한 방법들을 간략하게 언급할 것이다. 그 각각에 대한 짤막한 설명을 부록에 실어놓았다. 여기서도 여러 가지 용어들이 각각 의미하는 바가 무엇인지를 간단간단하게 소개한다.

미디어에 기반을 둔 방법

미디어에 기반을 둔 방법이란 인쇄매체, 텔레비전, 그리고 그에 못지않게 중요한 인터넷 등 폭넓게 이용되는 정보원천으로부터 정보를 수집하는 방법을 말한다. 인쇄매체, 텔레비전, 인터넷을 통해 우리는 데이터베이스를 비롯한 대부분의 정보원천에 접근할 수 있다. 미디어에 기반을 둔 방법들은 정보를 검색하거나 사고에 자극을 받기 위한 목적으로 이용할 수 있고, 정보를 검증하는 데도 이용할 수 있다.

관찰을 하거나 사고에 자극을 받기 위해서는 미디어 중에서도 인쇄매체를 이용하는 것이 가장 낫다. 구색이 잘 갖춰진 서점의 잡지코너나 가판대에 가보면 자신이 모르는 일들이 얼마나 많은가를 깨닫게 될 것이다. 그동안 생각해보지 않았던 주제들에 관한 온갖 무명의 잡지들에 실린 기사를 훑어보라. 마음만 열어놓고 있다면 새로운 아이디어와 새로운 관점을 얻게 될 것이고, 당신이 몰랐던 잠재적 이슈와 추세들을 알게 될 것이 분명하다. 존 나이스빗과 페이스 팝콘을 비롯한 많은 유명한 추세분석가들도 이런 방식의 미디어 분석에 바탕을 두고 미래예측의 글을 쓰는 경우가 많다.

확인해보려고 하는 것이 정해져 있을 때 그것을 실제로 확인해보거나 관련 정보를 검색해보려고 할 때는 인터넷과 데이터베이스를 이용하는 것이 가장 좋다. 인터넷에서는 주요 조사기관이나 컨설팅회사들이 올려놓은 고품질의 보고서를 공짜로 구할 수 있다. 또한 오늘날 구글과 위키피디어를 이용하지 않고도 생존할 수 있는 사람이 있겠는가.

추세 포착과 이슈 분석을 위해 미디어를 정보원천으로 이용하려고 한다면 사회적인 이슈가 생겨나고 확산되는 메커니즘을 우선 이해해야 할 필요가 있다. 새로운 이슈는 웹사이트, 뉴스그룹, 블로그, 모든 분야의 전문잡지 등 소규모 전문적 커뮤니티의 구성원들 사이에 오고가는 대화에서 가장 먼저 포착되는 경우가 많다. 만약 당신이 기술 분야를 포함해 보다 사회 주류적인 이슈를 살펴보려고 하는 경우라면 전문성도 있어야 하지만 보다 일반적인 미디어를 들여다봐야 한다. '다음 차례의 커다란 변화' 는 바로 이런 미디어에서 발견된다. 어느 한 이슈가 사회적으로 크게 부각되려면 그 이슈와 관련해 뉴스가치가 있는 사건이 사회 전반에 영향력이 있는 미디어를 통해 보도돼야 하고, 그 사건이 뭔가 충격적인 이름을 갖고 있어야 한다. 이런 이슈라면 다양한 미디어를 통해 그 이슈에 관한 글을 읽거나 들을 수 있을 것이다.

인터뷰에 기반을 둔 방법

인터뷰에 기반을 둔 방법에는 포커스 그룹, 전문가 패널, 델파이 조사 등이 있고, 인터뷰도 같은 종류의 방법이다. 이런 방법들은 다양한 목적에 활용될 수 있다.

인터뷰에 기반을 둔 방법은 첫째, 어느 하나의 주제에 대한 탐색에도 활용할 수 있고 중심적인 추세나 주된 불확실성 등에 대한 가설을 세우는 데도 활용할 수 있다. 둘째, 어느 특정한 주제를 명확하게 파악하거나 그 주제에 대한 보다 포괄적인 그림을 그리는 데도 인터뷰에 기반을 둔 방법을 활용할 수 있다. 셋째, 미래에 대한 가설을 검증하는 데도 이 방법을 활용할 수 있다.

시간경과에 기반을 둔 방법

시간이 경과함에 따른 패턴들을 식별해내기 위해 고안된 다수의 양적, 질적 방법들을 통칭할 때 '시간경과 분석(timeline analysis)' 이라는 용어를 사용한다. 시간경과 분석의 예로는 시계열분석, 직관적으로 시간에 따른 변화 그려보기, 역사적 유추, 선도자 분석 등을 들 수 있다.

만약 시간의 경과에 따른 변화를 검토하고자 한다면 그 일반적인 패턴을 파악하는 것이 중요하다. 간단히 말해 일반적인 패턴에는 연속성과 불연속성이라는 두 가지가 있다. 짧은 기간을 놓고 보면 대부분의 현상이 연속적인 것으로 인식된다. 그러나 역사를 전체적으로 길게 바라보면 연속적인 시대 다음에 불연속적인 시대가 온다는 것을 알 수 있다. 불연속적인 시대에는 비교적 짧은 기간에 외부의 힘이 만화경과 같이 연속적으로 변하는 패턴을 뒤흔들고 새로운 삶의 조건들을 창출해내는 극적인 변화와 이변이 일어난다. 지구의 역사(공룡의 멸망과 포유동물의 부상)에서부터 삼림(대규모 산불 발생과 삼림의 재형성), 문명(로마제국과 대영제국의 성쇠), 산업(새로운 기술이나 규제의 도입), 개인(출산과 이혼)에 이르기까지 대부분의 시스템에서 연속성과 불연속성이 교대한다는 사실을 확인할 수 있다.

상대적으로 안정된 기간에는 다음과 같은 세 가지의 주요 패턴이 발견된다.

- **불변의 요소**: 불변의 요소는 고정된 상수를 가리킨다. 어떤 상수들은 일출과 일몰, 뉴턴의 법칙, 인체의 에너지와 같은 자연현상과 연관관계가 있다. 그런가 하면 어떤 상수들은 육체적, 지적 능력을 새로운 영역으로 끊임없이 확장하려는 인간의 노력과 같은 인간 고유의 태도와 연결돼 있다. 추세를 찾아내는 노력을 할 때 우리는 흔히 중심적인 불변의 요소를 간과하기 쉽다.
- **라이프사이클**: 라이프사이클은 인간이나 조직과 같이 모든 살아있는 시

스템에 일반적으로 나타나는 패턴이다. 사람은 태어나서 성장하고 늙고 결국은 죽는다. 새로운 제품이나 시장도 일반적으로 이런 패턴을 따른다. 라이프사이클은 가속적인 성장이 이루어지는 단계와 성장률이 낮아지는 단계로 구성된다.

- **순수 사이클**: 위에서 언급한 일출과 일몰은 순수 사이클의 한 예다. 50~60년 주기의 콘트라티예프 사이클에서부터 4~5년 주기의 단기 사이클에 이르기까지 다양한 주기의 경제적 사이클도 순수 사이클의 예로 들 수 있다. 콘트라티예프 사이클을 비롯해 많은 순수 사이클이 사실은 라이프사이클의 변화에 의해 초래된 결과인 경우가 많다. 콘트라티예프 사이클에서는 하나의 사회적, 기술적 시스템이 다른 사회적, 기술적 시스템으로 바뀌곤 한다.

이런 세 가지 주요 패턴 외에 네 번째 패턴으로 선형적 추세를 거론할 수도 있다. 그러나 우리가 선형적 추세로 인식하는 것은 대개 라이프사이클의 한 부분이다. 예를 들어 매년 늘어나는 인구수가 몇 백만 명이나 몇 천만 명 수준으로 거의 일정하게 보이는 탓에 우리는 인구증가가 선형적 추세라고 생각하기 쉽다. 그러나 실제로는 그동안 인구는 가속적으로 증가해왔고, 앞으로는 인구가 오히려 감소할지도 모른다.

연속성과 불연속성의 결합이 사회에서 인식되는 다수의 시나리오 패턴들로 이어진다. 그러한 예로 들 수 있는 것은 불사조 시나리오(패러다임의 전환), 쇼는 계속된다 시나리오(진화), 모든 것이 새롭다 시나리오(혁명적 변화), 황금시대 시나리오(성장의 정점), 돌아간 것은 돌아온다 시나리오(순환적 패턴), 승자와 패자 시나리오, 도전과 응전 시나리오 등이 있다.

생산적이고 직관적인 방법

인간 정신의 대역폭(bandwidth)에는 한계가 있다. 심리학자 조지 밀러 (George Miller)는 1956년에 〈심리학 평론(Psychological Review)〉에 게재된 그의 논문 〈신비의 숫자 7 플러스 마이너스 2: 정보처리 능력상의 어떤 한계〉에서 인간의 정신능력이 갖고 있는 한계라는 문제를 제기했다.

이 논문에서 밀러는 대부분의 상황에서 인간은 정보의 복잡성을 대략 1바이트(정보의 기본단위인 비트로는 7～8비트)로 축소할 필요성을 느낌을 보여주는 증거를 확인했다고 밝혔다. 인간은 여러 개의 정보를 그룹화하거나 범주화하는 것을 통해 정보의 복잡성을 축소할 수 있다. 이렇게 해야 하는 것은 인간은 의식에서는 많은 양의 정보를 기억하고 다룰 능력을 갖고 있지 않기 때문이다. 그러나 우리의 잠재의식은 이보다 훨씬 더 많은 양의 정보를 처리하고 다룰 능력을 갖고 있다. 두뇌는 초당 10～20비트 정도까지의 정보만을 인식하거나 분간할 수 있고 그 이상의 정보는 단지 소음으로만 받아들인다. 하지만 잠재의식의 수준에서는 수십억 개의 정보도 받아들일 수 있다.

이런 사실들이 낳는 한 가지 결과는 인간의 잠재의식 속에는 끄집어내어지기를 기다리는 수많은 지혜가 쌓인 '지혜의 저장고'가 있다는 것이다. 지난 20년 동안 개발된 창조성 계발 방법들이 대부분 바로 이 점을 근거로 삼았다. 분석과 비판은 창조적이거나 직관적인 과정을 죽여 버리기 쉽기 때문에 창조적이거나 직관적인 단계와 분석이나 비판의 단계는 따로 분리해야 할 필요가 있다. 모든 시나리오 작업과정에서도 이런 분리조치를 취해야 한다. 창조성에 관한 전문가인 에드워드 드 보노(Edward de Bono)는 인간이 어떤 종류의 정신적 상태에 있느냐를 색깔이 상이한 여러 개의 모자로 표현하기도 했다.

창조적인 사고를 생산적으로 하기 위해 필요한 원칙은 간단하다.

- 먼저 발산적으로 생각한다. 다시 말해 직관에서 출발해 어떠한 구속도 받지 말고 창조적인 사고를 하거나 브레인스토밍을 한다.
- 그 다음에 수렴적으로 생각한다. 첫 번째 단계에서 생성된 자료들을 파악하고 비판하고 분석하고 심화하기 위해 수렴적이고 분석적으로 생각하는 것이다.

자신의 육감을 믿어라. 그러나 과도하게 믿지는 마라!

행위자 지향적인 방법

이 세계에서 또는 산업이나 조직 내부에서 일어나는 일 가운데 많은 것들이 어떤 행위자로부터 시작된다. 또는 서로 다른 행위자들과 그들의 구체적인 목표들 사이의 상호작용에서 유발된다고 볼 수도 있다.

행위자들, 그들의 목표들, 그들의 힘, 그들 사이의 동맹관계는 어떤 한 영역에서 일어나는 상호작용을 이해하는 데 열쇠가 된다. 특히 중요한 것은 고객들, 경쟁자들, 그리고 이들보다 결코 덜 중요하다고 말할 수 없는 잠재적인 신규진입자들, 기존의 제품이나 서비스를 대체하려는 제품이나 서비스 등이다. 이런 것들을 식별해내는 데는 여러 가지 방법이 있다. 행위자 분석의 토대 위에서만 시나리오가 쉽게 그려질 수 있다.

결과에 초점을 맞추는 방법

행동, 사건, 추세 등의 잠재적 결과를 분석하는 것은 중요하다. 주의 깊게 체계적으로 어떤 결과가 생겨날 것인지를 분석하고 나면 시나리오 작성이 훨씬 쉬워진다. 결과를 분석하는 방법에는 기술평가, 결과나무, 결과도표 등 여러 가지가 있다.

시스템 차원의 방법

사회와 같은 복잡한 시스템이나 산업 또는 조직과 같은 복잡한 주제를 다루는 데는 전통적인 인과적 추론만으로는 불충분하다. 서로 다른 하위시스템들 사이의 상호작용이나 변화요인들을 이해하기 위해서는 다변수 관계를 다뤄낼 수 있는 뭔가 다른 종류의 분석도구가 필요하다.

시나리오 플래닝을 하는 게 목적이라면 교차영향 분석, 4분면 분석, 인과관계 분석(인과고리 도표)을 비롯한 몇 가지 방법을 쉽게 이용할 수 있다. 동태적 시뮬레이션도 시스템의 동작논리에 대한 이해를 높이고 '시스템의 행태(system behavior)'를 예측하는 데 한 가지 방법이 된다.

원칙 2. 두뇌를 신중하게 이용하기

호모 사피엔스는 시나리오 플래닝을 하는 동물이다. '시나리오 속에서 생각하기'는 우리가 늘 하는 것이다. 그러나 직관적인 시나리오 싱킹은 실현가능한 시나리오를 개발하는 데 필요한 사고와는 다소 다르다. 직관적인 시나리오 싱킹을 하기 위해서는 우리의 두뇌로 하여금 새로운 방향으로 생각하게 하고, 기존의 인식에 도전하도록 강제할 필요가 있다. 그러나 이렇게 하는 데는 에너지가 소모된다. 또 익숙하지 않은 것들에 생각을 집중시키는 행위는 피로를 초래할 수 있다. 창조적이고 분석적인 연습을 요구하는 워크숍을 10시간 정도 하고 나면 대부분의 참석자들은 완전히 진이 빠져 버린다. 두뇌가 신경세포들을 연결하는 시냅스(synapse)를 만들어내는 데는 힘이 든다. 때문에 두뇌는 버거운 인식을 해야 할 때마다 자연스럽게 저항하고 나선다. 마라톤 경주를 할 때보다도 어려운 시험을 치를 때 두뇌가 더 많은 에너지를 소모한다고 한다. 따라서 계속해서 긴장감을 주입하거나 버거운 인식을 하게 하면 두뇌의 생산성이 떨어질 수도 있다. 생명이 위험에 처한 경우가 아닌 한 두뇌를 지나치게 혹사시켜서는 안 된다.

우리는 두뇌를 신중하게 다뤄야 하고 이와 동시에 두뇌가 본디 매우 선별적이라는 특성을 갖고 있음을 알아야 한다. 두뇌는 주입되는 정보의 홍수 속에서 받아들일 정보를 의식적으로 선별하고 추출해낸다. 두뇌가 선별적으로 정보를 추리는 이유 중 하나는 인간의 기억력이 강하지 못하다는 데 있다. 어떤 사실을 계속 기억할 수 있으려면 그 사실이 반복돼야 한다. 그래서 두뇌는 손상된 기억을 복구해줄 수 있는 정보와 이미 알고 있는 것들을 다시 확인해주는 정보를 찾는다. 두뇌의 이런 정보탐색은 의식적 과정인 동시에 잠재의식적 과정이기도 하다. 어떤 특정 분야에 대한 지식을 더 많이 갖게 될수록 우리는 그것을 최신의 상태로 업데이트하면서 유지하는 데만도 엄청난 에너지와 시간을 쏟아부어야 한다. 그 결과 우리는 두뇌의 용량을 확장시키는 정보를 찾는 일에 대한 흥미와 여력을 점점 잃게 된다.

두뇌는 창조적인 상상을 하는 기관이다. 생각은 이미지, 음악, 감각, 느낌 등으로 이루어지는 것이지 '~이 아니다' 라든가 '~보다 많다' 는 등의 추상적인 개념 중심으로 이루어지지 않는다. 예를 들어 인간의 마음속에는 '부정(否定)' 이 존재하지 않으며, 실제 세계에도 그런 것은 존재하지 않는다. 따라서 이미지와 더불어 생생한 언어와 묘사로 이루어지는 서술적인 이야기가 강력한 의사전달 도구가 된다. 인류역사의 초기부터 의사전달을 잘하는 사람들은 이 점을 이미 알고 있었다.

서로 다른 미래의 이미지들은 우리에게 서로 다른 영향을 끼치는 경향이 있다.[18] 긍정적인 이미지와 부정적인 이미지(또는 위험) 사이의 전투에서는 부정적인 이미지가 기선을 제압한다. 그리고 가까운 미래와 먼 미래 사이의 전투에서는 가까운 미래가 이긴다. 따라서 대부분의 사람들은 멀리 있는 기회보다는 임박한 위험을 강조하는 경향을 보인다. 이렇게 하는 것은 보통은 성공적인 생존전략이 된다. 그러나 항상 그런 것은 아님을 알아야 한다. 아울러 두뇌는 특정한 정보, 특정한 생각의 분위기, 특정한 미래를 아예 무시하거나 반대로 과도하게 강조하는 경향을 보편적으로 갖고 있음을 염두에 두는 것이 좋다.

두뇌가 지닌 기능의 또 다른 예로 들 수 있는 것은 정신력이 지닌 대역폭의 한계다. 인간은 잠재의식 수준에서는 많은 양의 정보를 받아들일 수 있지만 의식적으로 그 정보를 다룰 수 있는 능력은 매우 제한적이다. 그러므로 우리는 복잡성을 축소시킬 필요가 있다. 그리고 이러한 복잡성 축소작업을 직관적으로만 할 것이 아니라 단계적으로 할 수 있도록 도와주는 보다 체계적인 방법을 이용할 필요가 있다.

원칙 3. 드라마의 관점에서 생각하기

시나리오란 말은 원래 연극을 공연하는 극장에서 유래했다. 시나리오는 연극 속에서 벌어지는 사건들의 전개과정을 묘사한 것이다. 시나리오 싱킹은 기본적으로 세계 또는 산업을 하나의 거대한 드라마로 보는 것을 의미한다. 그 드라마에서는 어느 정도 통제가 가능한 다양한 힘들과 다수의 행위주체들이 각자 자신의 목적과 의도에 부합하는 방향으로 줄거리 전개에 영향을 미치려고 애쓴다.

연극이나 영화의 맥락에서 볼 때 시나리오는 간단하면서도 묘사가 풍부해야 한다. 이는 곧 시나리오는 영화의 결말 부분만을 스냅사진 촬영하듯 한 것이 아니라 영화 속의 사건들을 그 전개과정에 따라 묘사한 것을 의미한다. 이런 컨셉을 미래에 대한 생각에 옮겨 적용해본다면, 완전한 시나리오를 작성하는 것은 특정한 미래 시점의 상황을 스냅사진 촬영하듯 하고 마는 것이 아니라 지금부터 그 특정한 미래 시점까지의 상황전개를 묘사하는 것이라는 말이 된다. 아울러 시나리오는 일관성이 있어야 한다. 그 안에 온갖 모순들이 가득 찬 것이어서는 안 된다.

드라마의 관점에서 보면, 시나리오는 시간이 흐르는 도중의 각각의 시점에 다음과 같은 것을 묘사해야 한다.

- 배우(행위주체): 드라마를 끌고 나가는 주인공(누가?)
- 사건: 어떤 일이 일어나는가(무엇?)
- 그런 일이 일어나는 시간(언제?)
- 사건이 일어난 배경(어디서?)

- 소도구: 어떤 소도구들이 필요하며, 배우들의 연기는 어떻게 이루어져야 하나(어떻게?)
- 모티브: 이 사건은 왜 일어나는가(왜?)

간단히 말하면 시나리오는 누가 무엇을 언제 어디서 어떻게(또는 누구와 함께) 왜 하느냐는 질문에 답변을 해야 한다.

시나리오 묘사가 위에 언급한 측면들 가운데 하나 또는 그 이상을 결여한 경우가 흔하다. 특히 모티브와 행위주체가 없는 경우가 가장 흔하다. 이는 곧 목적이 모호한 가운데 역시 모호한 어떤 행위주체가 상황전개를 통제한다는 것을 의미한다.

이처럼 시나리오 싱킹은 미래를 아직 상연되지 않은 드라마나 연극으로 보는 것을 의미한다. 그것은 누구나 무대 위에 올라가서 즉흥적인 대사를 읊을 수 있는 연극적인 토론장으로서의 미래다.

원칙 4. 미래의 시점에서 생각하기

시나리오 플래닝의 정수는 미래의 시점에서 생각하기에 있다. 시나리오 싱킹을 잘하는 사람이 되려면 미래의 시점에서 생각할 줄 아는 능력을 개발할 필요가 있다.

미래의 시점에서 생각하기를 천성적으로 잘 하는 사람들이 있다. 이런 사람들은 끊임없이 '이것으로 인해 상황이 어떻게 변할까?' '이것은 무슨 조짐일까?' 등의 관점에서 생각한다. 이런 사람들은 새로운 현상을 알게 되면 곧바로 그 현상이 낳게 될 결과에 대해 폭넓게 추측하기 시작한다. 이런 사람들은 흔히 상상력이 풍부하고, 수용적이고, 이미지로 생각한다는 특징을 갖고 있다. 그들은 미래 생각하기의 습관과 능력을 타고난 사람들이다. 그러나 그들 외에 대부분의 다른 사람들도 몇 가지 기법을 익히고 약간의 훈련만 하면 미래 생각하기의 능력을 개선할 수 있다.

미래를 생각하는 능력을 개선하는 방법은 많다. 앞 부분에서 미래예측 또는 시나리오는 '현재에서 미래로'의 관점에서도 창출될 수 있고 '미래에서 현재로'의 관점에서도 창출될 수 있다고 말한 바 있다. 이 가운데 '현재에서 미래로'의 관점을 취하는 방법은 인과관계로 생각하는 것을 기초로 한다. 이런 방법에서는 현재의 사건이나 추세로부터 그 결과들을 생성해서 결과나무나 인과관계의 지도를 그릴 수 있다. 이런 종류의 생각하기는 그 특성상 '미래에서 현재로'의 관점을 취하는 방법에 비해 더 분석적이다. 반대로 이야기하면, '미래에서 현재로'의 관점을 취하는 방법은 '현재에서 미래로'의 관점을 취하는 방법에 비해 더 창조적이다. '미래에서 현재로'의 관점을 취하는 방법에서는 먼저 미래의 상태를 상상하고 그 지점으로부터 그 미래의 과거역사를 전개한다. 이때 미래의 과거역사를 전개하는 작업은 창조적인 방법으로도 할 수 있고, 보다 분석적인 방법으로도 할 수 있다. 여기서 보다 분석적인 방법이란 미래에서 현재로 돌아오는 길을 단계적으로 찾아내는 것을 말한다.

대부분의 사람들은 이 두 가지 방법을 다 사용할 수 있지만 두 가지 가운데 하나를 선호하곤 한다. 미래의 시점에서 생각하는 능력을 개선하는 가장 손쉬운 방법은 미래의 시점에서 편지쓰기를 하는 것이다. 당신의 오래된 친구에게 보내는 편지에 당신이 가 있는 미래가 어떤 모습인지, 그 미래에 비즈니스는 어떻게 굴러가고 있는지 등 당신이 쓰고 싶은 것을 묘사하는 것이다. 3장의 예에서처럼 비전을 쓸 수도 있고, 규범적인 시나리오를 쓸 수도 있다. 사실 이런 간단한 기법을 출발점으로 삼고 그 어떤 종류의 시나리오도 다 쓸 수 있다. 만약 이렇게 쓰는 시나리오가 기획의 목적으로 이용될 것이라면 그 일관성, 실현가능성, 서로 유사한 측면 등이 검증되거나 확인돼야 한다. 그러나 이런 것들은 나중의 문제이고 우선은 미래의 시점에서 편지쓰기를 통한 시나리오 작성이 과제다.

출발점으로 삼을 수 있는 또 하나의 방법은 미래에 일어날 수 있는 사건이나 상황을 종이에 쓰는 것이다. 이렇게 쓴 여러 가지 미래에 관한 진술을 분류하고 합치고 해서 얻은 결과를 가지고 시나리오를 작성하면 된다. 미래에 관한 진술은 미래의 상황을 묘사하는 간단한 글을 쓰고 거기에 제목을 달아주는 방식으로 작성하면 된다. 이때 미래 생각하기에 도움이 되는 창조적인 방법은 모두 다 이용할 수 있다.

미래를 생각하는 능력을 개선해주는 가장 강력한 질문은 역시 '~라면 어떻게 될까?' 다.

방법

부록에 간단간단하게 설명된 방법 가운데 미래를 생각하는 능력을 개선하는 데 이용될 수 있는 것들은 다음과 같다.

- **추세연장 추정**: '현재에서 미래로'의 방식에서 가장 유용한 방법이다. 현재의 추세들을 식별해내고 그 추세들을 미래로 연장시켜 미래의 상태를

추정하는 것이다.

- **미디어 훑어보기**: 미디어 훑어보기는 추세를 식별해내거나 가설을 설정하고, 창조성을 자극하고, 새로운 관점과 아이디어를 끄집어내는 데 강력한 방법이다.

- **전문 권위자의 자문**: 전문가들에게 미래에 대한 의견을 물어보는 것이다.

- **델파이 조사**: 델파이 조사는 미래에 대한 전문가들의 의견을 수집하는 보다 체계적인 방법이다. 전문가들에게 어떤 특정한 사건이 언제, 그리고 어느 정도의 확실성을 갖고 일어날 것인지에 대해 구체적인 의견을 제시해줄 것을 요구한다.

- **미래역사 쓰기**: 미래역사를 쓰는 것은 창조적인 시나리오를 창출하기 위한 강력한 방법이다. 미래의 시점에서 되돌아보는 것은 창조성을 자극하고, 실현가능한 미래의 사건과 행위자들의 행동을 식별해내는 것을 쉽게 만들어준다. 이 방법은 대부분의 분석적인 방법들보다 우리를 덜 지치게 한다. 두뇌는 재미를 느끼기를 좋아하며, 미래역사 쓰기는 대개 재미가 있다.

- **제목 달기와 포스터 그리기**: 미래역사와 비슷한 방법이긴 하나 편지나 미래역사를 쓰는 대신 포스터, 헤드라인 뉴스, 짧은 기사의 형태로 미래를 스냅 촬영하는 것이다.

- **미래사건 작성**: 미래사건의 관점에서 생각하는 것은 더욱 철저한 분석을 하기 위한 좋은 출발점이다. 미래사건 작성은 미래사건의 내용을 생생한 시나리오식 묘사로 전환시키는 데도 필요하다.

원칙 5. 불확실성과 관련지어 생각하기

불확실성을 관리하는 것은 경영자의 주된 과제로 여겨져 왔다. 시나리오 플래닝은 바로 그 불확실성을 다루기 위한 방법이다.

의사결정의 환경이 불확실한 것으로 인식되는 데는 흔히 몇 가지 이유가 있다. 가장 단순한 형태의 불확실성은 정보의 결여 또는 분석과 생각하기의 결여에서 비롯된다. 이러한 경우에는 간단한 정보수집 활동만으로도 불확실성이 축소될 수 있고, 의사결정의 기초로 삼기에 충분한 정도의 예측을 하는 것이 가능하다. 이러한 의사결정에는 대안의 시나리오도 요구되지 않는다.

두 번째 종류의 불확실성으로 들 수 있는 것은 불연속적인 불확실성이며, 이 경우에는 시나리오 기법이 도움이 된다. 이런 종류의 불확실성은 '~일 수도 있고 아닐 수도 있다' 는 성격을 갖는다는 특징이 있다. 한 가지 상황이 닥칠 수도 있고, 그것과 다른 상황이 닥칠 수도 있는 것이다. 예를 들어 영국이 유로화 체제에 가입할 수도 있고, 가입하지 않을 수도 있다. 때로는 실현가능한 결과가 두 개 이상일 수도 있다. 여하튼 조직이 다뤄야 할 미래가 서로 성격이 다른 여러 개다. 이런 유형의 불확실성이 존재한다 하더라도 도로지도와 같은 것을 그리면서 갈림길에서 각각의 길이 선택될 확률을 표시하는 방식으로 시나리오별 실현 확률을 어느 정도 파악할 수는 있을지 모른다.

불확실성이 존재하게 되는 가장 공통된 이유는 변화의 속도나 거대한 복잡성 또는 둘 다에 있다. 복잡성과 속도가 중간 수준에서부터 높은 수준까지에서는 선형적 변화가 지배적이게 되고, 불확실성의 범위에 대해 말하는 게 의미가 있다. 이런 경우에는 어떤 추세들을 식별해내고, 실현가능한 전반적인 방향을 가려내고, 제한된 수의 불확실성을 파악할 수 있다. 그렇다면 그 결과를 이용해서 불확실성을 관리가능한 수의 시나리오에 압축해넣을 수 있을 것이다.

그러나 높은 수준의 불확실성의 경우에는 비선형적, 불연속적 변화가 지배적인 진정한 불확실성의 영역에 봉착할 수 있다. 이런 경우에는 시나리오 플래닝이 더 이상 타당한 방법이 되지 못한다. 그 대신 패턴인식을 위한 기법을 적용하고, 유추의 방법을 동원해 작업을 해야 할 필요가 있다. 대단히 미성숙하고 변화가 심한 시장을 분석하고자 할 때 이런 유형의 불확실성을 만나게 되는 경우가 많다.

불확실성의 수준에 따라 유효한 전략적 행동이 달라진다. 전략적 행동의 목적은 변화에 대처하기 위해 선택한 전략이 잘 작동되도록 보존하는 것이거나, 미래의 궤도에 영향을 끼쳐 미래에는 선도적인 지위를 얻고자 하는 것이다. 전자의 전략적 자세는 '반응적인 것'이고, 후자의 전략적 자세는 '형성적인 것'이라고 할 수 있다.

그러나 복잡한 시스템은 결코 완전히 통제될 수는 없다는 점을 기억해둘 필요가 있다. 이 점은 모든 경영자나 학교선생, 심지어는 학생의 부모도 잘 알고 있다. 복잡한 시스템을 통제할 수 있으려면 통제자인 당신 자신도 그 시스템과 같은 정도로 복잡해야 할 필요가 있다. 애시비의 '요구되는 다양성의 법칙(Ashby's law of requisite variety)'이 말하는 바가 바로 이것이다. 이런 요건을 갖추지 못했어도 당신은 시스템에 간섭하고, 궤도를 변화시킬 수 있는 소음을 주입할 수는 있다. 이런 종류의 소음의 예로 들 수 있는 것은 새로운 정보, 새로운 제품, 새로운 기준, 새로운 전략 등이다.

이 같은 소음 주입을 성공적으로 잘한 사람은 앨런 그린스펀 전 미국 연방준비제도이사회 의장이다. 그는 10여 년간 금융시장에 소음을 주입하는 전략을 구사했다. 보편적인 기준이 아직 정착되지 못한 미성숙한 시장에서는 큰손들이 '기준의 간섭' 전략을 구사할 수 있다. 주요 행위주체들이 수용할 만한 새로운 기준을 도입하는 것은 불확실성을 축소시킬 것이고, 그 기준을 만들어 주입한 자가 시장에서 자동적으로 선도적인 지위를 얻을 것이다. 시스템이 불확실할수록 이런 종류의 불확실성 감축 전략의 효과가 더욱 강력해진다.

방법

- **유추**: 역사적 유추를 비롯해 모든 종류의 유추는 불확실성이 아주 높은 수준에서 일어나는 비선형적 변화를 다룰 때 종종 성과가 있는 방법이다. 새로 부상하는 시장이나 산업에서 일어나는 변화를 예로 들 수 있다. "다른 어떤 산업에서 이와 비슷한 상황을 거쳤는가?" "이런 일이 과거에 일어난 적이 있는가?" "2000년대 초와 1930년대 초 사이에 어떤 유사한 점이 있는가?" "만약 이것을 동물에 비유한다면 그건 어떤 동물일까?" "그것은 앞으로 어떻게 될까?" 등의 질문을 던지는 것은 바로 유추를 하는 것이다.
- **복잡성과 불확실성 분석**: 비즈니스 환경의 다양한 부문들이 지닌 복잡성과 그 변화의 속도를 식별해내고자 하는 노력은 흔히 환경분석의 좋은 출발점이 된다.

원칙 6. 시스템 차원에서 생각하기

*현재 우리가 도달한 수준의 사고에 의해 생겨난 문제들은 그와 같은 수준의 사고
에 의해서는 풀리지 않는다.*

— 앨버트 아인슈타인

이 책에서 우리는 시스템에 대해 거듭 이야기했다. 시스템 싱킹, 즉 시스템
차원에서 생각하기는 시나리오 싱킹의 핵심이다. 시스템 싱킹은 변화의 각
수준에서, 그리고 상호의존성 속에서 생각하는 것이다. 지난 수십 년간에
걸쳐 시스템 싱킹은 모든 경영자들과 거의 모든 개인들의 사고틀 중 일부
가 됐다. 그러나 시나리오 플래닝의 관점에서 시스템 싱킹을 어떻게 적용
하는지에 관해 좀더 살펴보자.

　아인슈타인은 기존의 사고로 새로운 문제를 푸는 것은 불가능하다고 말
했다. 조직학습 분야의 학자들은 아인슈타인의 이 말을 인용하면서, 그것
이 '이중고리 학습(double-loop learning)'[19]의 필요성을 말해주는 것이라고
주장한다. 이중고리 학습이라는 개념은 학습을 위해서는 사람이든 조직이
든 보다 높은 차원 또는 다음 단계로 가서 자신의 관행을 밖에서부터 안으
로 바라보고 그것을 다시 숙고해야 할 필요가 있다는 것이다. 이것만이 태
도의 패턴을 근본적으로 변화시킬 수 있는 유일한 방법이고, 아인슈타인이
말한 것도 바로 이런 뜻이라는 것이다. 이 이론에는 시스템이란 그 내부로
부터는 결코 이해될 수 없다는 생각이 기본적으로 내포돼 있다. 시스템은
밖으로부터 바라봐야 할 필요가 있다는 것이다. 따라서 예를 들어 어느 하
나의 산업은 내부로부터만으로는 결코 이해되거나 변화될 수 없다는 것이

다. 그 산업은 외부로부터도 설명되고 혁신되어야만 한다는 이야기다.

경제학자 케네스 보울딩(Kenneth Boulding)은 그의 저서 《20세기의 의미 (The Meaning of the Twentieth Century)》에서 '시스템의 수준'이라는 개념을 도입했다. 보울딩은 활동적인 개방시스템에는 7개 수준(〈표 4—1〉 참조)이 있다고 지적했다.

보울딩은 이 밖에도 시스템 싱킹에 많은 기여를 했다. 시스템에 대한 그의 견해에 따르면 '시스템 내 시스템'이라는 관점이 있을 수 있으며, 이런 관점이 모든 시스템을 이해하는 열쇠라는 것이다. 예를 들어 조직 전체의 수준에서 일어나는 일은 그 조직 내부의 각 그룹에 영향을 미치며, 거꾸로 조직 내부의 각 그룹에 일어나는 일은 그 전체 조직에 영향을 미친다는 것이다.

보울딩의 모델을 보면 시나리오 플래닝의 관점에서 주목해야 할 시스템의 수준은 5부터 7까지다. 그러나 개인인 이해당사자나 집단도 고려해야 하므로 수준 3과 4도 경우에 따라서는 시나리오 플래닝과 관련이 있다.

특정한 구체적인 결정의 배경이 되는 맥락은 그 결정보다 상위의 수준에 있을 수도 있고 하위의 수준에 있을 수도 있다. 어느 한 기업의 외부에

〈표 4-1〉 활동적인 개방시스템의 7개 수준

수준 1	세포	생물체의 기본단위
수준 2	기관	신체 안의 유기적 시스템
수준 3	유기체	인간이나 동물과 같은 단일의 유기체
수준 4	집단	팀, 부서, 가족, 기타 이들과 비슷하게 구성원들을 기반으로 한 결합체
수준 5	조직	기업, 지역사회, 사적조직, 공적조직
수준 6	사회	지방자치체, 국가, 국가 내부의 지역
수준 7	초국가 시스템	세계체제, 대륙, 국제적인 지역, 지구 전체

〈그림 4-1〉 보울딩의 '시스템 수준' 모델로 본 비즈니스 환경

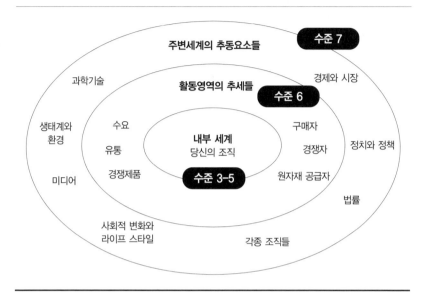

는 적어도 두 개 이상의 관련되는 환경의 수준이 있다. 그 가운데 높은 수준의 환경으로는 보울딩이 말한 '초국가 시스템'에 상응하는 것이 있다. 비즈니스의 경우에 이것은 거시경제적, 생태적, 인구통계학적, 기술적, 정치적, 사회적, 법률적 변화로 설명되는 일반적인 비즈니스 환경을 의미하며, 이것이 모든 하위시스템들에 영향을 미친다. 기업에 보다 인접한 낮은 수준의 환경으로는 직접적인 비즈니스 환경, 즉 비즈니스의 활동영역이 존재한다. 이것은 보울딩 모델의 '사회'에 상응하는 것이다. 비즈니스 활동영역은 서로 협력하거나 경쟁하면서 함께 산업이나 산업의 한 부문을 규정하는 조직과 이해당사자들의 커뮤니티다. 이 두 번째 시스템은 다시 여러 개의 하위 시스템들로 나뉜다(〈그림 4—1〉 참조).

조직 내부에서 전개되는 상황이 전략적인 비즈니스 환경의 한 부분으로 간주될 수도 있다. 단일한 개인에서 팀, 부서, 회사에 이르기까지 그 어떤 수준에서 이루어지는 의사결정과 행동도 전체적인 전략적 의사결정과 관련된다.

예를 들어 시나리오 작업의 목적이 기업 내부 사업단위의 전략적 의사결정을 인도하는 것이라면, 그 사업단위의 입장에서 볼 때 기업 전체는 외부 비즈니스 환경이 된다. 보울딩의 모델에 비춰보면 이런 결정은 수준 4나 수준 5 속의 하위부분에서 이뤄지는 것이라고 말할 수 있다.

추세들의 시스템

여러 가지 추세나 변화의 전후 맥락을 살피는 데도 시스템 싱킹이 중요한 역할을 한다. 단일한 사건, 추세, 추동요인 사이의 상호관계는 흔히 빙산에 비유된다(〈그림 4—2〉 참조).[20] 우리가 새로운 추세의 배경이 되는 비즈니스 환경 또는 일반적인 환경을 살필 때 실제로 보게 되는 것은 개별적인 단일의 사건 또는 현상이다. 잇달아 벌어지는 일련의 사건들의 흐름은 '패턴', 미래학의 용어로는 '추세'로 파악된다. 추세는 다른 여러 개의 추세들과 연관된 것일 수도 있고, 다른 여러 개의 추세들이나 그 추세들이 합쳐진 구조(structure)에 의해 추동되는 것일 수도 있다. 하나의 시스템을 움직이고, 따라서 시나리오 구성의 주요 요소가 되는 구조를 식별하기 위해서는 수면 아래로 내려가 현재의 가시적인 사건들의 배후에 존재하는 일반적인 패턴과 구조를 확인해야 한다. 그리고 시나리오 플롯을 생성하고 생생한 시나리오 스토리를 작성하기 위해서는 수면 아래에서 다시 수면 위로 올라와 시나리오의 줄거리를 구성하고 불안정한 플롯에 그것을 명확하게 해주는 사건과 행동들을 덧입혀야 한다.

전략을 수립하는 것은 근본 원인들에 도달할 때까지 거듭해서 "왜?"라고 묻는 과정과 같다고 흔히 이야기된다. 빙산의 비유로 이야기하면, 그 과정은 바다의 수면 밑으로 잠수해 들어가는 것과 비슷하다.

따라서 시나리오를 작성하는 과정은 특정하고 구체적인 것으로부터 일반적이고 구조적인 것으로 갔다가 다시 특정하고 구체적인 것으로 되돌아오는 여행, 또는 낮은 시스템 수준으로부터 높은 시스템 수준으로 올라갔다가 다시 낮은 시스템 수준으로 내려오는 여행이라고 말할 수 있다. 이런 종류의 여행은 플래닝 사이클, 즉 기획의 진행과정이 순환하는 일반적인 패턴이기도 하며, 앞에서 인용한 아인슈타인의 말이 의미하는 것과도 매우 유사하다. 문제, 질문, 도전은 일반적으로 매우 구체적이고 특정적인 방식

〈그림 4-2〉 빙산의 비유

– 구조적 변화는 시스템의 밑바탕을 움직이고, 드러난 사건에 의해 관찰된다.

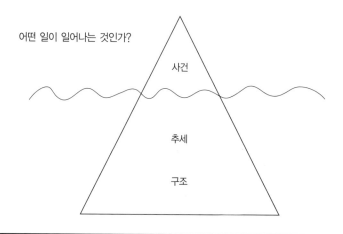

으로, 다시 말해 조직운영의 수준에서 생성된다. 이렇게 생성된 문제는 흔히 조직운영이나 인적자원 등과 관련된 기술적인 질문으로 변형되고, 이런 기술적인 질문은 다시 전략적인 질문이 된 다음에야 기술적인 것으로, 궁극적으로는 조직운영의 수준의 것으로 되돌려질 수 있다.

시나리오 플래닝에서 시스템의 논리구조를 명확하게 하기 위해 사용할 수 있는 방법에는 여러 가지가 있다. 동일한 수준, 하위 수준, 상위 수준에서 다른 시스템이나 추세에 영향을 주는 시스템이나 추세를 분석하는 데 '추세영향 분석(trend-impact analysis)'을 사용할 수 있다. 예를 들어 개인주의의 증대와 베이비붐 세대의 은퇴 개시가 호화유람선 여행에 대한 수요에 어떤 영향을 미치는가를 분석하는 데 추세영향 분석이 이용될 수 있는 것이다. 그 다음 단계는 하위의 시스템이나 추세들 사이의 상호작용을 식별해내고 분석하는 것이다. 이렇게 하면 어느 한 시스템의 잠재적인 추동 요소들을 쉽게 파악할 수 있다. 이렇게 하기 위한 한 가지 방법은 '인과관계 지도 그리기'를 하는 것이다. 인과관계 지도 또는 인과고리 도표를 이용하면 모든 중심적인 하위시스템, 추세, 불확실성들 사이의 상호관계를 가시적으로 묘사할 수 있다. 인과고리 도표는 그 도표를 창출하는 사람의 '인지지도(cognitive map)'를 표시하며, 어느 한 집단 내부에서 인과고리 도표를 그리는 것은 비즈니스 환경 속의 주요 요소들에 대한 여러 가지 가정을 분명하게 해준다. 인과관계 지도 그리기를 하는 데 좋은 출발점이 되는 보다 쉬운 방법은 교차영향 분석을 수행하는 것이다. 교차영향 분석에서는 시스템 속의 모든 변수들 사이의 모든 관계를 살펴볼 수 있다. 20개의 변수를 가진 시스템이라면 가로 20개, 세로 20개의 행렬표가 만들어진다. 이처럼 많은 수의 변수들은 커다란 행렬표를 만들어낸다. 행렬표를 분석하면 독립적인 추동요소, 연결변수, 결과변수, 독립변수 등을 식별해낼 수 있다. 가장 강력한 관계들이 가시화된다면 시스템의 논리구조가 쉽게 이해될 수 있다.

적절한 묘사의 수준을 선택하는 것은 모든 시스템 분석에 매우 중요하다. 과도하게 일반화를 하면 일반적인 소음 속에 대부분의 정보들이 소실돼 버린다. 반대로 묘사의 수준이 너무 구체적이면 추세와 요인들이 너무 많아져서 그것들을 이용하려면 변수들을 합쳐서 그룹화해야 할 필요가 생긴다. 일반적으로 조언한다면, 시스템 싱킹을 잘 하는 사람이 되려면 구체적인 것과 일반적인 것 사이를 왔다갔다할 줄 알아야 하고, 일반적인 것을 구체적인 결론으로 변환시키거나 구체적인 것에서 일반적인 결론을 이끌어낼 줄 알아야 한다.

방법
- **단일영향 분석**: 단일영향 분석은 행렬표의 형식으로 단순한 인과관계를 체계적으로 분류하는 일반적인 방법이다. 각각의 영향은 그 크기에 따라 점수(숫자)로 표시된다.
- **결과나무**: 결과나무는 단일한 추세의 결과적 영향을 식별해내는 보다 가시적인 방법이다. 추세는 나무의 줄기로 그려진다. 추동요소는 나무의 뿌리에 위치하고, 실현가능한 결과들은 나무의 가지로 표시된다.
- **교차영향 분석**: 교차영향 분석은 단순한 인과관계보다는 상이한 하위시스템들 사이의 상호관계를 행렬표로 분석하는 또 하나의 준(準)질적인 방법이다. 그 결과는 시스템의 추동요소들을 식별하게 해주는 시스템 묘사로 나타난다.

- **인과관계 지도 그리기**: 인과관계 지도 그리기 또는 인과고리 도표는 한 시스템 안에서 상이한 여러 주체들 또는 변수들 사이의 관계를 묘사하는 하나의 형식이다. 플러스의 관계, 즉 A의 증가가 B의 증가를 낳는 관계는 플러스 화살표로 표시되고 마이너스의 관계, 즉 A의 증가가 B의 감소를 낳는 관계는 마이너스 화살표로 표시된다.
- **시스템 모델화**: 시스템 모델화는 인과관계 지도를 시뮬레이션이 가능한 수학적 표현으로 변형시키는 것이다.

원칙 7. 전략적 행동에 주목하기

어느 특정한 산업부문이나 비즈니스 활동영역의 미래는 그냥 저절로 생겨나는 것이 아니다. 그것은 그 산업이나 영역 안에 있는 행위자의 손이 닿지 않는 곳에 위치한 힘들과 그 산업이나 영역 안에 있는 행위주체들 양쪽 모두에 의해 형성된다. 그들의 요구, 의도, 전략적 행동과 동맹 등이 그 산업부문의 미래에 대단히 중요하다. 당신의 조직이 취하는 전략적인 행동과 다른 행위주체들이 취하는 전략적인 행동 둘 다에 의해 미래가 결정되는 것이다.

코펜하겐 미래학연구소(Copenhagen Institute for Future Studies)의 소장을 지낸 롤프 옌센(Rolf Jensen)은 조직의 '소명(The Call)'과 '성배(The Holy Grail)'라고 그 자신이 부르는 것에 대해 논의했다.[21] 소명이란 조직을 잠에서 깨워내어 세상에 나가 성배를 찾아오는 싸움에 나서도록 촉구하는 경각의 부름이다. 소명은 조직의 '고통'이자 조직이 해결해야 하고 조직으로 하여금 안전한 위치에 머무르지 않고 도전에 나서도록 하는 문제라고 할 수 있다. 소명은 조직을 바깥으로, 앞으로 밀어낸다. 성배는 조직을 계속 앞으로 나가도록 끌어당기고, 앞으로의 험난한 여행을 위해 조직을 강화시키는 소망스러운 비전이다.

좀더 딱딱하게 말하자면 소명은 조직이 도전해야 할 과제이고, 성배는 비전이다. 도전해야 할 과제가 거대할수록, 그리고 비전이 강력할수록 그 조직이 무언가를 하고 전략적인 행동에 나설 가능성이 높아진다.

적절한 전략에 입각해 행동에 나서서 그런 전략으로 성공할 수 있는 능력은 그 조직의 강점과 약점에 따라 달라진다. 성배를 찾아 나선 조직이 길목마다 지키고 있는 용이나 군사와 싸울 준비가 얼마나 돼 있는가? 그 조직이 다른 행위자들과의 동맹을 통해 역량을 증가시킬 수 있는가? 다른 행위자들과 공유된 목표가 있는가? 어떤 장애물과 동맹관계가 예상되는가?

관련 영역에 현재 존재하거나 잠재적으로 존재하는 행위자들 모두를 식별해내고 그들의 과거 행동을 추적해보는 것을 통해 우리는 상이한 여러 행위자들 사이의 상호작용을 보다 깊이 이해할 수 있다. 그들은 어떤 추세, 하위시스템, 이슈에 영향을 끼치며, 그들은 어떤 행동을 할 수 있는가? 사실 행위자들은 추세들과 사건들과 같은 다른 '시스템 요소들'과 아주 유사한 방식으로 다뤄질 수 있고, 마찬가지로 유사한 방법으로 분석될 수 있다. 예를 들어 교차영향을 나타내는 행렬표는 추세들 사이의 상호작용을 연구하는 데도 이용되지만 서로 다른 행위자들 사이의 상호작용을 연구하는 데도 이용될 수 있다.

행위자 분석은 단일의 행위자나 집단이 취할 수 있는 행동을 분석하는 것을 통해 곧바로 시나리오들을 개발할 수 있게 해준다.

안에서 바깥으로의 '행위자 싱킹(actor thinking)'을 적용하면 전략적 행동을 바라보는 관점을 얻을 수 있다. 경쟁적 상황에서의 변화, 특히 비선형적 변화는 위험과 동시에 기회를 생성한다. 기존의 구조가 잠식될수록 게임의 규칙이 변화할 확률이 더 높아진다. 반대로 불확실성이 증가하면 위험이 커진다. 행위자를 주목하는 관점을 자신의 조직에 적용하는 것은 시나리오의 관점에서 미래와 전략을 이어주고, 가능성이 있고 실현될 수 있는 미래에 대한 탐색과 소망스러운 미래의 창출을 이어주는 연결고리가 된다.

방법

- **행위자 및 이해당사자 분석**: 행위자 분석은 행위자들을 목표, 수단, 강점, 약점과 같은 주요 특성들에 비추어 서로 어떤 연관성을 갖는지를 분석하는 방법이다.

- **가치사슬 분석**: 가치사슬 분석은 비즈니스 영역과 그 주요 행위주체들을 분석하는 수단으로 유용하다.

- **경쟁자 분석**: 경쟁자 분석은 행위자 분석의 한 변종으로 경쟁자들의 목표, 강점, 약점, 동맹관계, 과거의 전략적 행동, 앞으로 취할 수 있는 전략적 행동 등을 분석한다.

시나리오 싱킹은 그 본질상 큰 그림을 다룬다는 의미에서 전략적이다. 따라서 시나리오 싱킹의 배후에 있는 원칙들에 대해 앞에서 이야기한 모든 것이 전략적 사고에도 그대로 적용될 수 있다.

그러나 시나리오, 즉 비즈니스의 환경과 관련된 그림으로부터 전략으로 나아가려면 추가로 필요한 원칙들이 더 있다. 그 추가적인 원칙들은 조직 내부의 변화와도 관련이 있지만, 외부세계와 조직 사이의 연결부분과도 관련이 있다.

전략적 사고의 원칙들을 매우 다양하게 나열할 수도 있다. 그러나 여기서는 시나리오 플래닝의 관점에서 전략과 가장 크게 관련되는 것들 중심으로 그 수를 최대한 줄여서 7개로 소개하겠다.

원칙 1. 역설을 아우르기

세계는 오늘날에도 온갖 역설(패러독스)로 가득 차 있지만 과거에도 늘 그

랬다. 비즈니스의 세계도 마찬가지다. 전략적 경영은 본질적으로 성장과 수익성의 충돌, 혁신과 효율성의 충돌과 같이 역설을 낳는 요소들을 관리하는 기술이기도 하다.

경영자들이 빠지기 쉬운 가장 큰 함정은 역설적 요소들의 존재를 간과하거나 무시하는 것, 적어도 그것을 관리해야 할 필요성을 낮추어 보는 것이다. 헨리 민츠버그(Henry Mintzberg) 교수는 전략적 경영의 기술과 그 발전에 관한 최근의 논문에서 경영자들이 저지를 수 있는 바로 이런 오류를 지적했다. 그는 경영자들만이 아니라 컨설턴트들도 전략적 경영의 여러 측면들 가운데 어느 한 측면에만 초점을 두고 다른 측면들은 무시한다고 지적했다.

"컨설턴트들은 코끼리의 이빨과 같은 노획물을 얻기 위해 사냥여행(사파리)에 나서서 큰 사냥감을 쫓는 사냥꾼과 같다. 이에 비해 학자들은 관찰하려는 동물로부터 안전거리를 유지하면서 사진만 찍기를 좋아한다. 경영자들은 기획의 중요성이나 학습의 경이로움, 또는 외부 경쟁자 분석의 필요성이나 내부 자원에 기반을 둔 관점의 절박성 등 어느 하나의 협소한 관점을 취한다. 이런 모든 태도가 대부분의 조직에 결정적인 기능장애를 일으켜왔다. 왜냐하면 다른 이유를 들 것도 없이 경영자들은 자신들을 덮치려는 야수를 하나의 전체로 보고 대처하는 것 외에는 다른 선택의 여지가 없기 때문이다."

이 책에서 우리는 '둘 다'의 관점을 가져야 할 필요성을 계속 지적해왔다. 그 가운데 시나리오 플래닝의 맥락에서 가장 관련성이 높은 것들 가운데 일부를 간략히 요약해보자. 여기서 요약하지 않은 것들은 뒤에 다시 언급하겠다.

232

- **역사와 미래**: 좋은 전략은 조직의 역사, 전통, 역량, 문화에 뿌리를 두어야 함과 동시에 미래의 위험에 대처하고 기회에 도전하기 위해 설계된 것이어야 한다. 또 그렇게 하기 위해 필요한 에너지가 창출되기에 충분할 만큼의 시간적 거리가 있는 미래시점을 겨냥한 것이어야 한다.
- **연속성과 변화**: 좋은 전략은 격동의 시기에도 지속될 수 있을 만한 요소들을 갖고 있어야 하지만, 조직이 필요한 행동을 취하도록 하기에 충분한 만큼 변화의 요소들도 갖고 있어야 한다.
- **구조와 유연성**: 조직구조는 새로운 변화가 일어나는 것을 방해하지 않을 만큼 충분히 느슨해야 하지만, 동시에 그런 변화를 일으킬 만큼 충분히 조여져 있어야 한다.
- **원칙과 규칙파괴**: 필요한 안정성을 확보하려면 타협될 수 없는 확고한 의사소통의 원칙, 핵심 전략, 조직구조 등을 어느 정도 개발해야 한다. 그러나 다른 한편으로는 '생각하고 행동하는 문화'를 촉진하기 위해 규칙을 파괴하는 행위도 장려해야 한다.
- **다양성과 단순성**: 복잡한 세계에 대처하기 위해서는 폭넓고 다양한 능력을 갖춰야 한다. 그러나 다른 한편으로는 질적으로 우수한 조직을 구축하기 위해서 몇 가지 소수의 요인들을 강조하고, 잘 규정된 소수의 원칙들을 중심으로 전략을 세워둘 필요가 있다.
- **실험과 집중**: 신속복잡한 환경에서는 미래로 향하는 새로운 길을 끊임없이 실험하고 찾아야 한다. 그러나 다른 한편으로는 행동에 나서기에 충분한 에너지를 얻기 위해서 신중하게 선택된 소수의 영역들에 집중해야 할 필요가 있다.

원칙 2. 비전으로부터 생각하기

호황의 시기이든 불황의 시기이든 어느 산업에서나 빠르게 성장하는 기업들이 있다. 이런 기업들은 보통의 기업들과 다른 준거점을 갖고 있다는 점에서 구별된다. 예를 들어 보통의 다른 기업들이 연간 5~10퍼센트의 성장률이라면 썩 괜찮은 것이라고 간주할 때 빠르게 성장하는 기업들은 25퍼센트의 성장률을 고려한다. 빠르게 성장하는 기업들은 보통의 다른 기업들보다 성장률에 대한 기대치를 더 높게 설정하는 것이다.

역사를 살펴보면 비전은 다양한 형태와 다양한 이름으로 등장했다. 거의 모든 사회과학에서 비록 여러 가지 다른 이름으로 불리기는 하지만 비전은 사람들은 물론 조직과 사회에도 매우 중요한 것으로 간주된다. 현대 스포츠심리학 덕분에 우리 모두는 '부정적인 사고'가 어떤 결과를 낳는지를 잘 알게 됐다. 스포츠 경기에서 우승자가 다른 선수들과 다른 점은 근육이 아닌 정신에 있다. 골프선수인 애니카 소렌스탐이 여성골프의 새로운 기록을 세운 데는 새로운 사고, 새로운 준거점이 밑바탕이 됐다. 그녀는 '파(기준타수)4 레인이라 하더라도 3타로 마칠 수 있다면 왜 4타를 해야 하는가'라고 생각하고 버디를 자신의 기준으로 삼았다.

전략연구자들인 피겐바움, 하르트, 셴델은 개인에게 들어맞는 것은 조직의 수준에서도 작동한다는 가설을 제시했다. 개인과 마찬가지로 조직도 변화하는 비즈니스 환경을 쫓아가려면 준거점을 끊임없이 이동시켜야 할 필요가 있다는 것이다.

이들이 자료조사에 근거해 이끌어낸 결론은 〈표 5—1〉에 표시돼 있다. 요약해 이야기하자면 이들은 조직이 준거점 이상으로 이동하게 되면, 다시

	준거점 이상에서 (준거점을 낮게 잡을 때)	준거점 이하에서 (준거점을 높게 잡을 때)
새로운 이슈에 대한 인식	위협으로 인식, 스스로 세계의 정상에 앉아있는 듯함, 손실의 가능성과 연관지음, 소극적이고 부정적인 생각	기회로 인식, 밑바닥에서 위로 올려다보는 듯함, 이익의 가능성과 연관지음, 적극적이고 긍정적인 생각
조직 내부의 행태	억눌리고 경직적인 행태	개방적이고 유연한 행태
외부환경에 대한 대응태도	위험을 회피하고, 보수적이며, 방어적인 태도	위험을 무릅쓰고, 대담하며, 공격적인 태도

말해 목표나 비전을 초과달성하게 되면 조직의 행태가 변한다는 사실을 발견했다. 준거점 이하에서는 조직이 원기왕성하고 활동적이지만, 준거점을 초과하게 되면 과거의 성공을 방어하는 조직으로 변한다는 것이다. 그러므로 개인으로서든 조직으로서든 우리는 비전으로부터 생각하고, 그 비전을 부단히 재검토해야 한다.

역사는 비전에 의해 추동되는 훌륭한 조직과 개인이 자신의 준거점을 넘어선 뒤에는 평범한 조직이나 개인이 돼버리거나 실패해버리는 사례들로 가득하다. 준거점을 이동시키지 않으면 당신과 당신의 조직도 그와 같이 될 수 있다.

원칙 3. 즉흥 재즈연주로 생각하기

1장에서 우리는 오늘날 비즈니스 지도자들에게 주된 과제는 대응성의 필요성을 소홀히 하지 않는 가운데 튼실하고 남이 베끼기 어려운 비즈니스 컨셉과 전략을 세워야 한다는 결론을 내렸다. 우리는 또한 바람직한 조직적 행태를 즉흥 재즈연주에 비유할 수 있다고도 말했다.

즉흥 재즈연주는 꾸준히 계속되는 비트와 같은 소수의 지도원칙과, 즉흥적인 변주나 임기응변의 실용주의의 결합에 기반을 둔다. '즉흥 재즈연주로 생각하기'란 통제될 수 있는 것과 통제될 수 없는 것을 구별한다는 의미이고, 미래의 성공에 필요한 유연성과 조직의 골간을 제공하는 안정성을 동시에 강조한다는 의미다. 이때 언어, 가치, 의사소통의 패턴과 같은 것들, 즉 문화를 통제하는 것이 각 개인의 행동을 통제하는 것보다 일반적으로 더 중요하다.

조직의 관점에서 보면 즉흥 재즈연주는 '기능별 분화와 통합'을 의미한다. 이는 조직을 논리적으로 나름대로 일관성이 있는 기능적 단위들로 나누고, 그 기능적 단위들이 서로 의사소통을 하는 언어와 규칙을 통제해서 전체 조직이 스스로 움직이게 하는 것이다.

전략적 행동의 관점에서 볼 경우 즉흥 재즈연주는 조직 전체의 모습을 올바르게 설정하고 조직의 각 부분으로 하여금 전략적 행동에 적합한 대비 태세를 갖추도록 함으로써 조직이 올바르게 설정된 전체 모습에 기반을 두되 상황의 변화에 따라 즉흥적인 행동도 할 수 있도록 만드는 것이다.

즉흥 재즈연주의 비유는 시나리오 플래닝과 관련된 워크숍이나 프로젝트팀의 활동에서 하나의 지침으로 이용할 수도 있다. 워크숍이나 프로젝트팀의 활동에서는 규칙을 정하고, 공통의 주제를 설정하고, 재즈연주에서 저음 악기의 역할처럼 템포를 정하는 일은 누가 할 것인지 등을 결정할 필요가 있다.

즉흥 재주연주에서는 템포 외에 박자, 즉 적절한 시간배분도 중요하고, 그래서 전략을 잘 세워야 한다. 시간배분을 적절히 하면서 '제때' 를 기다리는 것은 일반적으로 전략에서 매우 중요하다. 고대 그리스인은 이런 의미의 '제때' 를 '카이로스(Kairos)' 라고 불렀다. 따라서 카이로스라는 말은 무엇인가에 딱 들어맞는 시점을 의미한다.

전략 분야의 권위자인 리처드 러멜트는 스티브 잡스에게 "윈텔(Wintel)의 기준이 컴퓨터 산업에서 사실상 표준이 되어 막강한 힘을 발휘하는 상황에서 애플의 장기적 전략은 무엇이냐'고 물어본 적이 있다고 한다. 그때는 잡스가 애플에 복귀해서 이 기업의 상태를 인상적으로 호전시킨 직후였다. 러멜트의 질문에 잡스는 미소를 지으면서 이렇게만 말할 뿐이었다. "나는 앞으로 큰일이 벌어지기를 기다려보려고 합니다." 그리고 그는 바로 그렇게 했다. 그는 적절한 기회의 순간을 기다렸다.[22]

원칙 4. 시간 속에서 생각하기

시간 속에서 생각하기는 즉흥 재즈연주로 생각하기와 관련성이 있다. 즉흥 재즈연주식 방법도 시간의 경과에 따른 상황변화에 관심을 집중하는 성격을 다분히 갖고 있다. 이제 시간은 경영에서 점점 더 중요한 전략적 요소가 되고 있다. 노키아처럼 소비재를 생산하는 글로벌 기업들은 시장에 새로운 제품을 내놓을 기회를 오직 한 번만 갖게 되는 경우가 많다. 이 때문에 단 한 번의 기회에 새로운 제품을 내놓는 데 실패하면 두 번째 기회는 오지 않는 것이다. 게다가 제품의 라이프사이클이 대단히 짧아졌다. 이리하여 타이밍(timing)이 매우 중요한 주제가 되고 있다.

그러나 시간 속에서 생각하기는 타이밍에만 관련된 것이 아니다. 시간 속에서 생각하기는 페이스(pace)와도 관련된다. 노키아나 인텔과 같은 기업들은 시간을 전략적인 무기로 이용한다. 쇼나 브라운(Shona Brown)과 캐슬린 에이젠하트(Kathleen Eisenhardt)가《경계선상의 경쟁(Competing on the Edge)》(1997)에서 지적했듯이, 인텔은 18개월의 주기로 시장을 통제한다. 18개월마다 한 번씩 새로운 세대의 칩 제품을 내놓음으로써 관련 산업 전체의 페이스를 설정한다는 것이다. 그런가 하면 스리엠(3M)과 같은 기업은 내부 혁신을 일으키기 위한 조직운영 원칙의 하나로 매출과 신제품 출시 사이의 페이스를 조절한다. 사내의 각 사업단위에 대해 자체 매출 중 일정 비율만큼은 도입된 지 3년이 넘지 않은 제품들을 판매해 달성하도록 요구함으로써 회사 전체의 혁신을 촉진하는 것이다.

시간상의 페이스를 전략적 무기로 활용하고자 하는 기업이라면 약속한 시간을 반드시 지켜야 한다. 내부적으로 잘 짜여진 구조를 갖고 있어 약속한 시간을 잘 지키는 기업은 약속한 시간을 자주 어기는 기업보다 훨씬 더 나은 실적을 올리는 경향이 있다.[23]

타이밍과 페이스 외에 속도(speed)도 시간의 중요한 또 하나의 측면이다. 특히 혁신의 속도가 중요하다. 혁신과 혁신과정에 관한 연구논문은 수도 없이 많다. 제품과 시장의 관점에서 혁신은 시스템의 재구성과 시스템 내부의 자발적 혁신을 결합하는 과정으로 볼 수 있다. 생물학에서 이 두 가지에 대한 비유를 찾자면, 시스템의 재구성은 '디엔에이 재조합(DNA recombination)'과 같고, 시스템 내부의 자발적 혁신은 '돌연변이'와 같다. 돌연변이는 우연하게도 일어나지만 환경의 변화에 대한 불가피한 반응으로도 일어나며, 그 과정에서 유전물질의 코드가 바뀐다. 어떤 생물체의 유전자 풀(pool)에 새로운 유전물질을 추가해서 만들어낸 잡종의 디엔에이를 '하이브리드 디엔에이(hybrid DNA)'라고 부른다. 이런 하이브리드 디엔에이를 만들어내는 기술로 인해 유전자 혁신이 크게 촉진됐고, 산업 현장에서 예전에는 불가능했던 작업들이 이제는 표준적인 절차에 따라 수행될 수 있게 됐다. 기존의 제품, 시장, 비즈니스 컨셉을 유전공학의 눈으로 바라보면 혁신의 속도와 정확성을 제고할 수 있는 방법들을 찾아낼 수 있다.

원칙 5. 자원을 고려하기

1990년대에는 자원에 초점을 두고 조직을 바라보는 관점이 다양한 분야에서 전략의 관건으로 떠올랐다. 자원, 즉 조직이 보유한 역량과 남들이 베끼기 어려운 핵심역량을 검토하는 일에 많은 조직들이 관심을 가졌다.

3장에서도 이야기했듯이 자원을 고려하는 것은 모든 전략의 기본이다. 전략은 기존의 자원에 부합해야 한다. 그러나 '자원을 고려하기'는 이미 갖고 있는 자원만을 고려하는 것이 아니라 앞으로 필요하게 될 자원도 고려하는 것이다. 아울러 조직의 관성도 고려해야 하고, 기존 자원의 효력을 증폭시키는 방법을 찾아보는 태도도 가져야 한다.

조직이 성장하고 성숙해지면 외부의 도전에 대응하는 그 조직 나름의 행태, 기법, 전통이 생겨난다. 조직은 시간과 장소에 따른 외부의 도전에 대응하기 위해 요구되는 물질적이거나 비물질적인 자원들을 모으고 합치고 배치한다. 그러나 시간이 경과하고 조직이 새로운 도전에 직면하게 되

면 그 전에는 유용한 자원으로 활용됐던 것들 가운데 일부가 오히려 전진
하는 데 장애물이 되거나 취약점으로 변하기도 한다. 조직의 전진을 가로
막는 관성, 생각, 물질, 행태가 돼버리는 것이다. 자원을 고려하기는 자원
의 이런 부정적인 측면도 고려하는 것이다. 관성은 때로는 조직에 적절한
강점으로 작용할 수도 있지만 항상 그렇지는 않고 오히려 약점으로 바뀌기
도 한다. 때로는 기존의 자원이 더 이상 원활하게 기능하지 않게 되어 다른
것으로 교체해야 할 필요성이 생기기도 한다.

　자원의 효력이 조직적으로 숙련된 사고와 행동을 통해 증폭되기도 한
다. 자원의 효력을 증폭시키려고 할 때 주목해야 할 여러 가지 원칙들이 있
다. 그 가운데 하나는 공간적으로 모아준다는 의미에서나 초점을 맞춘다는
의미에서 집중을 하라는 것이다. 공간적 집중은 분산된 자원들을 한 곳에
모으는 것을 의미한다. 조사연구 부서나 지식노동자들로부터 더 많은 성과
를 끄집어내야 할 경우에 바로 이런 공간적 집중이 효과를 거둘 수 있는 좋
은 전략인 경우가 많다. 특정한 목표에 초점을 두고 자원을 집중시키는 것
도 흔히 성공적인 전략으로 이야기된다.

　자원을 축적하는 것도 하나의 전략이 된다. 이를 위해서는 조직이 보유하
고 있는 지식과 조직 내부의 각종 행동패턴이 분류되고 저장돼야 한다. 자
원의 효력은 외부의 다른 사람, 제휴기업, 납품업체, 고객 등으로부터 힘을
빌리는 방식에 의해서도 증폭될 수 있다. 부족한 자원을 보완하는 요소를
끌어들이는 것도 자원의 효력을 증폭시키는 레버리지 전략(leverage strategy)
이 될 수 있다. 이 방법은 '1 더하기 1은 2보다 크다'는 시너지 법칙에 따라
없는 것을 보충하는 것을 의미한다. 기존의 자원을 새로운 방식으로 재조합
하는 것도 흔히 사용되는 레버리지 전략이다. 그러나 유감스럽게도 이런 전

략을 능숙하게 구사하는 조직을 발견하기가 쉽지 않다. 기존의 자원을 잘 보존하거나 손실된 자원을 복구하는 것도 레버리지 전략이 될 수 있다.

자원을 고려하기의 요체는 기업 등 조직 그 자체와 주변의 환경적 요소들을 하나의 가용자원 집합으로 보고 그렇게 다루는 데 있다고 말할 수 있다.

원칙 6. 사이클의 관점에서 생각하기

기술은 물론 제품, 시장, 심지어는 조직도 라이프사이클로 표현될 수 있는 패턴을 따른다. 앞에서 우리는 새로운 기술이나 비즈니스 컨셉이 부각되는 격동의 시기에는 특히 시나리오 플래닝이 유용하다고 말했다.

라이프사이클의 관점은 다수의 상황들에 적용될 수 있으며, 조직이 직면한 도전과제들을 이해하는 데 핵심적으로 중요하다. 미성숙한 시장이나 조직에서는 선도자들이 추종자들을 한 줄로 세울 수 있는 전략적 행동을 통해 안정성을 구축해야 한다. 이와 비슷하게 기업의 경영자는 성장하는 기업조직의 몸체에서 스스로 등뼈가 될 수 있도록 조직구조를 구축해야 한다. 안정적인 성장이 이루어지는 시기에는 성장의 잠재력을 실제로 활용하는 것이 관건이 된다. 성숙되어 정체하는 시기에는 비용효율성의 실현과 원만한 퇴출이 시장에서는 과제가 되지만, 조직 스스로는 새로운 과제를 안게 된다. 성숙되어 정체하는 시기에는 조직과 조직구성원들이 다음번 파도에 올라타서 도약할 준비를 해야 한다. 이때 기존의 패러다임과 습관 대신 새로운 패러다임과 습관을 도입해야 할 필요도 있다.

성장곡선 또는 라이프사이클은 평가의 도구로도 이용할 수 있다. 당신의 프로젝트, 제품, 기술, 새로운 아이디어를 곡선 위에 그려보고 그 각각이 지금 어느 위치에 있는지를 확인하고, 그것에 대해 무엇을 해야 할 것인가를 생각하라. 당신의 제품 가운데 더 이상 미래가 없는 것은 어떤 것이고, 미래가 유망한 것은 어떤 것인지를 평가하라. 이런 분석은 완벽한 대답을 주지는 않겠지만, 조각그림 맞추기 퍼즐로 치면 최소한 조각그림 하나는 더 맞출 수 있게 해줄 것이다.

라이프사이클은 혁신에서도 중요하다. 일본의 자동차회사들이 고품질 자동차를 생산하는 기업으로 인정받는 데 걸린 시일에 비하면 그로부터 몇십 년 뒤에 한국의 자동차회사들은 매우 짧은 시일 안에 그와 같이 인정받았다. 이는 한국인들이 일본인들보다 더 똑똑하기 때문이 아니다. 그 이유는 몇십 년 전의 과거에 비해 지금은 자동차 제품의 라이프사이클이 그만큼 짧아지고 제품혁신의 속도가 그만큼 빨라진 데 있다. 현재 한국의 자동차회사들이 글로벌한 수준의 자동차 생산기업이 되는 데 걸린 시일에 비하면 앞으로 중국의 자동차회사들은 훨씬 더 빠른 속도로 그와 같은 자동차 생산기업이 되리라고 예상되는 것도 같은 이유에서다.

혁신의 우리의 인생과 비슷하다. 우리의 인생과 마찬가지로 혁신도 세대 단위로 되풀이된다. 따라서 혁신에 대해 생각할 때에는 시간, 일(날), 달(월), 해(년) 단위로 생각하기보다는 세대 단위로 생각할 필요가 있다.

원칙 7. 실험하고 베팅하기

안개가 자욱한 산을 머릿속에 그려보라. 당신이 지휘관으로서 병사들을 이

242

끌고 앞으로, 그리고 위로 전진하지만 당신 자신도 지금 어디로 가고 있는지를 모른다. 당신에게 주어진 과제는 가장 높은 봉우리로 올라가는 것이다. 그러나 당신은 지금 오르고 있는 산의 정상이 그 봉우리인지 여부를 알지도 못한 채 병사들을 이끌고 있다. 이럴 때 당신은 어떻게 해야 할까? 이런 상황에 대처하는 유일한 방법은 여러 명의 정찰병들을 서로 다른 방향으로 보내고, 그들 가운데 누군가는 올라가야 할 산이 어느 산인지를 알아내서 돌아오기를 기다리는 것이다.

미성숙한 시장에서 기업들이 직면하는 상황은 바로 이와 같다. 우리가 미래를 내다볼 때도 대개 이런 상황 속에 있다. 진군의 속도나 방향과 관련된 불확실성이 커지면 커질수록 주변환경은 점점 더 안개가 자욱해지고 산길이 험해진다.

정찰병들을 보내는 것은 미래를 미리 점검해보는 것과 같다. 이를 새로운 제품이나 시장을 개발하는 경우에 비유한다면, 정찰병 파견은 저비용의 실험을 하는 것이다. 지휘관은 베팅을 한다는 생각으로 정찰병들을 여러 방향으로 보내놓고 그들 가운데 일부가 어떤 방식으로든 올바른 정보를 찾아내어 그것을 갖고 돌아올 것이라고 기대한다. 현명한 지휘관이라면 이렇게 해서라도 병력 전체를 다 잃는 위험에는 빠지지 않으려 할 것이다.

이렇게 상상해본 상황을 비즈니스 전략에 적용해보자. 비즈니스의 지도자는 여러 가지 선택을 하고, 이런저런 프로젝트를 실행하고, 경우에 따라서는 실험적인 도전을 하는 방식으로 미래를 개척한다. 이때 지도자는 다양한 시나리오들 또는 다양한 비즈니스 컨셉들에 베팅을 한다. 그러나 다시 한번 강조하지만, 현명한 지도자라면 조직에 핵심이 되는 요소들은 절대로 위험에 빠뜨리지 않는다. 이처럼 다소 보수적인 위험분산 전략을 구사하면서 지도자는 어느 길로 가야 소망하는 미래로 갈 수 있는지를 서서히 감지하게 된다. 그러다가 조직이 가고자 하는 미래로 연결되는 게 분명해 보이는 길을 발견하게 되면 그 지도자는 더욱 과감하게 그 길에 베팅을 한다. 실험하고 베팅하기란 바로 이런 의미다.

부록 1 :: 시나리오 플래닝/싱킹의 방법들

미디어에 기반을 둔 방법

미디어 훑어보기(Media scanning)

미디어 훑어보기는 시나리오 플래닝 과정에서 상황변화를 지속적으로 관찰하거나 수시로 개관하면서 상상력을 자극받기 위한 간단하면서도 인기 있는 방법이다. 관심의 초점이 된 분야에 영향을 끼치는 주요 요인들을 둘러싼 브레인스토밍에도 간단한 미디어 훑어보기가 좋은 보완의 방법이 될 수 있다.

미디어 훑어보기를 위한 간단한 시스템을 만들기는 쉽다. 자신이 연구하는 분야와 관련이 있어 보이는 신문 기사들을 오려내어 따로 보관하는 일을 습관화한다. 텔레비전에서 관심 분야와 관련된 프로그램을 보거나 라디오에서 관련 보도를 듣게 되면 보거나 들은 내용을 따로 기록해둔다. 인터넷에서 관심 분야의 게시물을 발견했을 때도 그것을 컴퓨터 하드디스크에 저장하거나 프린트해서 보관한다.

발견한 정보들을 이렇게 한데 모아놓았다가 수시로 적절한 주제별로 그것들을 분류한다. 이렇게 축적된 정보더미를 주기적으로 다시 전체적으로 살펴보고, 그 과정에서 관찰된 것들을 종이에 요약해둔다.

많은 신문과 잡지들을 훑어볼 때는 하나에 이삼 분 정도씩의 시간만을 할당하면서 신속하게 훑어보는 것이 중요하다. 아울러 마음속에 두세 가지 가설을 세워두고 신문들을 훑어보면서 그 가설과 부합하거나 배치되는 것들을 찾아본다. 뭔가 새로운 것을 보여주는 듯한 현상을 놓치지 않기 위해 마음과 시선을 열어두는 태도를 유지하는 것도 중요하다. 새로운 현상은 미래에 큰 이슈가 될 것의 맹아일 수 있기 때문이다. 이슈경영(issues management)에 관한 설명도 참조하라.

자동화된 미디어 감시(Automated media watch)

다양한 형태의 미디어 감시 서비스를 제공하는 업체가 많다. 특히 신문과 인터넷을 감시해주는 업체가 많지만, 라디오와 텔레비전을 감시해주는 업체도 있다. 이들은 미디어 감시 결과를 인터넷 포털 사이트에 올리기도 한다. 규모가 큰 기업과 조직은 대부분 이런 종류의 미디어 감시 서비스를 이용한다. 기업에서 주로 이용하는 서비스는 자사나 자사의 제품 또는 경쟁사에 관한 미디어의 보도내용에 대한 감시다. 추세 지표나 시나리오 지표를 지속적으로 추적하는 데 자동화된 인터넷 서비스가 매우 유용한 도구가 될 수 있다. 신중하게 정보소스를 선택하고 키워드를 정해 입력해두면 관심분야에서 찾아 봐야 하는 뉴스를 지속적인 흐름으로 얻을 수 있다.

초점을 맞춘 인터넷 검색(Targeted internet search)

인쇄매체를 훑어보는 것은 영감이나 아이디어를 얻고 특정 분야의 전반적인 상황을 파악하는 데 신속한 방법인 데 비해 인터넷 검색은 일반적으로 추세나 가설에 대한 일차적 검증을 하는 데 가장 신속한 방법이라고 할 수 있다.

네트노그래피(Netnography, 네토그래피(Netography)라고도 함)

인터넷은 소비수요의 추세에 대한 실험적인 질적 조사(이른바 네트노그래피)를 하는 데도 탁월한 수단이 된다. 이런 조사는 특히 소셜네트워크 커뮤니티나 블로그를 통해 효과적으로 할 수 있다.

추세추적팀(Trends-tracker group)

관찰의 과정에 사람들을 참여시키는 좋은 방법 중 하나는 회사 차원이나 부서 차원에서 소수의 구성원들로 추세추적팀을 조직해 운영하는 것이다. 추세추적팀의 팀원들은 모두 같은 이슈를 모니터할 수도 있고, 서로 다른 추세를 모니터할 수도 있다. 팀원 중에서 코디네이터를 선정해, 그로 하여금 팀에서 관찰된 자료들을 한데 모으고 분류하는 일을 하도록 한다. 추세추적팀은 주기적으로 회의를 열어 수집된 자료들을 분석한다. 회의를 열기 전에 팀원들 모두가 수집된 정보들을 들여다볼 수 있어야 한다.

핵심어 분석(Keyword analysis)

어떤 하나의 현상 또는 이슈를 관찰하기 시작했다면 당신은 이미 의식적 또는 무의식적으로 어떤 가설을 세우기 시작했을 것이다. 당신이 인적자원 분야에서 일을 하고 있는데 인터넷 공간의 여러 조직들에서 리더십에 관한 논의가 늘어나고 있고, 이 이슈를 다룬 글도 많이 게시되기 시작했음을 알게 됐다고 가정해보자. 당신은 이런 현상이 새로운 것 같지는 않으며, 리더십에 대한 관심이 사실 1년 전부터 꾸준히 증가했다고 생각한다. 이럴 경우 당신은 자신의 가설을 검증하기 위해 리더십의 형태와 조직에 관련된 다양한 핵심어(keyword)를 갖고 데이터베이스나 인터넷을 검색해볼 수 있다. 이 이슈는 언제 처음으로 제기됐는가? 연구자들은 이 이슈에 대해 언제부터 이야기하기 시작했는가? 이 이슈에 대한 논의가 널리 확산된 것은 언제부터인가? 이런 종류의 질문들에 대해 데이터베이스 검색은 좋은 대답을 줄 수 있다.

내용분석(Content analysis)

핵심어 검색은 시간이 흐르면서 일어나는 변화를 개괄적으로 파악하는 데 신속하면서도 효과적인 방법이다. 관련 글들의 내용을 분석하고 조목별로 요약하는 것은 이보다는 시간이 많이 든다. 내용분석은 2차 세계대전 때 자주 사용됐던 방법이며, 그 뒤로 효과적인 방법으로 인정받았다. 보다 최근에는 미래학자인 존 나이스빗의 연구작업을 통해 널리 알려졌다.

내용분석은 다음과 같은 가정 위에서 이루어진다.

- 어느 하나의 목적을 위해 제시된 자료가 뭔가 다른 목적과 관련해 암묵적인 메시지를 담고 있는 경우가 많다. 이런 암묵적인 메시지가 애초에 그 발신자가 전달하려고 한 메시지보다 더 믿을 만한 것인 경우가 종종 있다.
- 암묵적 정보는 식별되고, 조목별로 분류되고, 분석되고, 해석될 수 있다. 암묵적 정보 속에는 현재상황을 묘사하고 추세와 태도를 드러내는 패턴

들이 들어있다.

- 내용분석이 다른 정보원천들로부터 나온 정보를 교정하고, 반영하고, 검증하는 데 도움이 되는 경우가 대단히 많다.

그러나 수많은 정보에 대해 곧바로 직접 내용분석을 수행하는 것은 비용이 많이 들고 시간소모적이다.

인터뷰에 기반을 둔 방법

델파이 조사(Delphi survey)

델파이 조사방법은 1960년대에 생겨났고, 그 이름은 고대 그리스의 델포이 신탁에서 따온 것이다. 델파이 조사의 원래 목적은 서로 다른 여러 진술들에 대해 전문가들로 하여금 판단을 하게 한 후 그 결과를 바탕으로 미래에 대한 양적인 평가를 하는 것이다. 이 방법은 기술 분야의 예측에 가장 많이 사용돼왔다. 델파이 조사는 다음과 같이 수행된다.

1. '언제?', '얼마나?' 와 같이 양적인 답변이 가능하도록 질문을 정한다.
2. 전문가들을 직접 만나거나 전화를 걸어 질문을 던지거나 질문서를 돌린다.
3. 응답들을 수집하고 집계해서 평균치를 계산한다.
4. 집계된 결과를 응답자들에게 되돌려주고 새로운 응답을 하도록 한다.
5. 최종 응답들을 집계한다.

6. 필요하다면 최종 결론을 내기 전에 이런 과정을 한 차례 더 반복할 수도 있다.

애초의 델파이 방법이 지닌 한 가지 약점은 콘센서스가 없을 수 있는데도 항상 공통의 의견을 얻어내려고 한다는 점이다. 평균치 또는 평균화한 결과를 얻기 위한 집계의 과정 속에 서로 다른 의견들이 묻혀버릴 수 있다. 오늘날 이 방법은 덜 엄격하게 적용되고 있고, 델파이 조사는 이제 응답자들에게 미래전망을 평가해주기를 요구하는 방식으로 이루어지는, 인터뷰에 기반을 둔 다양한 방법들을 통칭하는 용어가 됐다.

델파이식 대화 또는 구조화된 인터뷰(Delphic conversation or Structured interview)
델파이식 대화는 보다 개방적인 형태의 델파이 방법으로, 양적인 결과를 얻어내는 것을 목적으로 삼지 않는다. 구조화된 인터뷰에서 응답자들 자신이 제기한 질문이나 그들이 제시한 답변들을 수량화하는 것도 물론 가능하다. 그러나 이 경우의 수량화는 델파이 조사에서의 수량화와는 성격이 다르다.

여론조사(Opinion poll)
여론이란 특정 이슈에 대한 어느 한 집단 전체의 생각이다. 예를 들어 원자력발전에 대한 일반 대중의 견해나 어느 한 기업의 제품과 서비스에 대한 고객들의 인식과 같은 것도 여론이다. 여론조사는 두 가지 목적으로 사용될 수 있다. 그중 하나는 최근의 상황에 대한 양적인 묘사를 하는 것이고, 다른 하나는 여론의 변화 또는 새로운 현상의 증가와 같이 시간의 경과에 따른 변화를 관찰하는 것이다.

웹 기반의 조사도구와 웹 패널이 발달함에 따라 여론조사가 예전보다 더 신속하게 진행되고, 비용이 적게 들고, 실시하기가 쉬워졌다. 오늘날에는 소비자 조사를 이용해 어떤 아이디어나 가설에 대한 소비자들의 반응을 신속하게 얻을 수 있다. 웹을 통해 주관식 문제와 비슷한 개방형 질문을 던지고 답변을 받는 방식으로 이루어지는 웹 서베이는 심층 인터뷰 대신으로 이용할 수 있는 조사방법이다. 특정한 문제에 대한 가설을 수립하는 데도 이 방법을 이용할 수 있다.

장기간의 데이터(Long-range data)

시간의 경과에 따른 변화에 대해 손에 잡히는 그림을 얻고자 한다면 짧게는 두어 달에서 길게는 몇십 년에 걸친 장기간의 데이터를 사용할 필요가 있다. 어느 한 조사에서 나온 응답들을 다른 조사에서 나온 응답들과 비교하고자 한다면 동일한 맥락에서 질문들이 설정돼야 한다. 왜냐하면 특정한 질문에 대한 사람들의 응답이 그들 자신이 놓여있는 맥락에 의해 영향을 받기 때문이다. 환경의 중요성에 관한 질문이 노동과 레저에 초점을 맞춘 질문지 속에 들어있는 경우에는 실업과 빈곤에 초점을 맞춘 질문지에 들어있는 경우에 비해 상대적으로 환경의 중요성을 높게 평가하는 답변이 나올 것이다.

여론과 태도의 변화에 관해 조사를 하는 경우라면 다음 두 가지 사항을 알아두는 것이 중요하다.

• 모든 경우에 같은 세대의 서로 다른 집단들 사이보다는 서로 다른 세대들 사이에서 여론과 태도의 차이가 더 크다.

- 여론이 변화하면서 사회의 사실상 모든 인구통계학적 집단들이 같은 방향으로 변화한다. 그 결과 특정한 관측시점에서 서로 다른 집단들이 나타내는 차이보다 어느 한 집단이 몇 년간 이격된 두 관측시점 사이에 나타내는 차이가 거의 항상 더 크다.

포커스 그룹(Focus group)

질적인 조사, 특히 포커스 그룹을 이용한 조사가 최근 확산되고 있다. 포커스 그룹을 이용하는 조사는 다수의 사람들을 두세 시간 동안 한데 모아놓고 한두 가지 특정한 문제에 대해 서로 토론하게 하는 방식으로 실시된다. 지금의 고객들이나 잠재적인 고객들이 미래에 무엇을 원할 것인지를 알고 싶을 때 포커스 그룹을 이용한 조사방법이 자주 사용된다.

포커스 그룹을 이용한 조사가 인기가 높은 가장 큰 이유는 이 방법의 단순성에 있다. 이 방법을 사용하면 의사결정자들이 표적집단(target group)의 수요와 희망을 쉽게 파악할 수 있다. 포커스 그룹을 이용하면 문제를 잘 파악할 수 있고, 가설을 검증하거나 양적인 연구에서 나온 흥미로운 결과들을 더 깊이 파고드는 데도 도움이 된다. 그러나 가설의 정확성을 확인하는 데는 포커스 그룹을 이용할 수 없다.

오늘날에는 많은 시장조사 회사들이 온라인 포커스 그룹을 제공하기도 한다. 이런 온라인 포커스 그룹을 이용하면 지리적으로 서로 떨어진 곳에 있는 사람들을 하나의 회의에 동시에 참여하게 하는 것이 가능하다.

전문가 패널(Expert panel)

많은 기업들이 정기적으로 자문을 구하기 위한 전문가 패널을 확보해두고 활용한다. 전문가 패널은 흔히 전략적 결정이 내려지기 전에 자문을 해주는 전략적 자문단의 역할을 한다. 우리는 두 종류의 전문가들을 생각해볼 수 있다. 한 종류는 초점 이슈들에 관한 전문가들이고, 또 하나의 종류는 고객과 소비자들이다.

시나리오 작업을 진행할 때 이런 전문가들로 구성된 패널을 아이디어 생성자 또는 시나리오 평가자로 작업과정에 끌어들이는 것이 유용한 결과로 이어지는 경우가 많다. 점점 더 많은 조직들이 전문가 패널을 확보하고, 그 패널에 주기적으로 자문을 구하고 있다. 이 방법의 장점은 패널 참여자들이 자문을 요청하는 조직을 잘 알게 된다는 것과, 패널 참여자들이 늘 같은 사람들이고 패널을 새로 구성해야 할 필요가 없기 때문에 그 관리가 쉽다는 것이다.

전문 권위자의 조언 듣기(Guruing)

우리는 매일같이 전문 권위자(guru)들을 만난다. 텔레비전 방송은 특히 그들을 좋아한다. 각종 회의에서도 같은 현상이 발견된다. 회의 참석자들은 즉각적으로 확신을 줄 수 있는 메시지를 제시해줄 사람, 또는 지위 덕분에 발언에 저절로 무게가 실리는 사람의 조언을 원한다.

전문 권위자의 조언을 듣는 방법과 비슷한 효과를 얻을 수 있는 대안의 방법은 자신의 인적 네트워크 속에 있는 사람들의 말에 귀를 기울이는 것이다. 이렇게 할 수 있으려면 자기 의견이 사람들 사이에 인기가 없더라도 그 의견을 당당히 밝힐 수 있는 용기를 가진 사람들로 구성된 네트워크를 갖고 있어야 한다. 그리고 사회에서 일어나는 현상들에 대해 훌륭한 감각을 가진 사람들을 네트워크 속으로 끌어들이는 것이 특히 중요하다. 예술가, 젊은이, 많은 변화가 일어나고 있는 산업에 종사하는 사람, 많은 사람들과 접촉하는 사람, 그리고 특히 당신이 평소에 만나지 않는 사람을 끌어들여야 한다.

전문가 견해/전문가 네트워크(Peer views/Professional networks)

링크트인(LinkedIn)과 같은 인터넷 기반의 전문가 네트워크 커뮤니티 또는 보다 특화된 전문가 네트워크도 전문가의 견해를 구하는 데 훌륭한 출발점이 될 뿐만 아니라 전문가 패널에 참여시킬 전문가들을 구하는 데도 이용될 수 있다.

간부 패널(Executive panel)

간부 패널은 전문가 패널의 한 변종이다. 간부 패널은 경영진에 속하는 사람들과 지도적 지위에 있는 사람들로 구성된다. 이런 이들이 조직 내부에서 일종의 전문가 패널을 형성하는 것이다. 조직 내부에서 젊은층 직원들의 관점을 파악하기 위해 운영하는 청년 패널(youth panel)은 간부 패널의 한 변종이다. 청소년 패널(juvenile board)을 설치해 운영하는 기업들도 있다.

창조적 미래집단(Creative future group)

창조적 미래집단은 조직의 내부나 외부에 설정되는 문제해결 집단이다. 조직의 내부와 외부에 걸쳐 적절한 조합으로 설정되기도 한다. 창조적 미래집단이 위에서 언급한 포커스 그룹을 비롯한 다른 형태의 전문가 집단들과 다른 점은 그 구성원들이 문제를 해결하는 역할을 적극적으로 한다는 것이다. 창조적 미래집단을 이용할 경우에는 전문가들의 연구가 참여적 시나리오 플래닝으로 전환된다. 창조적 미래집단은 7~8명으로 구성하는 것이 가장 이상적이다. 이런 규모는 다양한 관점을 주입받기에 충분할 정도로 크면서도, 공식적인 회의문화의 온갖 형식에 의해 주의가 산만해지지 않고 창조적인 논의를 하기에 충분할 정도로 작다.

창조적 미래집단은 잘 설정된 문제들에 긴밀하게 초점을 맞추고, 그 작업은 이미 주어진 작업방법에 기반을 둔다. 창조적 미래집단의 회의 주제는 연구대상 영역의 상황전개에 영향을 끼칠 수 있는 추세들과 주된 요인들을 식별해내는 것일 수도 있고, 여러 가지 대안의 시나리오가 낳을 결과들을 추정해보는 것일 수도 있다. 창조적 미래집단이 잘 가동되는지의 여부를 판단하는 데는 다음과 같은 세 가지 기본적인 기준이 있다.

- 모든 의견이 동등하게 중요한 것으로 존중되는가?
- 회의에 붙일 명료한 문제와 그 문제에 대처하기 위한 방법이 있는가?
- 구성원들을 하나로 묶고 앞으로 나아가게 하는 지도자가 있는가?

미래대화(Future dialogue)

미래대화는 다수의 미래집단(future group)들을 단일한 세미나의 틀 안에서 운영하는 것을 가능하게 하는 세미나 방법이다. 하나의 미래대화에 100명 이상이 참여하는 것도 가능하다.

미래대화 회의가 진행되는 동안 사람들은 예를 들어 "우리의 산업에 영향을 끼치는 추세 가운데 가장 중요한 것들은 무엇인가?" 또는 "우리가 목적달성을 한 뒤에는 무엇을 하게 될 것인가?"와 같은 일련의 질문에 대해 논의를 해나간다. 이런 논의는 우선 사람들이 가능한 한 다양하게 섞인 그룹별로 이루어진다. 각 그룹별로 구체적인 제안을 만들어낼 시점이 되면 일상적인 업무에서 서로 인접해 있는 사람들끼리 그룹을 재편성한다. 각 그룹의 구성원들이 계속해서 바뀌도록 하는 것이다. 이렇게 하면 모든 문제가 제기되고, 간과되는 문제는 없게 된다. 처음에 어느 한 사람에 의해 제기된 문제는 미래대화 회의가 끝날 때쯤이면 모든 그룹의 생각들에 의해 조명된다.

각각의 회의 때마다 슬라이드를 이용한 짤막한 프레젠테이션이 이루어지고, 슬라이드는 복사되어 각 그룹에 배포된다. 각각의 회의에 앞서 소개의 시간이 배치된다. 회의를 주도하는 진행자들은 모든 단계마다 논의의 결과들을 서로 대조 확인하고, 회의가 모두 끝나면 완성된 최종결과를 문서로 만들어 참석자 모두에게 나눠준다. 미래대화는 보통 점심시간 때부터 다음날 점심시간 때까지 계속된다.

참여적 미래연구(Participatory future study)

참여적 미래연구는 조직 내부에서, 또는 서로 다른 조직들 사이의 협조적 노력으로서 미래연구를 수행하는 하나의 모델이다. 참여적 미래연구를 수행하는 방법을 잘 아는 동시에 미래연구에 관한 폭넓고 일반적인 지식과 능력도 갖춘 지도자가 프로젝트의 진행과정을 인도한다. 이런 지도자가 조직 내부의 참여자들과 초청된 외부 전문가들과 함께 미래연구를 수행하는 것이다.

참여적 미래연구 작업은 추적, 분석, 대안창출에 이르기까지 모든 단계를 거치는 일련의 세미나를 여는 방식으로 이루어진다. 각각의 세미나마다 참여자들은 새로운 과제를 부여받게 되고, 이와 더불어 외부 전문가들에 의한 연구 등 다양한 활동이 수반된다.

이 방법이 지닌 주된 장점은 조직이 그 결과를 인정하고 수용한다는 것이다.

시간경과에 기반을 둔 방법

전형적인 상황전개 패턴(Archetypal development pattern)

전형적인 상황전개 패턴의 대표적인 예로는 승리와 패배, 도전과 대응, 진화 등 세 가지를 들 수 있다. 이런 세 가지 외에도 관찰될 수 있는 기본적인 패턴이 다수 존재한다. 어느 한 영역의 실제 상황전개는 아래와 같은 전형적인 상황전개 패턴들 가운데 일부가 서로 결합된 형태일 수도 있다.

- **'승자와 패자' 또는 '제로섬 게임'**: 이 시나리오를 추동하는 기본적인 컨셉은 이 세계에는 한계가 있고 삶은 제로섬 게임이라는 것이다. 이런 종류의 시나리오에서는 갈등이 분명하게 드러난다. 승자와 패자의 시나리오는 모든 멜로드라마에 공통된 기초다. 이런 패턴의 한 변종이라고 말할 수 있는 것으로 '구제될 수 있는 것은 구제한다' 는 시나리오도 있으며, 이 시나리오를 적용하는 조직도 일부 있다. 대중적으로 인기가 있는 '최후의 심판' 시나리오도 이 유형에 속한다.
- **'도전과 대응' 또는 '압력과 반대압력의 법칙'**: 이것은 굳건한 희망의 시나

리오다. 기업이나 조직과 같이 살아있는 시스템은 외부의 도전에 대응하는 능력을 놀라울 정도로 잘 갖추고 있다. 이런 시나리오의 한 예로 들 수 있는 것이 1973년 석유파동에 대한 일본의 대응으로, 결국은 전면적인 산업재조정으로 이어졌다. 오늘날 전개되고 있는 온실가스에 관한 논쟁에서도 도전과 대응의 시나리오가 종종 제시된다. 다만 이 경우에는 제시되는 시나리오가 대부분 '최후의 심판'을 경고하는 유형이라는 점이 특이하다.

- '쇼는 계속된다': 진화 또는 생물학적 상황전개라고도 부를 수 있는 시나리오다. 진화란 위로든 아래로든 어느 한 방향으로만 지속적으로 변화하는 것을 가리킨다. 이 시나리오에서는 처음에는 변화의 속도가 느리다. 그러나 어느 정도의 시간이 지나면 변화의 속도가 빨라졌다가 다시 느려지기 시작한다. 흔히 볼 수 있는 이런 변화의 패턴은 미래의 상황전개를 예측하는 데도 유용하다. 새로운 기술의 도입은 바로 이런 진화의 전형적인 예다.

- '혁명적 변화' 또는 '도약': 혁명적 변화는 일종의 불연속적인 변화로서 상황을 완전히 새로운 궤도로 이전시킨다. 화산분출, 원자로 용해에 의한 원전사고 등을 불연속적인 변화의 예로 들 수 있다. 이런 변화들은 일정한 영역 또는 분야의 상황을 급격하게 변모시킨다. 불연속적인 변화의 또 다른 예인 마이크로프로세서의 등장은 모든 조직의 운영방식을 완전히 변화시켰다. 혁명적 변화는 종종 패러다임의 전환이나 새로운 세계관으로 이어진다.

- '돌아간 것은 돌아온다': 순환주기 패턴이라고도 부를 수 있다. 순환주기 패턴은 경제 분야에서 흔히 볼 수 있다. 경기변동과 콘트라티예프 파동

을 대표적인 예로 들 수 있다. 순환주기 패턴은 우리의 눈을 속이는 수가 많다. 호황기에는 모든 것이 다 좋다고 생각하기 쉽다. 그런가 하면 호황기에는 기업이든 나라든 자기 힘으로 성공을 이루었다고 생각하는 경향이 있다.

- **'죽음을 거쳐 생명으로'**: 불사조 시나리오라고 부를 수 있다. 완전한 해체, 재검토, 재탄생의 시나리오다. 또는 모든 어려움을 극복하거나 회복을 하는 것이다. 그러나 이런 시나리오는 실제 세계에서보다는 드라마나 소설 등 허구의 세계에서 더 흔하게 볼 수 있다.

- **'전성시대의 지속'** 또는 **'무한한 가능성'**: 이 시나리오는 아마도 발전하는 상황의 전개에 대해 사람들이 가장 흔하게 갖는 개념일 것이다. 투자를 하거나 무언가를 구매하고자 하는 마음의 밑바탕에는 무한한 가능성의 시나리오가 깔려있다. 1980년대 후반의 호황과 새천년으로 넘어오는 시기의 신경제 호황과 그로부터 몇 년 뒤에 일어난 중국과 인도 붐은 투자자와 소비자들이 무한한 가능성에 대해 어떻게 생각하는지를 보여주는 두 가지 분명한 사례다.

시계열 분석을 통한 추세연장 추정

(Trend extrapolation through time-series analysis)

시계열의 통계적 분석은 역사적 데이터를 토대로 예측을 하는 방법이다. 이 방법은 경제 분야에서 흔히 사용된다. 마이크로소프트의 엑셀과 같은 간단한 스프레드시트 프로그램의 도움으로 비교적 강력한 분석을 수행하는 것이 가능하다.

이 방법은 예를 들어 어느 한 나라의 교통량과 같은 하나의 변수가 어떻게 변화해가는지를 추적하는 데 사용될 수 있다. 당신이 일정 기간 데이터를 기록해왔다면 여러 가지 통계학적 회귀모델을 이용해 그 데이터에 가장 잘 부합하는 모델을 찾아낼 수 있다. 이렇게 찾아진 모델을 토대로 예측이 이루어진다. 그 결과는 그래프, 숫자, 오차의 범위 등으로 제시된다.

인터넷 기반의 데이터 프레젠테이션 도구를 이용하면 자료의 수집과 분석을 예전보다 쉽게 할 수 있다. 새로 개발된 이런 프레젠테이션 도구의 대표적인 예로 팩트랩(Factlab, www.thefactlab.com)과 갭마인더(Gapminder, www.gapminder.org)를 들 수 있다. 팩트랩은 다양한 기업들과 협력해 세계 전체와 나라별 데이터에 대한 보다 쉬운 접근방법을 제공하며, 그 데이터 프레젠테이션 방식이 매력적이고 비주얼하다. 갭마인더는 스웨덴 사람인 한스 롤링스가 개발한 도구다. 갭마인더의 소프트웨어를 이용하면 시계열 데이터를 '움직이는 풍선'의 형태로 프레젠테이션할 수 있다.

다변수 분석과 다변수 시계열 분석
(Multivariate analysis and multivariate time series analysis)

서로 관련된 변수의 수가 많고 서로 간의 인과관계가 분명하지 않을 경우에는 요인분석(factor analysis), 다중회귀, 다차원 척도법(multi-dimensional scaling)과 같은 다변수 분석의 방법을 사용해서 패턴들을 파악해낼 수 있다. 다만 분석대상 영역이 겉으로 보기에는 복잡하지만 실제로는 복잡하지 않아야 한다는 것이 전제조건이다. 진짜로 복잡한 시스템은 예측이 불가능하다. 이런 시스템은 어느 방향으로도 전개될 수 있기 때문에 그 전개방향을 순전히 임의적인 추측 이상으로 정확하게 예측하기란 불가능하다. 단지 겉보기에만 복잡한 시스템에는 모호하기는 하나 식별이 가능한 어떤 기본

262

〈그림 A-1〉세계의 인구와 발전에 관한 갭마인더 그래프의 한 예

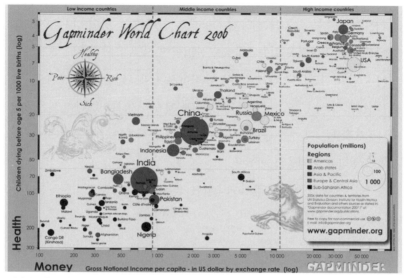

갭마인더 측의 허락을 얻어 여기에 옮겨 싣는다.

적인 패턴들이 존재한다. 이런 시스템의 변화는 적어도 단기적으로는 예측하는 게 가능하다.

유추(Analogy)

역사적 유추가 좋은 결과를 낳아주는 경우가 많다. 당신이 "이것과 비슷하게 닮은 다른 것이 있는가?"라는 질문을 던진다고 생각해보자. 그 답변에 해당하는 비유의 예는 도처에 있다. 조직의 리더십은 오케스트라의 지휘나 즉흥 재즈연주에 비유되곤 한다. 기업은 동물이나 과일나무로 묘사된다. 다문화 사회는 큰 접시에 담긴 과일 샐러드에 비유돼왔다. 자동차는 재규

어 등의 차종 이름에서 알 수 있듯이 동물에 비유된다. 리더십 테스트는 개인의 인적 특성을 동물에 비유한다.

역사적 유추는 그동안 흔하게 사용돼온 인기 있는 방법이다. 1990년대 말에 일어난 커다란 변화는 '새로운 산업혁명'으로 묘사되기도 했고, 소규모의 독립된 집단들이 자체적으로 움직이거나 때로는 무리를 지어 움직이는 '사냥꾼의 시대' 또는 '유목민의 시대'에 우리가 들어섰다는 말도 있었다. 칭기즈칸은 제국을 운영할 때 이리저리 움직이는 소규모의 도적단을 통합 조정하는 능력을 발휘했다.

유추는 새로운 관점을 열어주고, 시야를 넓혀주며, 창조적 사고를 자극한다는 점에 '유추로 생각하기'의 가치가 있다.

유추를 유도하는 질문의 예는 다음과 같은 것들을 들 수 있다.

- 산업이 하나의 생태계라면 그 생태계는 어떤 것일까?
- 산업분야가 하나의 자동차라면 그 자동차는 어떤 것이며 운전대는 누가 잡고 있는가?
- 이 시대가 또 하나의 다른 시대라면 그 시대는 어떤 것일까?

장기파동(Long wave)

많은 사회적 변화들이 장기파동의 패턴을 따르는 것처럼 보인다. 장기파동은 추세를 움직이는 힘들과 그 힘들에 대한 반대의 힘들이 변증법적으로 상호작용하는 것에 의해, 아울러 기술과 사회 시스템의 급변에 의해 일어난다. 1926년에 이미 러시아의 정치경제학자 콘트라티예프는 산업혁명의 태동기부터 1920년대까지에 걸친 경제적 장기파동의 패턴을 발견했다.[24]

264

그 후 석유위기에 이어 경기침체가 이어진 1970년대에 경제적 장기파동에 대한 관심이 다시 폭넓게 일어났다.

경제적 장기파동은 50~60년의 주기로 전개되며, 사회의 모든 영역에 영향을 끼치는 하나 또는 몇 개의 획기적인 기술혁신에 의해 시동되는 것으로 가정된다. 획기적인 기술혁신이 일어나면 인프라에 대한 투자가 이루어지고 조직상의 패턴, 사회적으로 합의된 규칙, 라이프스타일이 변한다. 20세기에는 전자기계적 혁신과 자동차 · 석유산업의 발달에 의해 장기파동(각각 1880~1930년과 1930~1980년에 해당)이 시동되고 전개됐다.

새로운 장기파동이 시작되기 직전의 시기에는 사회가 불황, 투기, 정치적 격동에 휘말린다. 제1차 세계대전과 제2차 세계대전 사이의 긴 기간이 바로 이런 경우였다. 제1차 세계대전 직후의 경제적 혼란, 1920년대의 호황에 각각 뒤이어 벌어진 1929년의 금융시장 붕괴, 1980년대 말 이후의 상황에는 서로 비슷한 점이 많다.

S자곡선 분석(S-curve analysis)

사회에서 일어나는 많은 변화들이 성장과 쇠퇴의 생물학적 패턴을 따른다는 것은 잘 알려진 사실이다. 새로 태어난 아이가 처음 5년 동안에 어떻게 성장할 것인지를 누구나 예측할 수 있는 것과 같이 생물학적 성장패턴에 관한 이론을 적용하면 미래예측을 할 수 있다. 새로 태어난 아이의 처음 5년간의 성장을 우리가 예측할 수 있는 것은 그 패턴이 거의 이변 없이 S자곡선을 따르기 때문이다. 아이의 성장률은 처음에는 낮은 수준에 머물다가 어느 시점부터 크게 높아지고, 결국은 다시 낮아진다.

S자곡선을 따르는 것은 아이의 성장만이 아니다. 시장에 새로이 도입되

는 혁신적 기술도 이와 같은 패턴에 따른다. 때문에 미국의 전체 가구 중 단지 1퍼센트만이 자동차를 갖고 있었던 1905년에 이미 1920~1925년이 되면 미국의 전체 가구 중 50퍼센트 정도가 차 한 대씩을 갖게 될 것임을 예측할 수 있었다. 어떻게 그게 가능했을까? 1905년 이전의 자동차시장 성장곡선을 미래로 연장해서 추정해보는 것을 통해 가능했다.

패러다임의 전환(Paradigm shift)[25]

새로운 문제나 현상이 완전히 새로운 어떤 것, 달리 말해 새로운 추세나 새로운 패러다임인가, 아니면 곧바로 사라질 일시적인 유행인가를 판단하기가 어려운 경우가 많다. 패러다임이란 용어는 모델 또는 곡선의 패턴을 의미하는 그리스어 '파라데이그마'에서 유래된 것이다.

패러다임은 다음 두 가지 특성을 지닌 일련의 규칙들과 명시적 또는 암묵적 기준들로 정의된다. 두 가지 특성 중 하나는 그 규칙이나 기준들이 어떤 경계를 설정하거나 정의한다는 점이고, 다른 하나는 그 규칙이나 기준들이 그렇게 설정되거나 정의된 경계 안에서 성공하기 위해서는 어떻게 행동해야 하는가를 묘사한다는 점이다. 달리 말해 패러다임의 전환은 두뇌가 삶을 조직하는 방식이다. 어느 하나의 패러다임이 타당성을 잃지 않으려면 그 패러다임이 지금 일어나는 문제들을 다뤄나갈 수 있어야 한다.

모든 패러다임은 그 패러다임을 둘러싼 사회의 변화에 상응하는 라이프 사이클과 유효기간을 갖고 있다. 새로운 패러다임은 새로운 상황에 대한 답변으로 창출된다. 해결해야 할 문제들이 쌓여가면서 사람들이 기존의 정신적 모델, 즉 기존 패러다임의 틀 안에서는 그 문제들을 해결하지 못하게 된다. 이럴 때는 뭔가 새로운 패러다임이 필요하다.

패러다임 전환의 한 가지 예로 우리가 조직을 바라보는 관점의 변화를 들 수 있다. 20세기에 중시되고 실제로 중요한 역할을 했던 위계적 조직은 1900년께까지만 해도 거의 존재하지 않았다. 그러나 철도교통과 위험에 대비한 보험수요의 증가 등 다수의 새로운 상황전개와 더불어 그때까지와 같은 소규모의 평면적인 조직으로는 불가능한 전체적인 조망과 통합조정이 요구되기에 이르렀다. 1980년대와 1990년대에는 위계적 조직으로는 급속히 변화하는 환경에 대응하는 게 어려워진 탓에 우리는 또 다시 패러다임을 바꾸었다.

간단히 말하자면 이렇다. 〈그림 A—2〉의 왼쪽 위에 있는 '선반' 위에 풀리지 않는 문제들이 너무 많이 쌓였다는 말을 할 수 있는 시점이 도래한

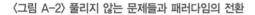

〈그림 A-2〉 풀리지 않는 문제들과 패러다임의 전환

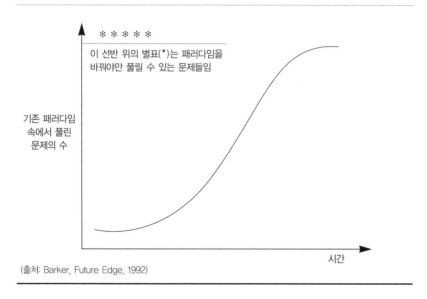

(출처: Barker, Future Edge, 1992)

다. 그러면 '새롭게 생각하기'에 대한 관심이 커진다. 사물을 바라보는 어떤 새로운 방식들이 기존 패러다임의 틀 안에서는 풀리지 않던 문제들 가운데 하나 또는 몇 개를 풀어줄 것처럼 보인다. 20세기의 마지막 10~20년의 기간에 조직을 바라보는 관점의 수정을 선도한 사람들은 자신들이 내세운 새로운 관점이 유연성과 서비스의 결여와 비용증가로 야기된 문제들을 해결해줄 것이라고 생각했다. 패러다임 전환의 촉매는 풀리지 않는 문제들을 해결해야 할 필요성이다.

패러다임의 전환을 예견하고 싶다면 〈그림 A—2〉의 왼쪽 위에 있는 선반 위를 늘 살펴봐야 한다. 이 선반 위에 쌓인 문제들 가운데 다수를 해결해주는 듯이 보이는 새로운 패턴은 관련된 분야에서 새로운 패러다임이 될 가능성이 높다.

직관적이고 생산적인 방법

브레인스토밍(Brainstorming)

브레인스토밍은 의식 속의 장애물들을 걷어내는 방법으로 잘 알려져 있다. 브레인스토밍의 원칙은 머릿속의 인지기능이 미처 다뤄내지 못할 정도로 많은 정보를 한꺼번에 머릿속에 집어넣는 것이다.

이때 두 가지가 중요하다. 하나는 시간에 쫓기는 압박을 받아야 한다는 것이다. 따라서 브레인스토밍을 위한 회의의 지속시간은 10~15분을 넘지 말아야 한다. 다른 하나의 중요한 점은 양적인 목표를 추구해야 한다는 것이다. 다시 말해 질적인 목표인 판단은 나중으로 미루고 우선은 주어진 시간 안에 가능한 한 많은 생각을 해내는 것이 목표가 돼야 한다.

　시나리오 작업을 할 때 브레인스토밍은 아이디어와 다양한 생각을 이끌어내는 데 중요한 도구다. 예를 들어 "앞으로 5년 내지 10년 동안 우리가 일하는 분야에서 일어나는 상황전개에 영향을 끼칠 것들은 무엇인가?" 또는 "～의 결과는 무엇일까?"와 같은 질문을 던지는 것으로 브레인스토밍을 시작할 수 있다.

시간경과에 따른 변화에 대한 직관적 인식(Intuitive timeline construction)

시간 경과에 따른 변화를 추적하는 방법과 그 가능성에 대해서는 앞에서 이야기했다. 상황전개가 어느 방향으로 향하는가에 대해 사람들이 직관적인 느낌을 갖는 방식에 대해서도 앞에서 이야기했다. 그런 느낌을 마음속에 하나의 선으로 그려보는 것이 바로 직관적으로 시간경과에 따른 변화를 파악하는 방법이다. 이렇게 하는 이유는 앞으로의 상황전개 방향에 대한 느낌을 의식적인 사고로 전환시키기 위해서다. 특히 다른 사람들을 설득하기를 원한다면 이런 작업을 하는 것이 중요하다. 그 과정은 다음과 같다(〈그림 A—3〉 참조).

- 종이에 시간축(t)과 변수축(y)을 긋는다. 거기에 어떤 종류의 상황전개를 그릴 것인가를 결정하고 나서 그 시간의 범위를 결정하고 표시한다.
- 그리고자 하는 상황전개에 대해 마음속에 일어난 느낌에 기반을 두고 그리고 싶은 대로 선을 그린다.
- 윗몸을 세워 의자에 등을 기대고 앉아서 종이 위에 그려진 선이 왜 그런 모습이 됐는지, 그 선과 관련된 불규칙성, 급격한 변화, 추동요소, 관련행

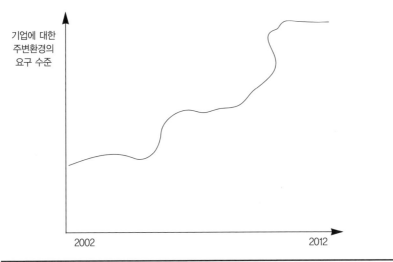

기업에 대한
주변환경의
요구 수준

2002   2012

* 이 그래프를 그린 사람은 2004년쯤에 새로운 오염규제가 도입될 것이며, 2009년쯤에는 도시지역에서
는 휘발유를 연료로 사용하는 자동차의 운행을 금지하는 정책이 시행될 것이라고 내다봤다.

위자 등을 스스로에게 설명해본다.

• 그려진 시간적 경로에 영향을 끼칠 사건으로는 어떤 것들이 있는지를 추
  가로 생각해본다.

제목을 지어 붙이기(Headlines)

이름이나 제목을 구체적으로 정하는 것은 생각을 명료하게 하는 데 효과적
인 방법이다. 그러므로 어느 한 시나리오의 윤곽이 떠오르면 그 시나리오에
묘사적인 이름을 지어 붙여보는 게 좋다. 이렇게 하는 것은 당신 스스로 그
시나리오를 더욱 분명하게 인식하는 데 도움을 주고, 시나리오 작업을 계속
해 나가거나 다음 단계의 작업으로 넘어가는 것을 보다 쉽게 해줄 것이다.

270

제목은 시나리오의 구체적이고 세밀한 내용보다는 시나리오의 핵심을 묘사해주는 것이어야 한다. 제목을 지어 붙이는 작업은 다음과 같이 하면 된다.

- 자신이 일하는 분야에 대해 생각한다. 5년 뒤의 미래에는 그 분야를 가장 잘 묘사해주는 제목이 무엇이 될 것인가?
- 두세 개의 제목을 만들어본다. 제목 밑에 쓰는 글 앞에 짤막한 도입의 문구를 추가할 수도 있다.
- 위와 같이 만들어본 제목과 도입문구를 분석한다. 어떤 것들이, 다시 말해 어떤 추동요소와 관련행위자 등이 실제 상황을 바로 그런 방향으로 전개되도록 만들 것인가? 그런 방향의 변화는 자신에게 어떤 의미가 있을까?

제목을 지어 붙이는 방법은 미래의 상황을 머릿속에 그려보는 능력을 단련하는 데 좋은 방법이기도 하다. 제목에 따라 신문기사를 쓰듯 자신의 생각을 써보는 것도 괜찮다. 이렇게 하는 것 자체가 시나리오를 작성하는 데 효과적인 방법이다.

전망 또는 머릿속에서 상상하기(Imaging)

5년 뒤의 미래로 여행을 가서 지금 자신이 일하는 기업을 방문했다고 상상해보자. 그때 회사가 어떤 모습이기를 원하는가?

이렇게 상상해보는 것이 좋은 출발점이 되는 경우가 많다. 소망스러운 꿈에 완전히 집중하고 그 꿈이 비현실적인 수준까지 솟아오르도록 놔두는 것이 지금의 현실을 바라보는 새로운 관점을 얻게 해주기도 한다. 미래의 관점에서 보면 지금의 현실이 다르게 보인다.

　이런 상상의 여행을 해보는 것을 통해 당신은 당신 자신의 가치에만 매달리지 않게 된다. 당신이 꾸는 꿈은 다른 사람들이 꾸는 꿈과 아마도 별로 다르지 않을 것이다. 소망스러운 사회와 바람직한 삶에 대해 사람들이 꾸는 꿈은 서로 일치하는 경우가 많다. 서로 다른 점은 그러한 꿈을 현실화하는 데 어떤 방법을 선택할 것인가에 있다. 전망에 대해서는 3장에서 좀더 자세한 설명을 볼 수 있을 것이다. 상상은 대안의 시나리오를 가시적으로 그려내는 데 효과적인 방법일 수 있다.

미래역사(Future history)

미래역사는 어떤 비즈니스 컨셉이나 미래의 모습에 직관적으로 접근하는 데 사용될 수 있는 방법이다. 또한 시나리오와 비전을 생생하게 만드는 데 효과적인 방법이기도 하다. 미래역사를 이야기함으로써 우리는 '미래에 대한 기억'을 스스로에게 공급한다. 달리 말하면 미래역사를 통해 대뇌의 피질에 미래역사에 대한 기억의 자국들을 새겨 넣는 것이다.

　미래역사를 쓸 수 있으려면, 다시 말해 미래의 시점에서 회고적인 시나리오를 쓸 수 있으려면 그 출발점이 되는 어떤 미래상황을 갖고 있어야 한다. 그러나 그 미래상황은 직관적으로 그려진 것이면 되고, 아주 분명한 것일 필요는 없다. 미래역사를 쓰는 작업은 다음과 같이 하면 된다.

● 묘사하려고 하는 분야를 결정한다.
● 녹음기를 켜놓거나 종이를 펴놓고 연필을 손에 쥐거나 컴퓨터 앞에 앉는

다. 창조적인 생각이 자유로이 흐르도록 놔둔다. 창조적인 생각이 자유로이 흐르도록 만드는 데는 어떤 불완전한 말 한마디만으로도 충분할 수 있다. 예를 들어 "지난 7년간 참으로 많은 일들이 일어났다"거나 "예전과 같은 것은 더 이상 아무것도 없다"라는 말이 그렇다.

- 스스로를 인터뷰하는 것도 한 가지 방법이 된다. 5년 내지 10년 뒤에 존재하는 어떤 사람이 당신을 인터뷰한다고 상상하라. 그로 하여금 당신에게 여러 가지 까다로운 질문들을 던지도록 하고, 그 질문들에 대답해보라.

- 자신의 미래역사를 분석하라. 상황전개가 어떠하고, 난관을 어떻게 돌파하며, 관련행위자들은 누구이며 등등을 생각해본다. 전략적 작업에 활용할 수 있는 유용한 아이디어가 생겨나는가? 뭔가 교훈이 되는 것은 없는가?

역설(Paradox)

현대는 역설의 시대라고 많은 저술가들이 말한다. 그 가운데 가장 유명한 이는 아마도 찰스 핸디와 존 나이스빗일 것이다.[26] 다음과 같은 역설의 사례들을 들여다보면 역설을 고려하는 것이 왜 중요한지를 알게 될 것이다.

- **지식의 역설**: 지식은 자본축적에 새로운 자원의 역할을 한다. 따라서 지식의 소유자들은 자신이 갖고 있는 지식을 공개하지 않고 자기의 것으로만 간직하려고 한다. 그러나 다른 한편으로는 비밀로 간직된 지식은 아무런 가치도 낳지 못하고, 지식을 비밀로 간직하는 것 자체도 쉬운 일이 아니다.

- **조직의 역설**: 우리는 조직 속에서 스스로 안전하다고 느낀다. 그러나 조직이 우리를 안전하게 지켜주기 위해서는 조직 자체가 더 효율적이고 유

연해져야 한다. 이는 곧 그 조직이 불안전해진다는 뜻이다.

- **세대의 역설**: 모든 세대는 스스로 이전 세대와 다르다고 생각한다. 그러나 모든 세대는 다음 세대가 자기와 같을 것으로 기대한다.
- **정보의 역설**: 더 많은 정보와 만나게 될수록 유용한 정보를 선별하는 것이 더욱 중요해진다.
- **규모의 역설**: 다국적 기업들은 매출액과 기업가치의 측면에서 점점 더 규모가 커지고 영향력도 커진다. 그러나 이와 동시에 종업원 수의 측면에서는 점점 더 규모가 작아진다.

행위자에 초점을 맞추는 방법

행위자 또는 경쟁자 분석(Actor analysis/competitor analysis)

극작가의 관점에서 미래를 내다보면 행위자들의 역할을 이해하기가 쉽다. 연극의 경우 배우들이 나왔다가 들어갔다가 하면서 무대에서 연기를 통해 각자의 모티브를 표현하고 극중 이야기를 전개해나간다.

그런데 오늘이라는 무대에서 행위자들의 미래행동을 분석하려고 할 경우에는 그들 각자의 모티브와 숨겨진 전략을 알기가 어렵다는 문제가 있다. 또한 시장에 등장하는 새로운 행위자에 대해 예측하기도 어렵다. 그럼에도 이 방법은 많은 장점이 있다. 행위자 분석의 가장 중요한 장점은 미래로 가는 여러 가지 길들을 볼 수 있도록 돕는다는 것이다. 현재의 환경 속에서 전개되는 추세만을 바라볼 경우에 비해서는 미래가 예정된 것처럼 보이는 정도가 덜하기 때문이다.

〈그림 A-4〉 마인드맵을 통한 행위자 분석

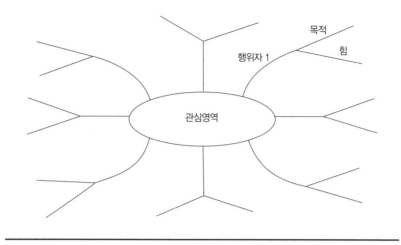

행위자 분석은 다음과 같은 방식으로 이루어진다(〈그림 A—4〉 참조).

- 자신이 살펴보려고 하는 영역에 어떤 방식으로든 영향을 끼칠 수 있는 행위자들 모두의 명단을 작성한다. 이때 마음속에 지도를 그려보는 것이 도움이 된다. 다시 말해 마인드맵(mind map)이 유용한 도구가 되는 것이다.
- 모든 관련 행위자의 모티브, 목적, 힘을 파악한다. 만약 관련 행위자 그룹이 서로 분리된 이해관계를 가진 다수의 플레이어로 구성돼있거나 서로 분리된 이해관계를 가진 하위그룹이 다수 존재한다면 그 관련 행위자 그룹을 더 많은 하위그룹으로 나눈다. 그들의 전략은 무엇인가? 무엇이 그들로 하여금 자신의 전략을 바꾸도록 할 수 있을까?
- 서로 다른 행위자들 사이에 동맹관계가 존재하는가? 자신의 목표와 관

심에 부합하는 방향에서는 어떤 동맹관계가 형성될 수 있는가?

- 미래라는 연극에 새로 등장해서 뭔가 역할을 맡게 될 행위자가 있는가? 그가 그렇게 하도록 유도하는 것은 무엇일까?
- 관련 행위자들은 각각 얼마나 강한가? 그들은 각각 얼마나 큰 힘을 갖고 있고 어떤 영향을 끼칠까?
- 각 행위자의 목표를 고려할 때 그들은 각각 어디로 향하고 있다고 생각되는가?
- 이런 행위자들에 대한 추론으로부터 어떤 시나리오가 떠오르는가?

경쟁자 감시(Competitor watch)

경쟁자 감시는 관심대상 영역의 행위자들 가운데 오늘 경쟁자이거나 오늘은 다른 산업분야에서 활동하고 있지만 앞으로 경쟁자가 될 수 있는 행위자를 지속적으로 관찰하기 위한 모델이다. 지금의 경쟁자보다 앞으로 경쟁자가 될 수 있는 행위자를 관찰하는 것이 중요한 경우가 많다. 종전에는 누구도 잠재적 경쟁자로 보지 않았던 행위자로부터 새로운 경쟁이 일어나는 경우가 흔하기 때문이다. 스웨덴의 은행들은 틈새은행과 보험회사들로부터 치열한 경쟁의 압력을 받을 것이라고 생각하고 있었다. 그런데 두 개의 대규모 소매체인이 은행업에 뛰어들면서 그들의 허를 찔렀다.

이런 종류의 가능성이 포착된다면 그 행위자들을 감시대상 목록에 올리는 것이 중요하다.

가치사슬 분석(Value-chain analysis)

산업 차원의 가치사슬 분석은 특정 산업에 속하는 여러 플레이어들 사이의 상호작용을 드러내는 데 효과적인 방법이다. 가치사슬 분석은 조직의 내부와 주변의 활동들을 묘사하고, 그것들을 조직의 경쟁력 있는 강점들에 대한 분석과 연결한다. 원래 가치사슬 분석은 복잡한 제조공정 중 각각의 단계에서 창출되는 부가가치를 조명하기 위한 회계적 분석방법으로 도입됐다. 1980년대 초에 마이클 포터는 가치사슬 분석을 경쟁력 분석에 연결시켰고, 이로부터 현대적인 형태의 가치사슬 개념이 탄생했다.

가치사슬 분석은 시나리오 플래닝 프로젝트에서 좋은 출발점이 되는 경우가 많다. 가치사슬 분석을 이용하면 기존 산업의 강점과 약점을 잘 이해할 수 있다. 비즈니스 생태계가 복잡해질수록 가치사슬도 더 복잡해진다. 가치사슬이 서로 얽히는 경우도 종종 있는데, 그 대표적인 사례로 통신산업과 미디어산업의 가치사슬을 들 수 있다. 가치사슬 분석은 강력한 도구이며, 가치사슬을 제대로 이해하는 것은 견고한 시나리오 세트를 구축하는 데 도움이 된다.

결과에 초점을 맞추는 방법

이슈경영(Issues management)

이슈경영은 추세 관찰과 행위자 분석의 결합으로 이루어진다고 말할 수 있다. 이슈경영자의 임무는 조직에 영향을 끼칠 수 있는 여론, 사회적 추세, 신기술과 관련된 문제들을 기록하고 그런 문제들에 대처하는 것이다. 이슈경영자는 주위세계에서 일어나는 변화들을 추적하는 일을 하지만, 단순한 추적관찰에 머무르지 않고 그러한 문제들에 대처하는 방법을 제시하는 데까지 나아간다.

여기서 '이슈'는 지금 당장 주위세계에서 제기되는 문제일 수도 있지만, 그 중요성에 비추어 장기적으로 증폭되면서 비즈니스에 영향을 끼칠 수 있는 긍정적이거나 부정적인 문제일 수도 있다는 점을 유념해야 한다.

이런 의미에서 이슈경영은 통찰력 있는 예견과 관련된 조직적인 과정으로 간주될 수도 있다.[27] 이슈경영자의 임무를 보다 구체적으로 열거해보면 다음과 같다.

- 비즈니스나 조직에 영향을 끼칠 수 있는 사회적, 기술적, 정치적, 경제적 추동요소와 추세들을 식별, 관찰, 감시, 분석한다.
- 결과와 선택을 해석하고 정의한다. 새로운 문제가 일찍 포착되고 이해될 수록 취할 수 있는 행동의 여지가 더 커진다.
- 발생한 상황에 대처하기 위한 단기적, 장기적 행동을 시작한다. 조직이 일찍 행동에 나설수록 장기적인 목표를 뒷받침하는 전략을 세울 수 있게 될 확률이 높아진다.

어떤 문제가 잘 알려지지 않은 외곽으로부터 대중적인 삶의 한가운데로 움직이는 경우가 많다. 이런 일이 아주 신속하게 일어나는 경우도 있고, 천천히 진행되는 경우도 있다. 그러나 하나의 문제가 숨겨져 있어 사람들에게 잘 알려지지 않은 상태에서 벗어나 공적인 아젠다에 오르는 데는 다음과 같은 몇 가지 전제조건이 충족돼야 한다.

- **맥락**: 정신적, 사회적 준비가 돼있어야 한다.

- **주요 사건**: 문제를 일반 사람들의 공통된 의식에 부각시키는 어떤 것, 또는 미디어가 그것을 활용할 만한 촉발요소.
- **이름**: 문제를 사람들이 기억하게 하는 이름 또는 제목. 워터게이트를 하나의 예로 들 수 있다.
- **매개자**: 문제를 공적인 영역으로 가져가는 사람.

이런 통찰은 새로운 이슈를 부각시키는 데도 활용될 수 있다.

단일영향 분석(SIM, Single-impact analysis)

발생 가능한 사건들의 영향에 대해 체계적으로 평가하는 방법은 여러 가지가 있다. 이러한 변화의 두 가지 대표적인 예로 새로운 기술을 도입하는 데 따른 영향(기술평가)과 환경변화의 영향(환경영향평가)을 들 수 있다. 이런 종류의 분석은 일차원적인 영향을 다루는 것이기에 우리는 그것을 단일영향 분석이라고 부른다.

단일영향 분석을 수행하려면 먼저 뭔가 출발점이 필요하다. 그 출발점은 어떤 하나의 조치나 일련의 조치들, 또는 하나의 시나리오나 여러 개의 시나리오들이 될 수 있다. 이는 곧 영향분석이 폭넓은 영역과 분야에 걸쳐 이용될 수 있다는 것을 의미한다. 예를 들어 어떤 시나리오가 어느 한 산업 분야에 미치는 영향을 평가하는 데도 이용될 수 있고, 여러 가지 서로 다른 시나리오나 추세들에 대처하는 데 도움을 줄 수 있는 다양한 전략적 능력에 미치는 영향을 평가하는 데도 이용될 수 있다. 3장에서 설명된 우스 분석은 단일영향 분석의 한 예이며, 이 방법에서는 전략들이 3개의 서로 다른 측면에 미치는 영향이 평가된다(〈표 A—1〉참조).

〈표 A-1〉 단일영향 분석의 예

대안의 전략 또는 조처	시나리오 1	시나리오 2	시나리오 3	시나리오 4
1. Xxxx	+ +	+	− −	−
2. Yyyy	−	+/−	+	+ +
3. Vvvv	+ +	+ +	+	+
4. Zzzz	−	+ +	−	− −

* 대안의 전략 또는 조처들이 4개의 시나리오 각각에서 얼마나 원활하게 작동하는지를 평가.

결과나무(Consequence tree)

하나의 새로운 기술이나 사건이 끼치는 진정으로 커다란 영향이 사람들에 의해 감지되기까지 어느 정도 시간이 걸리고 그 영향이 간접적인 경우가 아주 흔하다. 따라서 영향분석을 할 때는 그 영향의 장기적인 결과는 물론 그 2차적, 3차적, 4차적 영향의 결과까지 잘 파악하는 것이 중요하다. 이런 결과들은 결과사슬이나 결과나무를 그려봄으로써 식별해내는 게 가능한 경우가 종종 있다. 결과나무는 위에서 설명한 단일영향 분석보다 덜 체계적이지만 더 창조적인 방법이다.

미래 분석과 아이디어 생성에서 결과나무가 어떻게 사용될 수 있는지는 3장의 '결정'에 관한 부분에서 이미 자세하게 설명했다.

미래사건 창작(Future event production)

미래사건 창작은 직관적 또는 보다 체계적으로 많은 양의 미래사건들을 창작해내는 창조적인 방법이다. 미래사건 창작은 간단한 브레인스토밍의 방법으로 수행하면서 각각의 창작된 사건들을 종이에 옮겨 적는 방법으로 이루어질 수도 있고, 체계적인 결과분석(consequence analysis)의 방법으로 수행하면서 결과들이 창조적인 과정의 연료로 기능하게 하는 방법으로 이루어질 수도 있다.

사건들이 창출된 다음에는 그 사건들을 한데 모아 시간에 따라 적절히 배치한다. 예측들 사이의 모순은 해소시키고, 실현가능성이 있는 하나 또는 여러 개의 시간적 상황전개의 그림을 그린다. 그러는 과정에서 새로운 사건들이 추가될 수도 있다.

미래사건 창작은 기초 시나리오나 대안의 시나리오에 살을 입히고 피가 돌게 만드는 효과적인 방법이다. 영화제작자나 작가들이 흔히 사용하는 방법이기도 하다.

확률적 영향평가(Probability effect)

확률적 영향평가란 하나의 추세, 변화, 현상에 대한 신속한 평가를 위한 방법으로서 긴급하고 중요한 것들에 집중하는 것을 쉽게 할 수 있게 해준다. 이 방법은 모든 변화나 현상에는 두 가지 측면, 즉 각각의 변화나 현상이 일어날 확률과 실제로 일어났을 때의 결과가 존재한다는 사실에 근거를 두고 있다. 이 방법을 수행하는 과정은 다음과 같다.

• 당신이 주목하는 모든 변화나 추세를 열거한다.
• 그 각각이 일어날 확률을 0 ~ 100점의 척도 또는 낮음, 중간, 높음의 3단계로 평가한다. 추세를 평가할 경우에는 그 추세의 강도를 판단한다.
• 각각이 일어날 경우의 결과를 확률을 평가할 때와 똑같은 척도로 평가한다. 이때 장기적 결과와 단기적 결과를 구분하는 것이 유용할 수도 있다.
• 〈그림 A—5〉와 같이 평가한 결과를 표시한다.

• 폭넓은 결과를 낳는 실현 가능한 변화에 초점을 맞추고 살펴본다.

　　각각의 추세나 현상에 대해 이와 같은 분석을 하고 그 결과를 당신이 현재 갖고 있는 지식에 비추어 판단해보면 지식 갭(knowledge gap, 요구되는 지식의 수준과 실제로 갖고 있는 지식의 격차—옮긴이)이 어느 정도인지에 대한 감을 잡을 수 있다.

　　모든 추세나 사건을 이런 식으로 점검해보고 문제가 되는 것에 대한 당신의 지식을 표에 메모한다(〈표 A—2〉 참조). 당신이 갖고 있는 정보의 양과 사실부합 정도를 동시에 고려할 필요가 있다. 이런 방식으로 하면 정보를 수집하고 분석을 하기 위해 초점을 맞춰야 할 이슈들을 가려낼 수 있다. 그런 것들에 동그라미 표시를 하라. 문제가 되는 것이 〈그림 A—5〉의 긴급하고도 중요한 영역 안에 있다면 보다 많은 정보를 획득함으로써 갖고 있는 정보의 사실부합 정도를 높이는 것이 대단히 중요하다.

시스템 차원의 방법

복잡성과 불확실성 분석(Complexity and uncertainty analysis)

비즈니스 환경의 복잡성과 변화속도를 도표로 정리해보는 것도 좋은 출발점이 된다. 복잡성이 증대하는 것은 기회가 더 많아진다는 의미이기도 하지만, 동시에 위험이 증대한다는 의미이기도 하다. 비즈니스 환경에 일어나는 변화 중에는 선형적인 것도 있지만 그렇지 않은 것도 있다. 비즈니스 환경의 신속복잡성이 어느 정도인지를 알아보기 위한 몇 가지 질문들

〈표 A-2〉확률, 영향, 지식의 평가표

	시간	확률	영향	지식
추세 1	단기			
	장기			
추세 2	단기			
	장기			
추세 3	단기			
	장기			

* 이것은 각 추세별로 실현될 확률, 실현될 경우의 영향, 그리고 그 추세에 대해 알고 있는 지식을 종합적으로 비교, 평가하는 데 유용하게 이용될 수 있는 표 형식이다.

〈그림 A-5〉확률적 영향평가

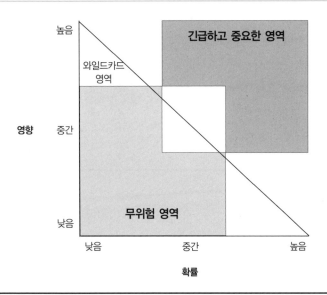

* 오른쪽 위의 어두운 부분(긴급하고 중요한 영역)에 에너지를 집중시켜야 한다.
왼쪽 위의 와일드카드 영역은 일어날 확률은 낮으나 일어난다면 대단히 큰 영향을 끼치는 변화들을 가리킨다.

〈표 A-3〉 복잡성과 불확실성 분석의 예

	전혀 그렇지 않다				전적으로 그렇다		
1. 회사에서 취한 조처가 경쟁기업들에게 강력한 영향을 끼칠 것이다.	1	2	3	4	5	6	7
2. 회사의 비즈니스 환경은 매우 복잡하며, 회사에 영향을 끼칠 불분명한 요인들과 관계가 있다.	1	2	3	4	5	6	7
3. 변화를 예측하기가 매우 어렵다.	1	2	3	4	5	6	7
4. 예측할 수 없는 새로운 경쟁상황이 계속적으로 벌어진다.	1	2	3	4	5	6	7
5. 예기치 않은 상황에서 극복해야 할 위험요소들과 자주 맞닥뜨린다.	1	2	3	4	5	6	7
6. 예측할 수 없는 정부정책에 의해 회사의 실적이 크게 좌우된다.	1	2	3	4	5	6	7
7. 시장은 앞으로 몇 년간 계속 성장할 것이다.	1	2	3	4	5	6	7
8. 향후 12개월 동안 비즈니스상의 기회가 많을 것 같다.	1	2	3	4	5	6	7
9.고객들의 선호가 끊임없이 변하고 있다.	1	2	3	4	5	6	7
10. 사회의 가치관이 끊임없이 변하고 있다.	1	2	3	4	5	6	7
11. 비즈니스 환경이 끊임없이 변하고 있다.	1	2	3	4	5	6	7
12. 시장에서 혁신의 속도가 빠르다.	1	2	3	4	5	6	7

복잡성(질문 1~6)

변화(질문 7~12)

을 〈표 A—3〉처럼 나열한다. 순서대로 앞에서 6번째까지의 질문들은 복잡성의 요인이나 복잡하고 예측불가능한 변화와 관련된 것들이다. 7번째부터 12번째까지의 질문들은 복잡성보다는 전체적인 변화에 좀더 관련된 것들이다.

〈그림 A—6〉의 신속복잡성 도표에 각각의 비즈니스 단위나 제품영역,

<그림 A-6> 신속복잡성 도표의 형식

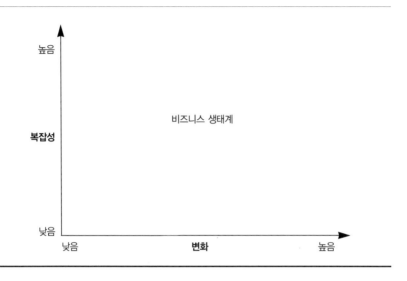

<그림 A-7> 복잡성 수준별 불확실성의 유형과 전략선택 [28]

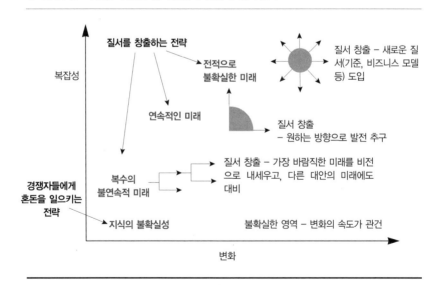

또는 기업환경 전체를 점으로 표시할 수 있다. 시나리오 플래닝의 적절성이나 타당성은 생태계마다 다르다. 〈그림 A—7〉에서 볼 수 있듯이, 연속적인 불확실성이 많이 존재하는 경우에 적절한 시나리오 방법과 불확실성이 낮거나 불연속적인 경우에 적절한 시나리오 방법은 다르다. 또한 어떠한 전략이 타당한지도 생태계마다 다르다. 불확실성이 아주 낮은 경우에는 새롭고 혁신적인 전략적 행동을 취함으로써 불확실성을 증대시키는 것이 타당한 적극적 전략일 수 있다. 불확실성이 높은 경우에는 적어도 지배적인 플레이어라면 안정성과 확실성을 증대시키는 것이 선도적인 지위를 유지하는 데 가장 효과적인 방법일 가능성이 높다.

교차영향 분석(CIM, Cross-impact analysis)

교차영향 분석은 다수의 추세나 행동들이 서로 어떻게 영향을 미치는가, 또는 하나의 시스템 안에서 다수의 변수들이 어떻게 상호작용하는가를 알도록 도와주는 방법이다. 이 방법은 흔히 구조분석(structure analysis)으로도 불린다. 이 방법은 변수들 사이, 추세들 사이, 행동들 사이에 어떤 상호작용이 일어나는가를 식별해내는 데 이용된다. 이 방법은 결과분석(consequence analysis)을 확장한 것으로 볼 수도 있다. 이 방법이 추가해주는 정보는 추세들 사이나 변수들 사이의 상호작용에 관한 정보와, 이에 못지않게 중요한 것으로 어느 것이 종속적이고 어느 것이 독립적인지와 어느 것이 추동요소이고 어느 것이 다른 것에 의해 추동되는 것인지에 관한 정보다. 주된 변수와 추세를 분명히 확인하려고 할 때는 교차영향 분석이 대단히 유용하다.

교차영향 분석은 다음과 같은 방식으로 소규모 팀에 의해 간단하면서도 비공식적으로 수행될 수 있다.

1. 먼저 필요한 것은 분석해야 할 추세들 또는 변수들의 목록이다. 변수를 특정 방향으로 움직이는 추세로 파악하는 것이 가장 좋은 경우가 많다.
2. 〈그림 A—8〉과 같이 표를 그리고, 당신의 변수들을 각 칸에 기입해 넣는다.
3. 체계적으로 칸에서 칸으로 이동하면서 매 칸에서 하나의 추세가 다른 하나의 추세에 미치는 영향을 판단하고 그 판단결과를 기입한다. 기입은 -2, -1, 0, +1, +2 등 다섯 단계로 한다.

〈그림 A-8〉 교차영향 분석의 예

추세 또는 변수	1	2	3	4	5	6	합계
1		-2	-1	2	0	1	6
2	2		0	0	0	0	2
3	-1	0		0	2	0	3
4	-2	2	1		2	1	8
5	2	0	2	0		-1	5
6	0	2	-2	2	-1		7
합계	7	6	6	4	5	3	

가장 강력한 추동추세 또는 추동변수 (← 4행)

가장 의존적인 추세 또는 변수 (↑ 1열)

* 추세 또는 변수 4가 가장 강력한 추동추세 또는 추동변수이고, 변수 1이 다른 추세 또는 변수들에 가장 의존적 또는 종속적인 경우다.

4. 모든 칸을 다 기입했으면 이제는 그 결과를 요약하는 게 가능하다. 각 줄
   의 합계는 그 변수가 얼마나 강력한 추동요소인지, 즉 그 변수가 다른 변
   수들에 얼마나 큰 영향을 끼치는지를 보여준다. 각 열의 합계는 각 변수
   의 종속성의 정도를 보여준다. 이제는 추동력을 한 축으로, 종속성을 다
   른 한 축으로 그린 좌표에 점으로 각 추세를 표시하는 게 가능하다.

   추세나 변수들이 〈그림 A—9〉에서처럼 점으로 다 표시되면 패턴이 훨
씬 더 명확하게 드러난다.
   이런 간단한 종류의 교차영향 분석의 강점은 당신의 가정(假定)을 명확
히 하고 부조리한 생각들을 솎아내는 데 도움을 준다는 것이다. 그룹으로

〈그림 A-9〉 교차영향 도표

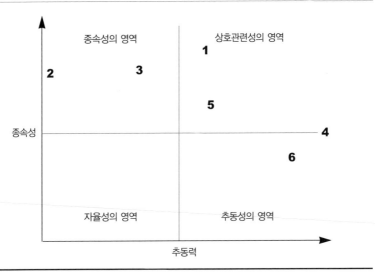

* 번호는 관찰된 추세 또는 변수

288

이런 작업을 하는 경우라면 이 방법은 생산적인 토론으로 이어진다. 또 하나의 아주 중요한 점은 이 방법을 통해 당신은 어느 추세가 추동추세이고, 어느 추세가 종속추세인지를 분명하게 인식하게 된다는 것이다. 서로 다른 변수들 사이의 상호작용을 분석하는 것을 통해 시스템의 일정한 부분을 파악해내는 게 가능할 수도 있다. 3장의 추적에 관한 부분에서 우리는 추세들 사이의 상호작용을 보여주는 인과고리 도표를 그리는 토대로서 교차영향 분석이 사용될 수 있음을 지적했다.

교차영향 분석은 복잡한 문제에 대한 질적인 분석을 할 경우에 대단히 유용한 도구다.

4분면 분석(Four-field analysis)

4분면 분석은 예를 들자면 교차영향 분석에서 가려낸 주요 변수들을 이용해서 간단한 시나리오를 만들어내는 하나의 단순한 방법이다. 이때 사용되는 주요 변수들은 연속적인 변수일 수도 있고, 불연속적인 변수일 수도 있다. 연속적인 변수란 예를 들어 어느 한 나라의 3세대 이동통신 사용자수와 같이 연속적인 척도로 측정될 수 있는 것이며, 불연속적인 변수란 형광등을 켜거나 끄는 것과 같이 일어날 수도 있지만 일어나지 않을 수도 있는 변수를 지칭한다. 3장 중 분석을 설명한 부분에서 4분면 시나리오 구축의 두 가지 예가 제시됐다.

시스템 분석(Systems analysis)

시스템 분석은 복잡한 시스템을 묘사하고 분석하는 도구로서 최근에 인기를 끌고 있다. 시스템 이론은 여러 가지 피드백 고리(feedback loop)들을 통해 단순하거나 복잡한 시스템을 규율하는 기술을 다루는 자동제어 공학에서 흔히 사용된다. 뿐만 아니라 시스템 이론은 현대 가족단위 심리치료(family therapy)의 기초가 되기도 했다.

시스템 분석은 두 가지 기본가정에 근거하고 있다. 그중 하나는 어느 한 시스템을 구성하는 부분들은 시스템 전체를 고려하는 가운데 맥락 속에서 바라봐야만 이해될 수 있다는 것이고, 다른 하나는 시스템 전체를 이해하기 위해서는 그것을 구성하는 부분들과 그 부분들의 시스템 내적 상호작용을 파악하는 게 필요하다는 것이다

시스템 이론의 강점은 첫째 대규모의 복잡한 실제 시스템들을 다룰 수 있게 해주고, 둘째 이 이론을 토대로 현실에 대한 설명력 있는 모델을 만들어낼 수 있다는 것이다.

시스템에는 기본적으로 두 가지 형태가 있다. 하나는 양의 피드백(positive feedback)을 가진 시스템이고, 다른 하나는 음의 피드백(negative feedback)을 가진 시스템이다. 양의 피드백을 가진 시스템은 자기가 스스로를 보강한다. 시스템 내부에서 어느 한 부분의 강화가 다른 부분들을 강화하는 식이다. 이런 시스템이 스스로 파멸로 치닫게 되지 않으려면 시스템 외부로부터 엄격한 통제를 받아야 할 필요가 있다.

현실 세계에서도 양의 피드백을 가진 자기상승적 시스템을 여러 곳에서 볼 수 있다. 돈, 권력, 성공, 지식, 인구 등이 그런 예다. 가장 대표적인 예로 거론할 수 있는 것은 폐쇄된 방 안에 갇힌 쥐들이다. 먹을 것을 부족하게 주거나 하는 다른 제약조건을 가하지 않는 한 폐쇄된 방 안의 쥐들은 엄청난 번식력을 과시하며 아주 빠른 속도로 늘어나 방을 가득 채우게 된다. 또 다른 예로 들 수 있는 것은 자동차교통과 도로다. 도로의 차선을 늘리고 그

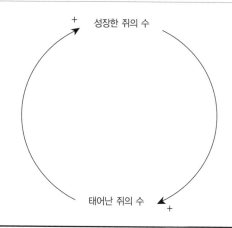

상태를 좋게 하면 일시적으로는 교통체증이 완화되지만, 그동안 차를 몰고 도로로 나오지 않았던 사람들이 이런 변화를 눈치 채고 너도나도 차를 도로로 몰고 나와 교통체증이 더 심해진다. 조직에서 우리가 악순환이니 선순환이니 하는 말을 하는데, 이런 말은 양의 피드백을 가진 시스템을 가리키는 것이다.

　음의 피드백을 가진 시스템은 활동적이면서도 스스로를 규제할 줄 안다. 이런 시스템은 균형을 향한 내적 추동력을 갖고 있으며, 에너지를 한꺼번에 소모하지 않고 지속적으로 사용한다. 이런 시스템에서는 어느 한 구성부분의 증가는 다른 구성부분의 감소로 이어진다. 음의 피드백을 가진 시스템의 예로는 우리의 균형감각을 우선 들 수 있고, 그 다음으로는 시장에서의 수요와 공급을 들 수 있다. 배고픔과 음식섭취도 우리가 흔히 경험하는 균형회귀 시스템의 예다. 우리는 배가 고프면 더 많이 먹게 되고, 더 많이 먹으면 배고픔이 줄어든다.

배고픔과 교통체증과 같은 예들은 시스템의 또 다른 특징, 즉 지체현상을 설명해준다. 매우 심하게 배고픔을 느끼는 상태에서 식탁에 앉은 사람은 음식을 다 먹은 뒤에 거의 대부분이 과식했다고 말한다. 만족의 느낌은 즉각적으로 오지 않고 일정하게 시간이 지난 뒤에야 오는 것이다. 교통체증과 도로의 예에서도 마찬가지다. 먹은 음식이 소화되는 데도 시간이 걸리고, 도로가 막힌다는 사실을 깨닫는 데도 시간이 걸린다. 이는 사람들이 새로운 사실을 인식하는 데는 얼마간의 시간이 걸린다는 뜻이다.

이 때문에 시스템은 큰 폭으로 왔다갔다하는 경향을 보이게 된다. 샤워를 하면서 뜨거운 물과 차가운 물이 나오는 양을 조절하기 위해 두 개의 수도꼭지를 조작해본 사람이라면 이게 무슨 소리인지를 금세 알 것이다. 처음에는 뜨거운 물 손잡이를 돌려도 샤워기에서는 차가운 물이 나온다. 수

〈그림 A-11〉 음의 피드백을 가진 자기통제적 시스템

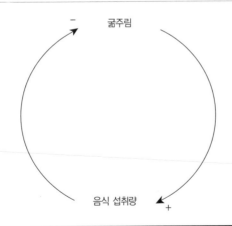

도관이 길기 때문이다. 그러면 뜨거운 물 손잡이를 과도하게 돌리게 되고, 얼마 지나지 않아 거의 끓다시피 하는 뜨거운 물이 쏟아진다. 그러면 다시 신속하게 뜨거운 물의 양을 줄이고 차가운 물이 좀더 많이 나오도록 한다. 그런데 이번에는 쏟아지는 물이 너무 차가워진다. 이런 식으로 뜨거운 물과 찬물을 교대로 여러 차례 나오게 한 뒤에야 마침내 우리는 원하는 온도의 물이 나오게 해서 샤워를 할 수 있게 된다.

스스로를 규율하는 시스템의 특징은 이처럼 왔다갔다하는 운동을 하다가 균형상태로 접근해간다는 것이다. 어떤 움직임을 가라앉히는 기능을 내장하지 못한 시스템은 진폭을 키워가며 가속적으로 움직이는 모습을 보이며, 결국은 시스템 전체가 붕괴하게 된다. 우리가 일상적으로 하는 샤워의 경우는 이런 시스템의 모습과는 다르다.

인과관계 지도 또는 인과고리 도표 그리기(Causal map or Causal loop diagram)

이상의 추론을 이용하면 당신의 시스템을 피드백 고리들의 집합으로 묘사하는 게 가능하다. 하위시스템들을 피드백 고리들로 서로 연결한 그림을 흔히 인과고리 도표라고 부른다. 어느 하나의 시스템을 인과고리 도표로 그려보는 것은 시스템 내부의 상호작용과 시스템의 작동논리를 명확하게 파악하는 데 효과적인 방법이다. 인과관계의 고리들을 그리다 보면 시스템의 약점, 그 주요 요소들, 대안의 시나리오 등을 파악할 수 있다.

〈그림 A—12〉은 소규모 기업에서 공통적으로 볼 수 있는 상황을 표시한 것이다. 제품을 생산하는 일을 더 많이 하게 된다는 것은 마케팅에 돈과 인력을 더 많이 들여야 한다는 것을 의미한다. 그런데 이와 동시에 기업 내부 인력이 마케팅 활동에 투입할 수 있는 시간은 더 적어진다. 결국 장기적

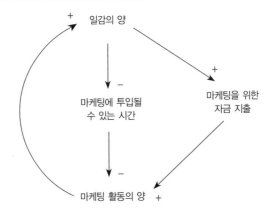

〈그림 A-12〉 소규모 기업의 인과고리 도표

으로는 일을 더 많이 하기 위해 필요한 마케팅 노력은 억제된다.

인과고리 도표를 이용해 분석작업을 할 때 반드시 염두에 둬야 할 규칙들은 다음과 같다.

- 모든 변수(위의 예에서는 일의 양, 비용, 시간 등)에 대해 양적인 묘사를 한다.
- 모든 변수를 양의 방향으로 놓는다(반드시 이렇게 해야 할 필요는 없으나 이렇게 하는 것이 생각하는 일을 쉽게 해준다).
- 변수 사이의 연결이 설명돼야 한다면 설명을 위한 추가적인 연결을 한다.
- 연결이 더 이상 진행되지 않는 고립된 고리가 있어서는 안 된다.

이미 언급했듯이 교차영향 분석의 결과는 인과관계 도표의 형태로 쉽게 해석될 수 있다(3장 중 분석과 결정 부분 참조).

학습 도구로서의 시스템 분석(System analysis as a tool for learning)

시스템 분석을 이용하는 방법이 점점 더 인기를 끌고 있다. 특히 학습에도 시스템 분석이 이용된다. 당신이 당신의 시스템을 설명하는 모델을 개발했다면 당신의 머릿속에 그려진 모델이 당신 자신에게 명쾌해졌을 것이다. 그렇다면 당신의 시스템 내부의 상호작용을 둘러싼 전제조건들을 종이에 옮겨 쓸 수 있을 것이다.

경영진, 사원교육 과정, 프로젝트팀 등에서 어떤 모델이든 그것을 학습의 도구로 이용할 때 고려해야 할 중요한 사항들은 다음과 같다.

- 학습자 집단으로 하여금 스스로 모델을 구축하도록 하라. 이렇게 하면 그 모델이 학습과정 참여자들의 마음속에 들어있는 모델과 같게 될 것이다. 외부 전문가가 만든 모델을 받아들이게 하는 것은 대단히 어려운 경우가 많다.
- 모델구축 과정에서 학습자 집단에 자문자의 역할을 해줄 수 있는 경험 있는 모델구축 전문가를 학습자 집단에 포함시켜라.
- 모델은 가능한 한 단순한 형태로 구축하도록 노력한다. 모델은 어차피 하나의 모델일 뿐이다. 간단할수록 좋다.

학습 프로젝트의 일환으로 모델을 구축하는 작업은 다음과 같은 장점들이 있다.

- 기존의 모델과 새로운 모델에 대해 질문을 던질 기회를 준다.
- 그 자체가 학습효과를 낸다.

- 시스템 내부의 상호작용에 대해 이해하도록 해준다. 복잡한 상호작용에 대한 우리의 직관적인 이해는 종종 현실과 부합하지 않는 경우가 많다.
- 인위적으로 만들어진 실험적 환경인 머릿속의 작은 세계에서 위험 없는 실험을 할 수 있게 해준다.
- 참여자들로 하여금 각자 자기 생각을 명료하고 논리적으로 표현하도록 강요한다.
- 시스템의 내적 상호작용과 복잡성을 드러내준다.

시스템 모델의 도움으로 우리는 새로운 시스템을 학습하고 운영하는 데 소요되는 시간을 단축할 수 있다. 새로운 연관관계들을 찾아내고 그것들이 반영된 새로운 시스템의 모델을 머릿속에 갖게 되면 현실세계의 축소판인 머릿속의 작은 세계에서 그것을 검증해볼 수 있다.

〈그림 A-13〉 시스템 모델의 장점

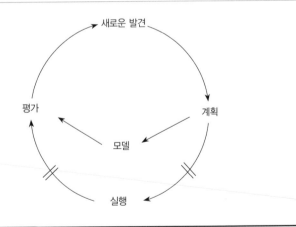

* 실행단계를 생략하고 계획에서 평가로 건너뛸 수 있음.

시스템모델 구축 또는 동태적 시뮬레이션

(Systemic modelling or Dynamic simulation)[29]

간단한 시뮬레이션 프로그램의 도움으로 복잡하고 동태적인 시스템에 대해 그 모델을 만들 수 있다. 이렇게 하는 데 널리 사용되는 프로그램의 예로 하이 퍼포먼스 시스템스(High Performance Systems)[30]라는 기업의 스텔라(Stella)와 아이싱크(Ithink)를 꼽을 수 있다. 이런 프로그램이 갖춰야 할 조건은 수학을 개입시키지 않고도 시스템 모델 구축이 가능하도록 고안된 특수한 언어를 사용해서 시스템을 묘사할 수 있게 해주는 것이어야 한다는 것이다.

〈그림 A-14〉 아이싱크(Ithink)로 만들어 본 모델의 예

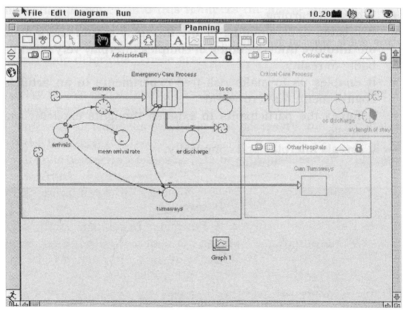

이런 종류의 컴퓨터 시뮬레이션의 강점은 숫자로 표현되는 결과에 있지 않고 오히려 작업과정 자체에 있다. 다시 말해 그러한 작업과정이 지속가능한 모델을 구축하기 위한 '생각하기' 로 전환되는 것이다. 시스템의 모델을 구축하고, 각 부분을 전체 시스템에 연결하고, 부분들 사이의 연결관계를 구체화하는 것을 통해 당신은 다른 방법으로는 불가능한 '시스템에 대한 이해' 를 얻게 되는 것이다. 그리고 그런 이해를 토대로 다양한 연결관계와 측면들을 두루 실험해봄으로써 당신은 당신의 시스템이 갖고 있는 '여러 가지 영향에 대한 반응의 감도' 를 인식할 수 있게 된다.

이런 종류의 수학적 모델 구축은 우리가 위에서 언급한 종류의 지도자 훈련에서도 유용하게 많이 이용되고 있다.

부록 2 :: 용어 설명

행위자(Actor)

행위자는 연구의 대상이 된 이슈나 시스템과 관련된 개인, 집단, 조직을 가리키며, 경우에 따라서는 나라도 행위자가 된다.

수용자(Addressee)

수용자는 시나리오 분석의 내용이나 시나리오 분석에 기초한 제안을 받아들이는 주체를 가리킨다. 시나리오 분석의 결과를 수용자가 원하는 형태로 정리하려면 수용자가 누구인지를 명확히 하는 것이 중요하다. 미래를 내다보는 일에 몰두하는 분석자는 시스템의 모델화에 관심을 갖는 경우가 많지만, 어떤 결정이든 내려야 한다는 생각에 치우친 수용자라면 분석모델보다는 10줄짜리의 간략한 제안서를 분석자로부터 전달받기를 원할 것이다.

회고(Back-casting)

회고는 상상으로 그려진 미래에서 시작해, 지금부터 그 미래로 가는 길을 파악하는 시나리오 기법이다. 이때 미래로 가는 길은 분석적 방법을 통해

찾을 수도 있고, 미래역사 쓰기와 같은 보다 창조적인 방법을 통해 찾을 수
도 있다.

기초 시나리오(Base scenario)

기초 시나리오는 우리가 미래에 당연한 것으로 받아들이게 될 폭넓은 그림
을 보여준다. 다시 말해 기초 시나리오는 미래에 관한 일반적인 가정들을
요약한 것이며, 그 토대 위에서 대안이 되는 다른 시나리오들이 구축된다.
따라서 기초 시나리오는 매우 폭이 넓고 질적으로 묘사된 전망이며, 그 안
에 불확실한 요소들이 보이지 않게 숨어있다. 그러나 대안의 다른 시나리
오들에서는 이런 불확실한 요소들이 조명을 받고 겉으로 드러난다.

　기초 시나리오는 미래에 대처하기 위해 조직이 취해야 할 필요가 있는
필수적인 조처들이 어떤 것인지를 암시해준다.

비즈니스 정보기능(Business intelligence)

비즈니스 정보기능은 기업이 사업을 영위하는 데 필요한 정보를 수집하
고 분석하는 기능을 가리키는 용어다. 비즈니스 정보기능은 시장에 대한
정보기능, 경쟁자에 대한 정보기능, 기술에 대한 정보기능으로 나눠 볼 수
있다.

갈등(Conflict)

갈등은 행위자들 사이에서 일어나는 이익의 충돌로 인해 발생할 수 있다.
갈등은 흔히 사회적 변화의 강력한 추동요인이 된다. 잠재적인 갈등은 시
나리오를 개발하고 전개시키는 과정에서 상상력을 자극하는 원천이 되기

도 한다. 하나의 시나리오 세트를 검토할 때는 그 세트에 속하는 각각의 시나리오에 들어있는 중요한 갈등의 요소들을 확인해보는 것도 중요하다.

환경분석(Contextual analysis)

환경분석은 조직에 환경이 되는 외부세계에 대한 모든 종류의 분석을 지칭하는 용어다.

디스토피아 시나리오(Dystopian scenario)

디스토피아 시나리오는 악몽과 같은 시나리오를 말한다. 문학에서 디스토피아 시나리오를 흔히 발견할 수 있다. 조지 오웰의 소설 《1984년》은 은유적인 형태로 디스토피아를 묘사한 예다. 사소한 정서적 갈등을 비롯해 온갖 갈등으로 가득 찬 디스토피아 시나리오는 흥미롭고 자극적인 경우가 많으며, 규범적인 시나리오나 유토피아적인 시나리오에 대조시킬 목적으로 이용되기도 한다.

새로운 이슈(Emerging Issue)

새로운 이슈는 잠재적인 이슈라고도 불린다. 이것은 아직 겉으로 드러나지는 않았지만 문제가 될 잠재력을 갖고 있는 이슈이며, 기업은 이런 이슈에 대한 조처를 취할 필요가 있다. 잠재적인 미래의 이슈는 시나리오 프로세스를 통해 파악될 수 있다.

7대 영역(EPISTLE)

사도 바울은 〈로마인들에게 보내는 서한(Epistle to the Romans)〉을 썼다.

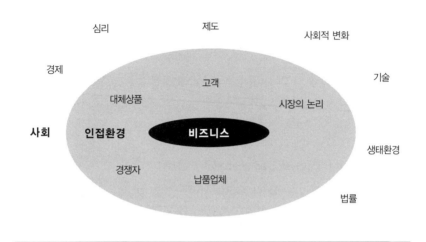

이 서한집의 영어 제목 중 첫 단어, 즉 '이피슬(Epistle)'을 떠올리면 주위 세계의 변화를 추적할 때 점검해봐야 하는 영역 가운데 가장 중요한 7대 영역이 무엇인지를 쉽게 기억해낼 수 있을 것이다. 그것은 다음과 같다.

- 경제와 시장(E: Economy and market)
- 정치와 정책(P: Politics)
- 제도와 조직(I: Institutions and organizations)
- 사회적 변화(S: Social changes)
- 기술(T: Technology)
- 법률의 변화(L: Legal changes)
- 생태환경과 윤리(E: Ecology and ethics)

미래사건(Future event)

미래사건은 미래에 일어날 가능성이 있는 사건을 말한다. 시나리오는 미래 사건을 여러 가지로 추정해보고 그 결과를 한데 모아보는 방법으로도 만들 수 있다.

예측(Forecast or prognosis)

예측은 현재 존재하는 조건들로 미루어볼 때 가장 실현가능성이 높은 미래에 대한 묘사다. 예측은 가까운 미래를 내다보는 데는 유용하지만, 먼 미래로 갈수록 그 중요성이 급속하게 떨어진다. 왜냐하면 예측은 미래의 사건들을 고려하지 않기 때문이다. 예측의 대표적인 예로는 지금의 경제적 조건들에 대해 평가하고 그 연장선상에서 미래를 내다보는 방식의 경제예측을 들 수 있다.

예견(Foresight)

예측이 지금의 시점에서 미래를 내다보는 것을 가리키는 용어인 데 비해 예견은 보다 개방적인 관점에서 미래를 생각하는 것을 가리킨다. 예견은 가능한 미래의 모습과 현재 잠재돼 있는 이슈, 경향, 불확실성 등을 파악하는 데 초점을 둔다. 예견을 하는 데는 시나리오 모델이 종종 사용된다. 예견은 '전망적 분석(Prospective analysis)' 이라는 용어와 유사한 의미도 갖고 있다.

미래연구(Futures study)

보통의 사람들이 내다볼 수 있는 시야의 한계를 넘어서는 미래의 상태를 탐구하고 분석하는 모든 종류의 연구를 가리켜 미래연구라고 한다. 전통적으로 미래연구라고 하면 10~30년 앞의 미래에 대한 연구를 지칭한다.

규범적 시나리오(Normative scenario)

규범적 시나리오는 소망스럽거나 반대로 소망스럽지 않은 미래의 모습을 묘사한다. 규범적 시나리오의 목적은 흔히 최선의 미래 모습과 그런 미래로 가기 위해 선택할 수 있는 길을 탐구하는 데 있다. 의사소통의 목적으로도 이용된다.

외부세계 또는 비즈니스 환경(Outside world or Business environment)

외부세계는 조직의 바깥에 존재하는 모든 것이다. 외부세계 중 조직에서 가장 가까이에 있는 것은 관련 산업과 시장이고, 그 산업과 시장에서는 고객, 경쟁자, 주주, 금융기관, 정책당국, 원자재 공급업체 등이 움직이고 있다. 이런 행위주체들의 행동은 조직의 기초조건에 영향을 미친다. 이들보다 더 바깥쪽 외곽에 존재하는 세계적인 변화, 국가경제, 기술 등도 조직의 기초조건과 직원, 고객, 경쟁자, 기타 관련 행위주체들에 영향을 미친다.

따라서 자신이 속한 조직에 직간접적으로 1차적, 2차적, 3차적 영향을 미치는 모든 것이 진지한 분석에서 고려돼야 할 외부세계의 이슈가 된다. 예를 들어 '인터넷을 통한 쌍방향 서비스'가 연구대상 시스템이라고 한다면 '인터넷을 통한 서비스'가 외부세계로의 연결고리가 되고, 기술개발과 경제성장률 등이 외부세계가 된다.

이렇게 정의된 외부세계는 그 자체가 미래다. 왜냐하면 외부세계에서 일어난 변화가 우리에게 도달하는 데는 일정한 시간이 걸리기 때문이다.

예를 들어 미국에서 일어난 변화가 유럽에 도달하려면 두어 달에서 길게는 몇 년씩 걸리기도 한다.

외부세계에 대한 분석은 통상 시나리오 플래닝을 하는 과정의 첫 단계가 된다. 시나리오 플래닝은 "장기적으로 우리에게 중요한 외부세계에서 어떤 일이 벌어지고 있거나 벌어질 수 있는가?"라는 질문과 더불어 시작되기 때문이다.

함정(Pitfall)

함정이란 당신이 빠져들 수 있는 위험이며, 시나리오 작업에는 많은 함정들이 있다. 예를 들어 편견, 희망하는 방향으로 생각하기, 사각지대의 존재 등은 터무니없는 분석의 원인이 될 수 있다. 시나리오 작업과정의 설계, 참여자 선정, 작업결과 전달의 형식 등에도 함정이 숨어있다.

전망적 분석(Prospective analysis)

미셸 고데(Michel Godet)를 비롯한 일부 학자들은 '전망적(prospective)'이라는 용어를 사용한다. 그들은 이 용어를 다수의 가능한 미래들을 지칭하는 데 사용한다. 고데는 미래에 대한 예측을 할 수 있다는 주장이나 확률에 기반을 두고 미래를 평가할 수 있다는 주장에 대해 비판적이다. 전망적 분석은 선택해야 할 올바른 길에 관한 일련의 가정들에 기반을 둔 시나리오를 만들어낸다.

질적 시나리오 방법(Qualitative scenario methods)

질적 방법은 연성자료(soft data), 즉 수량화될 수 없는 변수들과 추론에 기

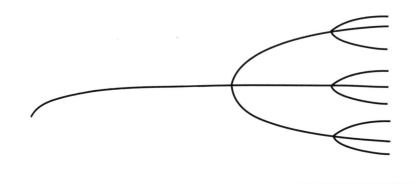

반을 둔다. 질적 방법의 목적은 흔히 시스템적 관계들, 주요 관련 행위자들, 불확실성 등을 식별해내고 분석하는 것이다. 질적 방법은 중장기 플래닝에 필요하다.

시나리오 플래닝에서는 추세영향 분석이나 교차영향 분석과 같은 '준(準)질적 방법(semi-qualitative method)'을 흔히 사용한다. 준질적 방법이라는 말은 예를 들어 질적인 추론에 기초를 두고 연관관계들을 수량화하는 등의 방법을 가리킨다.

양적 시나리오 방법(Quantitative scenario method)

양적 방법의 목적은 시나리오 작업의 결과를 숫자로 얻는 것이다. 양적 방법은 회귀분석이나 시스템모델로 포착할 수 있는 인과관계에 근거를 둔다. 양적 시나리오는 컴퓨터의 스프레드시트 프로그램이나 시뮬레이션 프로그램으로 모델화할 수 있는 경우가 많다.

보다 구체적인 사실과 숫자들을 확인하려고 하거나 현재 추세와 패턴들이 미래에 어떻게 전개될 것인지를 알아내려고 할 경우에는 질적 방법을 보완하는 작업으로서 양적 방법을 이용할 필요가 있다.

시나리오(Scenario)

시나리오는 미래의 상태와 그런 미래로 가는 길에 대한 완전한 묘사다. 완성된 시나리오는 그 시나리오가 대상으로 삼은 기간 동안에 "누가 무엇을 언제 어디서 왜 하는가?"라는 질문에 대답을 해줄 수 있어야 한다. 시나리오는 미래에 대한 순간촬영 사진과 같은 것으로 제시되기도 한다.

시나리오 학습(Scenario learning)

시나리오 학습은 시스템의 가동원리, 미래의 상황전개, 불확실성 등에 대한 공유된 이해를 증진시키기 위해 시나리오 기법을 이용하는 것이다. 시나리오 학습은 그 성격상 탐구적이다.

시나리오 방법과 기법(Scenario methods and techniques)

시나리오를 만들어내는 데 사용되는 모든 종류의 방법과 기법을 가리킨다.

시나리오 플래닝(Scenario planning)

시나리오 플래닝은 시나리오 분석과 전략적 기획의 결합이다. 시나리오 플래닝은 외부세계에서 일어날 수 있는 여러 가지 상황전개와 그러한 상황전개가 연구의 대상인 시스템, 즉 자기가 속한 기업, 산업분야, 활동영역에 어떤 영향을 미치고 어떤 결과를 초래하는지를 체계적으로 탐구하는 것을 목적으로 기획, 즉 계획 세우기 작업을 하는 것이다.

시나리오 플래닝에 보편적으로 적용되는 방법은 없다. 그 대신 기획과 의사결정의 맥락에서 시나리오들을 생성하고 활용하는 기법이나 방법은 다양하게 존재한다. 결국 시나리오 플래닝은 여러 가지 방법들을 적절히 사용하면서 미래를 내다보는 하나의 태도로 봐야 할 것이다.

시스템(System)

시스템은 여러 부문이나 요소들이 결합된 하나의 전체를 말한다. 시스템의 변화와 전개를 평가하기 위해서는 그 구조를 먼저 이해할 필요가 있다. 시스템 분석은 기업이나 기업을 둘러싼 외부세계와 같은 특정 시스템의 실제 작동을 모델화하기 위해 시스템을 구성하는 요소들 사이에서 일어나는 상호작용을 묘사하고 분석하는 것을 목적으로 한다.

유행에 대조되는 것으로서의 추세(Trends as opposed to fads)

추세는 여러 해에 걸쳐 일어나고 부지불식간에 다가오는, 장기적이고 흔히 돌이킬 수 없는 변화를 말한다. 어떤 현상에 대한 강력한 추세의 영향이 측정되거나 예측될 수 있는 경우도 많다.

이에 비해 유행은 예를 들어 사람들의 관심이나 의견에 일어나는 단기적인 변화다. 추세와 유행의 차이는 기후와 날씨의 차이와 같다.

유토피아 시나리오(Utopian scenario)

유토피아 시나리오는 최선의 경우를 묘사한 규범적 시나리오다. 이런 유토피아 시나리오는 실현가능성이 없어서 '가능하다고 생각되거나 믿을 만한 미래'를 보여주지 못하는 경우가 많다. 유토피아 시나리오는 흔히 갈등이 내재돼 있지 않고, 흥미를 불러일으키기도 어렵다. 이런 이유에서 문학에서는 유토피아 시나리오가 잘 다뤄지지 않는다.

비전(Vision)

비전은 소망스러운 미래에 대한 생생한 묘사이며, 흔히 짧고 간결한 방식으로 표현된다. 어떤 하나의 조직 안에서 하나의 비전이 '전략적 비전'으로 작용하려면 그 비전을 실현하는 일을 해야 할 사람들의 마음속에 깊이 자리 잡아야 한다. 모든 시나리오 플래닝 작업은 달성하고자 하는 비전과 연결된 것이어야 한다.

와일드카드(Wild card)

실현될 것 같지는 않지만 만약 실제로 실현된다면 커다란 영향을 끼칠 수 있는 미래사건을 와일드카드라고 부른다. 와일드카드는 상황전개 곡선에 불연속 구간을 만들어낸다. 와일드카드를 중심으로 해서도 시나리오가 만들어질 수 있지만, 보통의 시나리오 작업과정에서 와일드카드는 따로 걸러내어져 별도로 다뤄진다.

:: 주석

1. 예를 들어 Beyond Mobile(Lindgren, Jenbratt, Svensson)에 있는 시나리오들을 참조하라. 이 시나리오들은 2000년 가을에 개발됐다.
2. 전략과 실적의 관계에 대해서는 Miller, 1987; Mosalwski, 1993; McDougall et al., 1994; Dess et al. 1997, 의사결정 과정과 실적의 관계에 대해서는 Fredrickson and Mitchell, 1984; Eisenhardt, 1989; Judge and Miller, 1991; 최고위 경영진의 특성과 실적의 관계에 대해서는 Eisenhardt and Bourgeois, 1988; Smith et al., 1994; Gelatkanycz and Hambrick, 1997, 전략과 구조의 관계에 대해서는 Miles and Snow, 1978; Miller, 1987; Lyles and Schwenk, 1992; Jennings and Seaman, 1994.
3. 이 연구 프로젝트에 대한 자세한 설명은 Mats Lindgren의 박사학위 논문인 Strategic Flexibility: Antecedents and Performance Implications, Henley Management College/Brunel University, 2001 을 참조하라.
4. 예를 들어 Haeckel and Nolan (1993) 참조.
5. 응답률은 20퍼센트였다. 모든 변수에 대해 리케르트 척도법에 따른 여러 개의 답변항목이 제시됐다.
6. 이는 Venkatraman and Ramanujam (1986)과 같은 맥락의 정의다.
7. 예를 들어 Lawrence and Lorsch (1967)와 Thompson (1967) 참조.
8. 전략적 유연성에 대해서는 예를 들어 Hopkins and Hopkins (1997) 참조.
9. Hitt et al. (1998) 참조.
10. 이는 Nordström and Ridderstråle (1999) 등의 연구자들이 강하게 주장했다.
11. Hamel (1998, 2000)과 Johnson and Scholes (1999) 참조.
12. 보다 깊이 있는 설명은 Kao (1997)와 Krets de Vries (1997) 참조.
13. 스웨덴 중간규모 기업들에 대한 후속연구가 이 결과를 입증했다.
14. Chandler (1962), Ansoff (1965), Lawrence and Lorsch (1967), Thompson (1967), Andrews (1971) 참조.
15. 각 주제에 대한 적절한 참고문헌은 다음과 같다. 전략적 의사결정 과정은 Schwenk (1995), 초경쟁(hyper-competition)과 고속의 환경은 D'Aveni (1994)와 Brown and Eisenhardt (1997, 1998), 조직역량은 Barney (1991), 전략의 진화적 측면은 Brown and Eisenhardt (1997)와 Ruef (1997).
16. Brown and Eisenhardt (1997), Chakravarthy (1997), Ozsomer et al. (1997) 참조.
17. Porter (1996), Brown and Eisenhardt (1997), Williamson (1999) 참조.
18. 보다 자세한 내용은 Lars-Olof Persson의 박사학위 논문인 Mood and Expectation 참조.
19. 일찍이 1970년대에 Chris Argyris와 David Schön이 저술한 저작으로 거슬러 올라가는 표현이다.

20. 이런 비유는 Peter Senger가 도입했고, Peter Schwartz가 시나리오 플래닝의 맥락에서 이용했다.

21. 롤프 옌센(Rolf Jensen)은 현재 드림컴퍼니(Dream Company)의 대표다. 소명(The Call)과 성배(The Holy Grail)라는 개념은 옌센이 《하트스톰(Heartstorm)》이라는 저서에서 제시한 것이다. 이 책의 영어본은 www.dreamcompany.dk에서 유료로 다운로드할 수 있고, 종이책으로는 2002년에 덴마크의 JP Bøger 출판사에서 출판됐다.

22. McKinsey Quarterly, November 2007에 실린 Richard Rumelt의 인터뷰에서 인용.

23. 정보기술(IT) 기업들에 대한 Shona Brown과 Kathleen Eisenhardt의 연구를 참조하라. 《경계선상의 경쟁(Competing on the Edge)》(Brown and Eisenhardt, 1998)에 이들의 연구가 소개돼 있다.

24. 이런 결론은 *Long Waves in Economic Life*라는 책에서 제시됐다. 그 보상으로 그는 시베리아에서 평생토록 휴가를 보내게 됐다. 이 아이디어는 나중에 조지프 슘페터(Joseph Schumpeter)에 의해 채택됐다.

25. 이 용어의 설명은 Future Edge (Barker)라는 책에 근거함.

26. *The Age of Paradox* (Handy)와 *Global Paradox* (Naisbitt) 참조.

27. Joseph Coates의 책 *Issues Management* (1986) 참조.

28. Courtney, Kirkland et al. (1997), Strategy under uncertainty, *Harvard Business Review* (November~December): 67~79에서 이 그림의 아이디어를 얻었다.

29. 이 분야의 개척자는 Jay Forrester다. 그는 일찍이 1961년에 Industrial Dynamics라는 책에서 동태적 시스템의 수학적 모델화를 위한 원칙들을 정식화했다. 그는 또한 《성장의 한계(Limits of Growth)》라는 책에서 세계의 자원에 대해 최초로 제시된 모델의 배후인물이다. 아이싱크(Ithink)와 스텔라(Stella)에서도 그의 모델이 이용됐다.

30. www.hps-inc.com.(이 사이트의 주소는 www.iseesystems.com로 바뀌었다—옮긴이).

:: 참고문헌

Andrews, K. (1971). *The Concept of Strategy.* Homewood, IL: Irwin.

Ansoff, H. I. (1965). *Corporate Strategy: An Analytical Approach to Business Policy for Growth and Explanation.* New York: McGraw Hill.

Ashby, W. R. (1956). *An Introduction to Cybernetics.* London: Chapman and Hall.

Balston, B. and I. Wilson (2006). *The Scenario Planning Handbook: Developing strategies in uncertain times.* Harlow, Pearson.

Barney, J. (1991). 'Firm resources and sustained competitive advantage.' *Journal of Management* 17: 99~120.

Beinhocken, E. D. (1999). 'Robust adaptive strategies.' Sloan Management Review 40(3): 95~106.

Bettis, R. A. and M. A. Hitt (1995). 'The new competitive landscape.' *Strategic Management Journal* 16: 7~16.

Blaxill, M. F. and T. M. Hout (1998). 'Make decisions like a fighter pilot.' In: *Perspectives on Strategy.* C. W. Stern and G. J. Stalk. New York: John Wiley.

Boulding, K. E. (1964). *The meaning of the Twentieth Century.* New York: Prentice-Hall.

Bracker. J. (1980). 'The historical development of strategic management concept.' *Academy of Management Review* 5: 219~224.

Brown, S. L. and K. M. Eisenhardt (1997). 'The art of continuous change: linking complexity theory and time-paced evolution in relentlessly shifting organizations.' *Administrative Science Quarterly* 42: 1~34.

Brown, S. L. and K. M. Eisenhardt (1998). *Competing on the Edge.* Boston, MA: Harvard Business School Press.

Chakravarthy, B. (1997). 'A new strategy framework for coping with turbulence.' *Sloan Management Review* (Winter): 69~82.

Chandler, A. D. (1962). *Strategy and Structure: Chapters in the History of the American Industrial Enterprise.* Cambridge, MA: MIT Press.

Christensen, C. S. Anthony and E. Roth (2004). *Seeing What's Next: Using the Theories of Innovation to predict Industry Change.* Boston, Mass: Harvard Business School Press.

Coates, J. F. (1986). *Issues Management. How You Plan, Organize and Manage For The Future.* Bethesda, MD: Lomond.

Collins, J. C. and J. I. Porras (1996). 'Building your company's vision.' *Harvard Business Review* (September~October): 65~77.

D' Aveni, R. (1994), *Hypercompetition: Managing the Dynamics of Strategic Manoeuvering*. New York: Free Press.

Dess, G. G., F. T. Lumpkin and J. G. Covin (1997). 'Entrepreneurial strategy making and firm performance: test of contingency and configurational models.' *Strategic Management Journal* 18(9): 677~695.

Doyle, P. (2000). 'Radical strategies for profitable growth.' *European Management Journal* 16(3): 253~261.

Eisenhardt, K. M. (1989). 'Making fast strategic decisions in high-velocity environments.' *Academy of Management Journal* 33(3): 543~576.

Eisenhardt, K. M. and L. J. Bourgeois III (1988). 'Politics of strategic decision making in high-velocity environments: toward a midrange theory.' *Academy of Management Journal* 31(4): 737~770.

Eisenhardt, K. and J. Martin (2000). 'Dynamic capabilities: what are they?', *Strategic Management Journal* (21): 1105~22.

Eisenhardt, K. M. and M. J. Zbaracki (1992). 'Strategic decision making.' *Strategic Management Journal* 13: 17~37.

Feigenbaum, A., S. Hart and D. Schendel (1996). 'Strategic reference point theory.' *Strategic Management Journal* 17: 219~235.

Fredrickson, J. W. and T. R. Mitchell (1984). 'Strategic decision process: comprehensiveness and performance in an industry with an unstable environment.' *Academy of Management Journal* 27(2): 399~423.

Gelatkanycz, M. A. and D. C. Hambrick (1997). 'The external ties of top executives: implications for strategic choice and performance.' *Administrative Science Quarterly* 42: 654~681.

Haeckel, S. H. and R. L. Nolan (1993). 'Managing by wire.' *Harvard Business Review* (September~October).

Hamel, G. (1998). 'Strategy innovation and the quest for value.' *Sloan Management Review* (Winter): 7~14.

Hamel, G. (2000). *Leading the Revolution*. Boston, Mass: Harvard Business School Press.

Hamel, G. (2007). *The Future of Management*. Boston, Mass.: Harvard Business School Press.

Hamel, G. and A. E. Heene (1994). *Competence-Based Competition*. Chichester, UK: John Wiley.

Hamel, G. and C. K. Prahalad (1994). *Competing for the Future*. Boston, Mass: Harvard Business School Press.

Hamel, G., C. K. Prahalad, H. Thomas and O' Neil, Eds (1998). *Strategic Flexibility*. Strategic management series. Chichester, UK: John Wiley.

Hamel, G. and L. Valinkangas (2003). 'The quest for resilience.' *Harvard Business Review*, September.

Handy, Charles (1995). *The Age of Paradox*. Boston, Mass: Harvard Business School Press.

Hart, S. and C. Banbury (1994). 'How strategy-making processes can make a difference.' *Strategic Management Journal* 15: 251~269.

Hitt, M. A., B. W. Keats and S. A. DeMarie (1998): 'Navigating in the new competitive landscape: building strategic flexibility and competitive advantage in the twenty-first century.' *Academy of Management Executive* 12(4): 22~42.

Hopkins, W. E. and S. A. Hopkins (1997). 'Strategic planning-financial performance relationships in banks: a causal examination.' *Strategic Management Journal* 18: 635~652.

Jennings, D. F. and S. L. Seaman (1994). 'High and low levels of organizational adaptation: an empirical analysis of strategy, structure and performance.' *Strategic Management Journal* 15: 459~475.

Johnson, G. and K. Scholes (1999). *Exploring Corporate Strategy*, 5th edn. London, New York, Singapore: Prentice Hall.

Judge, W. Q. and A. Miller (1991). 'Antecedents and outcomes of decision speed in different environmental contexts.' *Academy of Management Journal* 34(2): 449~463.

Kao, J. (1997). *Jamming: The Art and Discipline of Business*. London: Harper Collins.

Kim C. W. and R. Mauborgne (2005). *Blue Ocean Strategy: How to Create Uncontested Market Space and Make the Competition Irrelevant*. Boston, Mass.: Harvard Business School Press.

Krets de Vries, M. F. R. (1997). 'Creative leadership: jazzing up business.' *Chief Executive* (121): 64~66.

Lawrence, P. R. and J. Lorsch (1967). *Organization and Environment*. Boston, MA: Harvard University Press.

Lei, D., M. A. Hitt and R. Bettis (1996). 'Dynamic core competences through meta-learning and strategic content.' *Journal of Management* 22(4): 549~569.

Lengnick-Hall, C. A. and J. A. Wolf (1999). 'Similarities and contradictions in the core logic of three strategy research streams.' *Strategic Management Journal* 20: 1109~1132.

Lindgren, M., Jedbratt, J. and E. Svensson (2002). *Beyond Mobile*. Basingstoke, UK: Palgrave Macmillan.

Lovallo, D. P. and L. T. Mendonca (2007). 'Strategy's strategist: an interview with Richard Rumelt.' *Mckinsey Quarterly*, November.

Lyles, M. A. and C. R. Schwenk (1992). 'Top management, strategy and organizational knowledge structures.' *Journal of Management Studies* 29(2): 155~174.

March, J. G. (1996). 'Continuity and change in theories of organizational action.' *Administrative Science Quarterly*: 278~287.

McDougall, P. P., J. G. Covin, R. B. Robinson and L. Herron (1994). 'The effects of industry growth and strategic breadth on new venture performance and strategy context.' *Strategic Management Journal* 15: 537~554.

Miles, R. H. and C. C. Snow (1978). *Organizational Strategy. Structure and Process.* New York: McGraw Hill.

Miller, D. (1987). 'Strategy making and structure: analysis and implications for performance.' *Academy of Management Journal* 30: 7~32.

Mintzberg, H. (1994). *The Rise and Fall of Strategic Planning.* New York: Free Press.

Mintzberg, H. and J. Lampel (1999). 'Reflecting on the strategy process. *Sloan Management Review* 40(2): 21~30.

Mintzberg, H., J. Quinn and J. Voyer (1995). *The Strategy Process.* Englewood Cliffs, NJ: Prentice Hall.

Mosalowski, E. (1993). 'A resource-based perspective on the dynamic strategy-performance relationship: an empirical examination of the focus and differentiation strategies in entrepreneurial firms.' *Journal of Management* 19(4): 819~838.

Naisbitt, J. (1994). *Global Paradox.* London: Nicholas Brealey.

Nordström, K. A. and J. Ridderstråle (1999). *Funky Business: Talent Make Capital Dance.* Falun, Sweden: BookHouse Publishing.

Nordström, K. and J. Ridderstråle (2004). *Karaoke Capitalism.* Falun, Sweden: Bookhouse Publishing.

Norman, R. (1975) *Skapande företagslending (Creative Corporate Management).* Stockholm: Aldus.

Norman, R. (2001) *Reframing Business: When the Map Changes the Landscape.* New York: John Wiley.

Ozsomer, A. R. J. Cantalone and A. Di Benedetto. (1997). 'What makes firms more innovative? A look at organizational environmental factors.' *Journal of Business and Industrial Marketing* 12(5~6): 400~416.

Porter, M. (1980). *Competitive Strategy: Technique for Analysing Industries and Companies.* New York: Free Press.

Porter, M. (1985). *Competitive Advantage.* New York: Free Press.

Porter, M. (1996). 'What is strategy?' *Harvard Business Review* (November~December): 61~78.

Quinn, J. B. (1995). Strategies for change. In: *The Strategy Process.* H. Mintzberg, J. B. Quinn and J. Voyer. Englewood Cliffs, NJ: Prentice-Hall.

Ralston, B. and I. Wilson (2006). *The Scenario Planning Handbook: Developing Strategies in Uncertain Times*. Mason, Ohaio: Thomson.

Ruef, M. (1997). 'Assessing organizational fitness on a dynamic landscape: an empirical test of the relative inertia thesis.' *Strategic Management Journal*. 18: 837~853.

Schwartz, P. (1991). *The Art of The Long View: Planning for the Future in an Uncertain World*. New York: Currency Doubleday.

Schwenk, C. R. (1995). 'Strategic decision making.' *Journal of Management* 21(3): 471~493.

Smith, K. G., K. A. Smith, J. D. Olian, H. P. Sims Jr. and J. A. Scully (1994). 'Top management team demography and process: the role of social integration and communication.' *Administrative Science Quarterly* 39: 412~438.

Taleb, N. (2007). *The Black Swan: The Impact of the Highly Improbable*. New York: Random House.

Teece, D. J., G. Pisano and A. Shuen (1997). 'Dynamic capabilities and strategic management.' *Strategic Management Journal* 18(7): 509~533.

Thompson, J. D. (1967). *Organizations in Action*. New York: McGraw-Hill.

Van der Heijden, K. (1996). *Scenarios: The Art of Strategic Conversation*. New York: John Wiley.

Venkatraman, N. and V. Ramanujam (1986). 'Measurement of business performance in strategy research: a comparison of approaches.' *Academy of Management Review* 11: 801~814.

Williamson, P. J. (1999). 'Strategy as options for the future.' *Sloan Management Review* (Spring 1999): 117~126.

:: 추가로 읽어볼 만한 책

Asplund, J. (1979). *Teorier om framtiden*, Stockholm: Liber.

Barker, J. and J. Jarratt (1989). *What Futurists Believe*. Bethesda, Maryland: World Future Society.

Dewar, J., C. H. Builder, M. Levin and W. M. Hix (1993). *Assumption-Based Planning. A Planning Tool for Very Uncertain Times*. Santa Monica: RAND.

Feather, F. (1994). *The Future Consumer*. Toronto: Warwick Publishing.

Ingvar, D. and C. G. Sandberg (1985). *Det medvetna företaget. Om ledarskap och biologi*. Stockholm: Timbro.

Kelly, K. (1994). *Out of Control: The New Biology of Machines, Social Systems, and the Economic*

World. New York: Addison-Wesley.

Makridakis, S. G. (1990) *Forecasting, Planning and Strategy for the Twenty-First Century*. New York: Collier Macmillan.

Morecroft, J. and J. Sterman (1994). *Modelling for Learning Organizations*. Productivity Press.

Renfro, W. L. (1993). *Issues Management in Strategic Planning*. London: Quorum.

Stewart, H. B. (1989). *Recollecting the Future: A View of Business, Technology and Innovation in the Next 30 Years*. Homewood, IL: Dow Jones-Irwin.

:: 찾아보기